KB093803

다문화주의 이론Multiculturalismo

: 철학과 사회과학의 지도Una mappa tra filosofia e scienze sociali

프란체스코 피스테티Francesco Fistetti 지음

이산호·김휘택 옮김

Multiculturalismo by Francesco Fistetti

다문화주의 이론
: 철학과 사회과학의 지도

Francesco Fistetti 지음 | 이산호·김휘택 옮김

경진출판

문화콘텐츠기술연구원 다문화콘텐츠연구사업단
중앙대학교 LINC 사업단
Leaders in INdustry-university Cooperation

1. 이 책은 『Multiculturalismo: Una mappa tra filosofia e scienze sociali』
(이탈리아어판 Francesco Fistetti 지음, 2008)을 원본으로 삼되, 독자들에게
유익함을 더하고자 『Théories du muliticulturalisme』(프랑스어판 Philippe
Chanial, Marilisa Preziosi 옮김, 2009)의 구성체계를 따랐다.

역자 서문

인간의 삶의 형태는 급속히 변화한다. 삶의 형태 변화가 항상 우리를 수동적으로 만드는 것은, 그것이 어떠한 방향으로 어떻게 진행될지 모르기 때문이다. 그리고 우리가 변화에 수긍하고, 능동적이 될 때는 서로 적응의 속도를 경쟁하게 된다. 그 경쟁의 순위가 인간의 계층을 가르는 분류의 기준이 되는 것은 주위에서 흔히 보는 일이다. 예를 들어, 최근 삶의 형태를 급격하게 변화하게 만드는 스마트 기기들은 그 적응 정도에 따라서, 세대를 가르는 기준이 되기도 한다. 같은 세대라도 이 변화에 적응하지 못한다면, 또래 집단에서 따돌림을 받기도 한다.

다문화 사회는 오늘날 서양에서 흔히 보는 일이다. 하지만 다문화 사회는 누구나 받아들여야 할 당연한 사실은 아니다. 왜냐하면, 이것은 근대에 적응한 서양과 그렇지 못한 지역의 갈등, 제국주의, 인종 갈등, 성의 문제, 민족 소수자들의 정체성 문제에 이르기까지 너무나 많은 변수들을 안고 있기 때문이다. 이러한 수많은 변수들이 우리 사회에 던지는 화두는 '인정'과 관련된 사회 구성원들 간의 갈등이다. 인정을 하는 자와 인정을 받는 자, 이들 사이에는 계급이 존재하는 것인가, 아니면 그냥 시혜의 차원인가? 오늘날 국민국가의 틀 안에서, 자신의 정체성을 인정해 달라는 국민의 요구와 전통적인 정체성을 해치지 않으려는 물신화된 정부의 수동적 자세는 갈등을 야기할 수밖에 없다.

프란체스코 피스테티(Francesco Fistetti)는 이 책에서 다문화의 이론들을 열거하는 데서 그치지 않는다. 우리가 목차에서 쉽게 발견할 수 있는 것처럼, 어떤 주제에 대한 연구자의 연구가 다른 연구들과 어떻게 관련을 가지며 어떤 입장에 서 있는지 밝히려고 노력한다. 스위스의 언어학자 소쉬르는 그의 저서 『일반언어학강의』에서 대상보다 관점이 우선하며, 관점이 대상을 규정하는 것이라고 언급한 바 있다. 피스테티는 물론 자신이 가진 분명한 다문화주의에 대한 입장이 있다.[1] 하지만 그는 소쉬르와 같이 다문화와 관련된 다양한 견해들을 서로 비교하고, 충돌하는 지점에서 어떤 현상이 벌어졌는지 밝혀보려고 노력했다. 이러한 그의 지적 노력은 다문화를 연구하는 우리에게 매우 소중한 것이다.

다문화 현상과 그로 인해 발생하는 문제점들은 전 세계 도처에서 활발하게 일어나고 빠르게 변해가고 있지만, 이러한 현상의 정량적 복수성에도 불구하고, 그 내용이 전혀 다르다는 것이다. 예를 들어 프랑스에서는 국가 정체성 문제와 무슬림 문화와 프랑스 고유문화의 충돌 등이 복잡하게 뒤얽혀 있다. 미국에서는 흑인과

---

[1] 부록으로 실린 「사회적 정의, 세계적 정의, 그리고 주어야 할 의무」와 참고문헌의 많은 저술들을 보라.

소수민족, 종교집단 등과의 갈등이 한꺼번에 쏟아져 나오고 있으며, 캐나다에서는 프랑코포니 지역과 그 밖의 지역의 갈등이 큰 문제이다. 따라서 각 지역에서 발생한 다문화에 대한 견해들은 서로 같을 수 없으며, 심지어 견해들 간의 갈등도 쉽게 찾아 볼 수 있다. 피스테티는 바로 이러한 점을 이 책을 통해 지적하고 싶었던 것인지도 모른다. 그는 이 책의 결론을 다음과 같은 질문으로 끝맺고 있다.

현대 사회에서, 잘 이해된 우리의 다문화와 관련된 조건들은, 격렬한 분쟁과 전쟁의 이유와는 거리가 먼 차이와 갈등이 서로 기여하고 서로 인정하는 자유에 기반을 두고, 모두와 각자의 재산이 서로를 상보적 관계를 맺고, 서로 강화할 수 있는 도덕성이 높은 태엽에 밥을 주게 되는 공생의 형태를 만들지는 못할까? 주고, 받고, 되돌려 주기라는 세 가지 의무는—영원한 도덕적 반석은—상호문화적 해석과 혼융의 문법이 가진 기본적인 규칙들을 포함하고 있지는 않을까? 그리고 이러한 문법은 모스가 1차 세계대전 말에 그가 "인터-네이션"(Mauss, 1969a)이라고 명명한 새로운 전 지구적 문명이 출현할 때, 어렴풋이 보았던 것이 아닐까?

가장 바람직한 해법은 항상 의문으로 남게 마련이다. 왜냐하면, 그것은 이루어질 수 없기 때문이다. 지배와 피지배는 언제나 강력한 기제로 우리 사이에 존재하고, 그것의 해결책은 또 다른 형태의 같은 관계를 만들어 낸다. 다문화의 해법은 오히려 더욱 간단한지도 모른다. 인정하고 인정받는 것이 그것이다. 이 간단한 해법은 계속해서 문제점을 남긴다. 오히려 피스테티가 주장하는 "차이와 갈등이 기여하고 서로 인정하는 자유"를 인정하는 편이 빠르지 않을까? 이 조차도 질문을 던져야 하는 것은 항상 해법은 문제를 불러일으키기 때문이다. 그러나 명심해야 할 것은 다문화 시대에 우리가 겪는 갈등은 반드시 어떤 방식으로라도 해결해야 할 문제이다. 지금 우리가 전 세계에 유행하는 불치병을 고치고, 전쟁을 멈추며 기아를 근절하려고 하는 것처럼 말이다. 완벽하지 않은 해법이라도 우리는 고통스럽게 단언하고 또 단언해야 한다.

다문화주의의 민주적 관건은 그래서 지배문화와 피지배문화가 자기 변형과 전체적 보편화의 과정, 동시에 지배문화가 다른 문화들 덕분에 존재하고, 서로 상대적으로 존재한다는 사실에 대한 경험을 받아들일 것을 요구하는 것이다.

그 단언들은 바로 다문화 현상을 잘게 쪼개고 조각들 각각에 해법을 정하며, 그 해법들을 유기적으로 엮는 데 필요한 전제들과도 같은 것이다. 예를 들어 2014년의 한국은 다문화 시대를 맞이하여, 수년간의 대증적 치료법을 수행해왔고, 지금도 그렇게 수행하고 있다. 하지만 이러한 물적, 인적 투입을 통해서, 우리 사회의 다문화가 가진 문제점을 다 해결했다고는 볼 수 없다. 이제 근본적이고 가장 정신적인 문제점들을 해결할 때다. 피스테티가 이러한 문제를 다루어 보고자, 프랑스의 후기 구조주의 철학자들을 주의 깊게 살펴본 것도 우연이 아니다. 우리는 이제 다문화의 문제를 인간과 인간 간의 대화의 문제, 인식 교환의 문제, 정체성의 문제로 환원해야 할 때다. 따라서 많은 학자들이 지금 꿈꾸고 있는 이른바 '다문화 인문학'은 해결책이기도 하지만, 이 시대를 치료하는 치료제 중에 하나가 될 수 있다. 인문학은 갈등을 해소하고자 하지 않는다. 인문학은 갈등을 조장하지도 않는다. 다만 갈등의 문제가 무엇이며, 갈등이 어떻게 진행되어가고 있고, 갈등이 어떠한 방향으로 흘러갔을 때 정상이 되는가를 관찰한다. 우리 사회의 많은 정치인들을 보라. 해법을 찾아내기 위해서 서로 피터지게 갈등하고 있지 않은가? 그러한 노력에도 불구하고, 100% 속시원한 해결책이 나오지 않은 것은 이 시대의 어떤 문제도 사고라는 터전에서 나오는 만능열쇠로 해결할 수 없다는 사실을 말해준다. 인문학이 결국 '따뜻한 관찰자'의 역할을 할 수밖에 없는 것도 이 때문이다.

민주적 대화의 일반적 경험은, 그 대화가 갈등을 동반하기 때문에, 박애와 우정, 기부와 인정의 정치에 개방되어 있다.

이 책을 번역하면서, 힘들었던 점은 단지 용어와 이론적 난해성에만 있지 않다. 이 책에 고스란히 기록되어 있는 아픈 역사들을 교과서에서가 아니라 생생한 아픈 역사로 다시 떠올려야 했기 때문이다. 이러한 기억들이 다른 다문화 관련 서적들을 번역해야 할 때 소중한 자산이 되길 바랄 뿐이다.

우선 이 책이 출간되는 과정에서 많은 우여곡절이 있었지만, 묵묵히 참고 기다려주신 양정섭 대표님과 노경민 선생님께 감사드린다. 오랫동안 보살펴주신 다문화콘텐츠연구사업단 단장 이찬욱 교수님과 동료 교수님들께도 감사드리며, 지금의 일터가 시간을 내기 쉽지 않은 곳인데, 일부의 시간을 번역하는 데 할애할 수 있게 해주신, 중앙대학교 LINC사업단장 김원용 교수님께도 감사드린다. 그리고 퇴고의 어려움을 일부 덜어준 김동균 학생에게도 고맙다는 말을 전하고 싶다.

2015. 1. 9.
이산호·김휘택

프랑스어판 서문

　'다문화주의'. 이 용어는 특히 미디어들 덕분에 이제 일상 언어에서 들어와 있기도 하지만, 또한 현대 정치 어휘의 한 키워드가 되었다. 그렇지만 이 용어는 명백한 의미를 새로 단장하지는 못하고, 매우 다른 철학적 개념들을 가리키기도 하고, 다양한 때로 모순되는 의미들의 층위들을 가리키기도 한다. 아주 빈번히 이 용어는 사상적·정치적 목적에 이용된다. 그리고 음모를 꾀할 위협을 가리키기도 한다. 서구 사회가 최근 몇 십 년간 점점 다인종, 다문화 사회가 되어 감에 따라[1] 매우 거대한 논쟁이 지금 존재하고 있는 정부들 속에 자리 잡고 있는 새로이 도래한 자들, 소수자들, 문화공동체들에게 적용할 정책들과 관련하여 발전하고 있었다. 우리는 여기서 토론의 주된 내용을 밝히고, 비슷한 것이지만, 다양한 철학적 입장들과 거기서 표명되었던 인식론적인 접근들의 지형과 유형론을 대략 그리는 것을 생각해볼 수 있다. 이 역사적·

---

1) 우리가 다시 보겠지만, 경제적, 사회적, 문화적인 세계화의 과정과 남반구 주변부의 이민자들이 미국과 유럽의 대도시를 향해 몰려드는 일이 밀도 있게 가속화됐던 경향을 뜻한다.

철학적 재구성 작업을 통해 우리는 다수에게 다문화주의가 거부되는 것이 바람직하다는 결론에 이를 것이다. 실제로 그 의미는 문맥에 따라 다양해진다. 그리고 세계화를 체험한 우리의 경험을 규정하는 다수의 요소를 명확히 하면서만 이해될 수 있다. 그 경험은 지구상의 어떤 사회도 피해갈 수 없는 것이다.

사회학자들과 인류학자들은 오늘날 단호하게 로컬과 글로벌의 뒤얽힘을 강조하고 있다. 그들은 우리에게 모든 현대 사회가 여러 형태들과 서로 다른 리듬으로 다문화의 상황, 다시 말해, 모든 모순된 과정들 전체에 열려 있는 공간에 놓여 있다고 상기시키고 있다. 이 모순된 과정들은 다음과 같은 것들이다.

종속문화들이 경험하는 지배, 자율적인 문화들의 저항, 문화집단들이 자신에게 낯선 문화들이 가진 여러 요소들을 자신의 것으로 만들 능력, 매우 다양한 종족 소수자들을 인정하기를 거부하는 것(Garreta, 2000).

현대 '그물망 모양의 사회'의 특징을 보여주는 시장들과 의사소통이 초국가적으로 재구성되는 상황에서, '초기 세계'의 도시들은 '다문화성의 수도' 지역들이 되었다. 이 다문화성은 시민성의 권리에 접근하고, 권력 관계들을 맺는 것으로 깊은 모순들이 지나가면서 형성되었다.2) 라틴아메리카의 많은 도시들은 이미 '평가 절하

---

2) 파리 외곽지역에서 규칙적으로 일어나는 폭동이 이를 입증한다.

된 다문화성'의 실험실이다. 네스토 칸클리니(Nestor Canclini, 1995)가 강조한 것처럼, 이러한 새로운 도시 형태는 "글로벌과 로컬, 탈영토화와 재영토화 사이의 재연결"의 방식들을 표현하고 있다.

여기서 옹호되는 가설은 다문화주의에 대해 다수가 생각하는 것처럼, 관용에 대한 오래된 문제를 새롭게 표명하는 것이 아니라는 것이다. 각자가 알고 있는 것처럼, 이 문제는 종교적 신념의 다원주의와 이론적인 영역과 관련한 정치적 영역의 자율성을 보장해야 하는 근대 국가가 성립되는 상황에서 나타났다. 기술적인 의미에서, 다시 말해 다문화 다종족 사회에서, 서구 사회의 돌이킬 수 없는 변형이라는 시각에서, 다문화주의는 반대로 완전히 다른 현실을 가리킨다. 다문화주의는 '인정의 문제'의 다른 이름이다. 인정의 문제는, 특히 구소련과 동구권 국가들의 공산주의 정부들과 대치 상황에 놓여 있던 미국[3]과 유럽이 이민물결의 폭증과 인구 구성의 분명한 변화를 직면하게 되면서 나타난다. 인정의 문제를 통합하는 부분으로서 다문화주의를 연구하는 것은 종족 혐오와 '원시적'인 성격과 관련된 문화적 차별성만을 선호하는 이국적인 것에 대한 환상과 같은 복잡한 함정을 피해가야만 한다. 츠베탕 토도로프(Tzvetan Todorov, 1982)가 강조한 것처럼, 이 태도는 타인에 대한 '우월성의 편견'과 '평등의 편견'을 동시에 보여주는 것이다. 그런데 두 번째 편견은 다문화주의를 생각하는 데 있어 주요한

---

3) 그리고 그들의 멜팅 팟(melting pot)이라는 동화주의와 중립적인 모델이 있다. 이 도식은 기준이 되는 사회문화적 가치로 사회적 통합을 지배하는 것을 보여준다(유명한 Wasp: 백인, 앵글로 색슨, 남성, 청교도).

장애물이다. 왜냐하면, 그 편견은 순수하고 단순하게 타인을 자기 자신, 즉 이상화된 자신과 동일시하는 일을 부추기기 때문이다. 전형적인 소비 여행과 같은 기념품 혹은 여행사의 다문화주의는 타인에 대한 이런 모호한 태도에 일치한다. 그것은 바로, 보다 일반적인 시장다문화주의의 다른 얼굴이다. 유행이 되고 있는 이러한 경향은 '세계적인 정보 자본주의'에 '유용한' 자산 등급에서 다문화주의를 평가절하하는 일이다. 이런 유형의 다문화주의를 우리는 다문화적인 것으로 평가할 수도 있다. 이 다문화주의는 인정의 문제가 식민제국들(영국, 프랑스, 벨기에 등)의 쇠퇴와 식민지들의 독립이 증가하는 것과 맞물려 거부되었던 다문화주의이다. 사실, 바로 이 순간부터, 식민화된 민족들은 옛 제국의 수도를 향해 이민을 갔다. 이러한 경향은 완전히 별개의 사건이지만 더욱 강하게 영향을 미친 두 가지 역사적 사건으로 인해 더욱 빠르게 진행되었다. 첫 번째 사건은 소련에서 수행된 공산주의의 실험이 실패한 사실이다. 다른 한 사건은 케인즈가 이익과 시민 권리의 재분배에 기반을 두고 만든 지방정부가 위기를 맞이한 사실이다.

다문화주의와 인정의 문제

1960년대부터 진정한 문화적 전환점을 서구 사회에서 포착할 수 있다. '새로운 주체'들에 의해 진행된 '인정을 위한 투쟁'은 무대 전면을 차지했다. 그것은 단순히 여성과 동성애자들이 자신들이 가진 특별한 차이(성의 차이와 성적 취향의 차이)를 인정해 달라고 요구하는 것은 아니었다. 민족공동체들도 그들의 문화적 차이를 허용하고 인정해 달라고 주장했다. 1970~1980년대에 열린 역사적인 국면은 역설로 표시된다. 새로운 사회 주체들의 개인적인 해방과 자기규정을 위한 투쟁, 현존하는 문화공동체들이 서구 대도시에서 자치 구역에 대해 협상하기 위해 했던 시도들은 차치하고라도, 우리는 2001년 9·11사태 이후에 소집단 형성 현상, 네오 내셔널리즘, 종교적 계시에 대한 근본주의들을 목도하게 된다. 요약하면 공동체, 국가 혹은 종교를 조직기관 혹은 하나로 통일된 전체성들과 동일시하는 과정에서, 그런 사상들, 집단 정체성을 자극하는 이런 움직임들을 목도한다. 이 역설은 후자에서 배가 된다. 지방정부의 성립을 특징지었던 '재분배의 패러다임'으로부터 '인정의 패러다임'으로의 이행은 실제로 한편으로 영국, 미국, 유럽의 몇몇 다른 지역에 있었던 '뉴라이트'(대처와 레이건의 혁명이라고 불렀던 것)의 도래와, 다른 한편으로 북반구와 남반구의 사회적, 경제적 불평등의 약화와 일치한다. 이런 역사적 국면의 새로움 그리고 복잡함을 스튜어트 홀은 정치에서 '주관적인 것으로의 회귀'라는 용어로 요약했다. 그에게 있어 '새로운 시대'는 이제 주체에게 부여된 근본적인 중요성으로 그 특징이 설명된다. 주체는 더이상 "일관된, 균형 잡힌, 안정된, 완전한 자아로 여겨지지 않고, 조각난, 불완전한, 다양한 '자기'와 상황에 따른 정체성, 요약하면 역사를 가진 무엇, 구축된, 항상 만들어지고 있는 무엇으로서의" 자기로 여겨진다(Hall, 2006, pp. 116~133).

‘주체로의 회귀’는 단순히 사회민주주의와 노동당과 관련된 오래된 좌파 문화에 영향을 준 것만은 아니다. 그들의 계산기는 경제적, 정치적 관심사들, 사회적 문화적 동기들을 계급적 입장에서, 자칭 ‘객관적인’ 입장에서 연역하는 교조적인 마르크스주의에 막혀 있었다. 우선 그것이 문제 삼는 것은 성과 개인 주체들 그리고 집단 주체들의 문화적 정체성이다. 그 개념들을 고정시키거나 본질주의적인 것으로 만들어야 할 필요가 없다면, 주체들은 그들의 성과 민족성에 대한 ‘입장표명’을 피해갈 수 없을 것이다. 홀이 결론 내린 것처럼, 동일성과 동일화의 역사적 시기를 무시할 어떠한 정치도 ‘새로운 시대’를 대면할 수 없을 것이 확실하다(Ibid.). 이러한 상황에서 다문화주의는 단순히 관용이라는 오래된 문제를 다시 부각시키는 것만은 아니다. 오히려 국민국가의 개념과 관련된 근대의 철학적·정치적인 모든 범주들이 현재 변화하고 있다는 징후와 위기에 대한 징후를 부각시키고 있다. 그것들에는 ‘민중의 존엄성’, ‘시민 사회’, ‘시민성’, ‘종교적 정체성’뿐만 아니라 ‘민주주의’도 포함된다(Lanzillo, 2005; Galli, 2006; Ferrara, 1996 참조).

따라서 역사적 과정에 동반하고 해석했던 지적인 방향들이 무엇인가를 상기시키는 일은 불필요한 일이 아니다. 나는 종속집단 연구(Subaltern Studies), 탈식민주의 연구, 문화 연구를 참조할 것이다. 바로 1980~1990년대에 대규모 청중을 불러 모을 정도로 성공했던 이러한 연구들의 범주 속에서, 다문화주의 문제에 대한 비판적이고 생산적인 대화가 시작되었기 때문이다. 다문화주의의 문제는 피해갈 수 없는 사실일 것이다. 식민지화의 국면에서 나오는 것은 식민주체와 피식민자들 사이의 관계를 다시 정립하는 것이고, 서구 사회를 항상 보다 커다란 초국가적, 초영역적, 전 지구적인 운동을 지나온 탈식민의 세계로 규정하는 것이다. 식민주의의 쇠퇴는 오래된 제국주의 중심에서 문화적 차이와 옛 식민지들의 차이성으로부터 식민 해방에 시동을 걸고 있다. 1960년대에 이미, 영국 사회는 살만 루시디(Salman Rushdie)가 예견한 것처럼, 혼종의 탈식민 사회였다. 이 다인종국가는 그래서 자신의 소수민족들이 역사에서 주변으로 밀려났던 셀틱의 가장자리로 단순히 구성되어 있었다고 생각하지 않았다. 흑인과 흑백혼혈 인구는 1950년대 초기 이민 물결로부터 여기에 섞였다.4) 영국은 자신의 중심에 현재 존재하고 있는 문화적 특수성을 인정하지 않을 수 없었다. 그래서 영국이라는 국민국가의 통일성이 형성된 '영국다움(Englishness)'과 영국성에 대한 주도권은 동요했다.

국가적인 것에서 탈국가적인 것으로

이 예에는 분명히 얼마나 다문화주의의 문제가 전통적인 국가가 탈국가(postnation)로 변화하는 과정에 근거하고 있는지 분명히 보여준다. 다시 말해서 이 탈국가는 사회적 정치적 질서인데, 여기서 중요한 것은 단일한 외적 형태가 없는 상황에서 다양한 정체성들, 특히 흑인의 정체성과 영국의 정체성을 연결하는 것이었다.

---

4) 이 이민 물결은 1948년 틸버리에 Empire windrush호가 도착하면서부터 시작되었다.

그리고 탈국가의 다문화주의적 계획이 '정체성의 정치'의 격렬한 열정들을 해체하는 데 실패했을 때, 이 열정들은 단지 자신의 출신이 순수하다는 환상에 빠지려고 하는 민족주의와 집단주의로 특징지을 수 있는 것 아닌가? 장-루 암셀(Jean-Loup Amselle)이 주장한 것과는 반대로, '아파테이드'와 같은 것을 형성하는 지경까지 이른 자기 자신을 엄격하게 돌아보게 되는 공동체의 틀 속에서 '차이들'을 규제하는 것은 각 사회의 특수성과 가치에 밀접한 관련이 있는 문화 인류학이 도출해야만 하는 당연한 귀결은 아니다. 그것은 문화 사이의 대화가 실패했고, 국가를 구성하는 정체성과 공동체의 구성적 자질로서 다원성 혹은 투쟁적인 다원주의를 인정하고, 높이 평가할 수 있는 국가의 쇄신된 개념이 존재하지 않는다는 신호이다(Amselle, 1990). 그가 옹호하는 프랑스의 '공화주의' 사상에 따라, 암셀은 (불가침의 권력을 가진 자들로 절대적으로 인정받는) 개인을 위해 공동체들의 해산만이 문화들 간의 관계의 문제를 해결할 수 있을 것이라고 믿는 것 같다(Ibid., p. XI). 그것은 분명히 사실이 아니다. 서로 다른 문화와 정체성을 연결할 수 있는 탈국가의 계획은 유럽의 구제국들이 행했던 제국주의의 과거를 다시 되돌아본다는 조건에서만 가능할 것이다. 그 과거는 대부분의 유럽 국가들이 잊어버린 과거이다. 그러나 어떻게 서양의 국가 정체성들이 모양을 갖추었는지, 그 과거가 그 국가에 남긴 인종차별주의 흔적은 어떤 것인지 이해하기 위해서 그 과거를 다시 들여다보는 것은 기본적인 일이다. 그런 과거를 상기하는 것은 홀로코스트와 20세기 전체주의 정부들을 기억하는 것만큼이나 중요하지 않을 수 없다. 그래서 종속집단 연구, 탈식민주의 연구, 문화 연구들로 표현된 새로운 지적 운동들이 제국주의와 식민화의 역사를 다시 이야기로 풀어낼 필요를 느끼고 있었다. 그 선택적 이야기들, 이 지적운동들은 그 이야기들을 마치 선택적인 것으로 받아들이는데, 그 이야기들은 지배적인 역사지형의 이야기, 그리고 사회과학의 표준 설명, 이와 함께 경제학의 마르크스주의의 영향을 대치할 수 있다. 마르크스주의에 따르면, 서양은 식민화, 식민지 해방 그리고 구소련의 마르크스주의에 영감을 얻은 민족적 사회주의를 통해서 전 세계에게 근대성을 확산할 수 있을 거라고 주장했다.

다른 사실은 이제 잘 정립되어 있다. 다문화주의성은 세계화에 의해 시작된 과정들과 분리할 수 없다(Canclini, 1995). 세계화는 사실 국가에 따라 다양한 형태로 점점 더 강하게 문화의 산업화에서와 마찬가지로 도시화의 경향을 부추기고 있다. 이러한 예기치 않은 상황은 상호 혹은 다분야적인 접근을 초래한다. 그리고 20세기 철학적 사고의 가장 핵심적인 요소들과 사회과학과 정치학의 도구들을 동원한다. 옛 국가들이 문화와 종족을 갖출 수 있게 도와준 낡은 모델들의 쇠퇴로 인해, 현대 사회들은 오늘날 다문화성 만든 건축물들이 다시 그려지는 것을 목도하고 있다. 그 건축물들은 경제, 전 세계적인 미디어의 교환, 이민과 국경의 초월, 불법적인 거래, 같은 나라의 내부와 외부에서 이루어지는 도시 집중, 해안가와 공항들의 군사기지화 등과 같은 것들이다. 칸클리니가 예견했던 것과 같이, 바로 우리는 이와 같이 "설정된 한계가 없는,

때로 폭력적인 상호문화성"을 대면하고 있다. "그 상호문화성은 그것을 포함하는 것을 목적으로 하는 상징적, 물질적 제도들을 뛰어넘는 것이다."(Canclini, 2006, p. 14) 이 아르헨티나 인류학자에 따르면, 우리는 오늘날 '다문화적 세계', 즉 도시와 국가들 가운데서 종족과 집단이 서로 병렬적 관계를 갖는 것으로 특징지을 수 있는 그런 세계에서 세계화된 상호문화적 세계로의 역사적 전환기를 살게 될 것이다(Ibid., pp. 14~15). 그러나 저자는 문화의 다양성을 옹호하는 다문화주의자들의 연구가 상대주의 속에서 붕괴되고, 분리주의자 차별주의자들의 정책들을 옹호하는 쪽으로 나아갈 위험이 있다고 덧붙이고 있다. 반대로 상호문화적 개념들은 집단들이 상호 교환적인 관계에 진입했을 때, 서로 작용하고, 서로 자신을 표명하는 문화 사이의 대면과 혼합을 강조한다. 칸클리니가 정확히 지적한 것처럼, 아마도 '다문화성'과 '상호문화성'이라는 것은 사회적인 것을 생산하는 서로 다른 두 방식일 것이다. 전자는 혼질적인 것을 용인하는 것에 의지하고 있고, 반면 후자는 협상, 분쟁 그리고 상호 차용의 관계들을 강조하고 있다. 하지만 이 두 가지 논리들은 서로에게 배타적이지 않다. 어떤 역사적인 배경에서, 그것들은 동시에 선택적인 것으로 추종 받을 수 있는 것들이다. 즉, 때로 이들은 시대의 요구에 따라 서로 뒤섞일 수도 있다. 차이의 정치는 문화의 다양성을 옹호하는 것으로써, 소수자들의 미덕을 신성화하는 격앙된 상대주의로 나아가거나, (대학, 의회, 공공행정 등과 같은) 어떤 제도들 가운데에 방점을 찍는데 만족하는 '정치적으로 올바름'에 짓눌리지도 않으려고 한다. 왜냐하면 기준이 되는 집단5)과 문화에 가까운 주변에 갇힌 다문화주의와 다양성과 차이를 강조하는 다문화주의는 구별되어야 하기 때문이다. 이때 후자의 다문화주의는 중요한 형이상학의 함정들을 피하고 있다. 즉, 본성적이고, 역사 속에서 보편적으로 드러나는 특징들과 같은 문화, 인종, 계급, 출신을 절대화하는 학설들을 피하고 있는 것이다.

포스트모더니즘과 다문화주의

이러한 이유로, 그리고 다문화주의 주된 문제점들을 잘 포착하기 위해서, 그것이 큰 자취라도, 종속집단 연구, 탈식민주의 연구, 문화 연구들과 같이 사회·역사·정치·과학의 몇몇 분야들에서 행해온 철학적 토론과 연구들 사이에 20세기의 지난 30년간 행해진 교류들을 분명히 밝히는 것은 반드시 필요하다. 그 연구 경향들 중 뚜렷한 자취들 중 하나는 1970년대의 포스트구조주의와 해체주의와 형이상학에 대한 그들의 비판(알튀세르Althusser, 데리다Derrida, 푸코Foucault, 바르트Barthes, 들뢰즈Deleuze, 가타리Guattari, 리오타르Lyotard, 레비나스Lévinas, 가다머Gadamer, 리쾨르Ricoeur 등등)에서 받은 영향이다. 이러한 비판으로 인해, 서구 문화는 자기 자신을 대면하지 못하고, 스스로 역사화하지 못했으며, 완고한 자신의 이성주의에 결부되어 있는 민족중심주의와 타인에 대한 몰이해에 대한 자신의 한계

---

5) 그것은 다름 아닌 우리가 비판하고자 했던 서구의 종족중심주의의 반대 형태를 구성한다.

를 찾지 못했다. 때로 심각한 대립을 하기는 했지만, 이러한 철학적 흐름들 덕분에, 이민들의 범람과 문화들 사이의 상호작용이 끊임없이 강화되는 시대에 사상적 문화적 경계가 추락하는 사실에 대해 생각해 볼 수 있었다. 장-프랑수와 리오타르(Jean-François Lyotard)의 『La condition postmoderne』(1979)로 인해, 1980~1990년대 포스트모던의 사고는 주체를 떠돌아다니고 파편화된 것으로 규정하게 되었다. 이때의 주체는 국가들, 종교들, 소속집단들, 즉 모든 고정된 제한된 집단적 전체에서 해방된 것이었다.6) 철학적 포스트모더니즘은 사회·경제적이고 기술적인 세계화에 대면하여, 주체의 해방적인 측면만을 일방적으로 알리는 것으로 족했다. 다시 말해, 정체성의 근거들과 의미의 지속적인 구조들을 상실했다는 것이다. 그래서 그 포스트모더니즘은 이민, 망명, 다른 사회로의 편입과 같은 경험들로부터 나온 뿌리의 상실과 소외의 효과를 무시했다.

실제로 이민들은, 특히 제한된 선택과 관련될 때, 그리고 그것이 수많은 이민들에 해당되는 경우에, 토도로프(Todorov)가 초문화화라고 부른 행복한 경험으로 나아가지는 않는다. 이 초문화화는 다시 말해 새로운 언어 코드와 예전의 것들을 잃어버리지 않고, 새로운 코드의 가치를 획득하는 것이다(Todorov, 1997). 반대로, 장소를 변경하는 것은 때로 비문화화, 혼돈, 고립, 비인간화에 이르기도 한다. 그래서 출신 사회의 포기가 '세계의 종말'을 경험하는 것이

---

6) 현대의 자기 구축의 전략과 현대 의식의 자아도취적 형태에 대해서는 Bodei(2002)를 볼 것. 리오타르에 대해서는 피스테티(2006, pp. 252~255)를 참조할 것이다.

될 수도 있다(De Martino, 1977). 웹의 주체는 우선 포스트모더니즘에 의해 강조된 이리저리 옮겨 다니는 주체의 극단화와는 다른 것인가? 이 주체는 인터넷 세계에서 공간에 살고 있으며, 쉽게 사라지는 공동체들의 가변적인 관계들만 받아들인다. 그러나 이러한 경우라도, 사람들이 인터넷의 보편화된 연결가능성이 "차이와 불평등의 상처에 의해서 생긴 거리를 없앤다는 사실"(Canclini, 2006, p. 79)을 믿는 일은 잘못된 것이다. 우선 그것들은 해체의 비판적인 사고(데리다, 푸코)들, 타인의 차이성이 가진 축소할 수 없는 위상을 강조하는 철학(레비나스) 혹은 또한 얼마나 주체의 정체성을 구성하는 일이 타인으로부터 실행될 수 있는가 보여주는 것들이다. 다문화주의에 대한 문제를 이해하려면, 유럽과 서구의 철학적인 의식이 가진 복잡한 역사 속에 다시 들어가 보아야 한다. 왜냐하면, 사람들은 자신의 역사적 과거와 그 출신뿐만 아니라, 또한 철학과 사회과학 사이에서 그 자취들을 다시 훑어보았던 현대의 비판적 사고를 탐색하지 않을 것이니만큼, 다문화주의는 '수수께끼'로 남아 있다(Baumann, 1999). 이 수수께끼라는 쉽게 사라지고 모호한 용어는 다문화주의가 돌봐주기를 요구하는 병을 가리킨다(Appiah, 2007, p. IX). 다문화주의 문제는 실제로 가장 치명적인 지점이다. 이 지점에서는 식민지 해방 과정, 중심과 주변의 관계를 재정의하는 일, 그리고 세계화를 단정하는 일과 함께, 글로벌과 로컬 간의 관계를 재구성하는 일이 수렴하고 속도를 더하고 있다. 게다가, 바로 거대한 규모의 역사적 철학적 관점에서만 우리가 이안 부루마(Ian Buruma)가 '다문화주의적 유토피아 사상'이라고 부른 것의 한계를 파악할 수 있을 것이다. 이 진보주의자의 진솔한 사상은 1980년과 1990년대에 많은 유럽 정부의 사회 민주적 정책들의 근간에 자리하고 있었다.[7]

전 세계 일간지에서 격렬한 논쟁[8]을 불러일으켰던 아이안 히르시 알리(Ayaan Hirsi Ali)[9]의 사건을 통해 서구 사회와 이슬람과의 대립을 예를 들어보자. 이 대립은 계몽주의의 가치를 대표한다고 주장하는 서구 사회와 종교정치, 반계몽주의를 표방하는 이슬람 간의 분쟁으로 축소될 수 없을 것이다. 이성/반이성의 이분법적 논리[10]를 거부하는 서구 지식인들은 매우 자주 trahison des clercs[11]에 대해 죄의식을 가져야 된다는 주장들을 들었다. 우리가 이후에 밝힌 것과 같이, 이러한 서구 문화와 이슬람 문화 사이의 대립의 개념은 두 문화를 정착시킨다는 데 있다. 이는 마치 그 두

---

7) 이 비극적인 사건은 네덜란드에서 2004년 11월 2일, 무슬림 광신도 테오 반 고흐(Theo Van Gogh)가 저지른 살인 사건이다.

8) 테오 반 고흐에 대한 영화 〈Submission〉의 시나리오 작가는 어쩔 수 없이 네덜란드를 떠나야 했으며, 미국으로 망명해야 했다.

9) 이 논쟁에는 파스칼 브르크너(Pascal Bruckner), 티모시 갈톤 애쉬(Timothy Garton Ash), 마리오 바르가스 리오사(Mario Vargas Llosa)와 많은 다른 작가들이 참여했다.

10) 이 논리는 친구/적이라는 대립에 의한 정치적 차원에서 해석된다.

11) ≪Corriere della sera≫ 1월 31일자에서 산드리오 부루마(Sandro Buruma)의 발언을 보라. 이 발언은 스테파노 몬트피오리(Stefano Montefiori)의 2월 3일 발언, 다닐로 스타이노(Danilo Staino)의 2월 22일 발언, 크리스토퍼 히친스(Christopher Hitchens) 3월 13일 발언과 함께 열띤 논쟁을 촉발했다. Royal Society of Arts of London은 아이안 히르시 알리와 티모시 갈톤 애쉬 사이의 대면의 장이 되었다. 이 과정에서 두 저자들은 이전보다 논쟁의 어조를 낮추었다. 식민지화, 아파르트헤이트, 여성들에 대한 차별 등의 폐해를 지적하면서 애쉬는 '자유 다문화주의'에 대해 수긍할 수 있다고 말했고, 히르시 알리는 '도덕적 책임'을 수긍할 수 있다고 말했다. 이들이 강조하는 것은 그러한 책임감을 오직 서구 사회에 지울 수는 없다는 것이다. 2008년 1월 11일의 ≪Corriere della sera≫에 나온 부분적인 이탈리아어 번역을 참조할 것(Occidente e Islam: la sjida della libertà).

문화가 다양한 목소리로 만들어진 역사적인 구조물, 해석의 다양한 분쟁을 거쳐 온 권력의 비대칭과 관련된 것이 아니라, 당연한 실체들, 통일되고 변동하지 않는 집합체에 관계하는 것처럼 생각하는 것과 같다. 헤게모니에 대한 그람시 이론을 참고하여 이 문화의 개념을 좀 더 충실다루자면, 현재 전 세계에서 다문화에 대한 문제가 가진 철학적·역사적·정치적인 중요성을 더 잘 포착할 수 있을 것이다. 왜냐하면, 만약 모든 문화가 상호문화적 분쟁을 겪고 있다면, 그리고 그것이 마지막 단계에서 그 문화에 대한 설명/해석/진술들 중 하나의 헤게모니를 목표로 하여 진행된 분쟁이라면, 이슬람의 율법도 우리가 신정(神政)이라고 규정할 수 있을 긴장들, 비판들, 내부의 반론들을 피해갈 수 없을 것이기 때문이다. 이러한 이유로 브라이언 S. 터너(Bryan S. Turner)는 이슬람과 여성들 사이의 관계에 대해서 다음과 같이 강조한 바 있다. "우리가 이슬람이라고 부르는 것은 우리가 서구라고 부르는 것이 여성에게 부여하는 인권과 같은 인권을 부여하지 않는다고 선입견으로 가정하는 것은 피해야 한다. 이슬람은 서구처럼 끊임없이 여성에게 적용될 수 있는 규칙들에 대해 토론을 해오고 있다(또한 남성, 아동, 노인들, 병자들 등에도 마찬가지다). 보편법(Common Law)도 이슬람의 율법도 안정된, 통일된 혹은 일관된 체계를 표상하지는 않는다. 왜냐하면 내부의 반론들이 그들 속에서 활발하기 때문이다."(Turner, 2005, pp. 91~92) 당연히 이러한 사실로 인해, 문화 간의 대화(여기서는 이슬람과 서구의 대화)가 제한 없이 성사되고 "열린 비판"을 보장하며, "토론의 규칙에 대한 합의"(Ibid.)를 바탕으로 발전할 수 있어야 한다. 그렇듯, 몇몇 무슬림 사상가들은 "종교의 자유와 여성의 권리가 이슬람법의 원칙적 목적"이라고 강조하고 있다. 그래서 그들은 전통적인 실천양식을 극복하기 위해 법이 가진 목적 자체를 바꾸어야 한다고 충고하고 있다(Filali-Ansary, 2007, p. 64). 이와 같은, 유럽 무슬림의 선언(Déclaration des musulmans européens)이 2006년 2월 24일에 자그레브의 이슬람 사원에서 보스니아-헤르체고비나의 유명한 경전 이론가 무스타파 세리에(Mustafa Cerié)에 의해서 반포되었다. 이는 이슬람과 유럽의 계몽주의 전통의 가치들, 즉 자유, 평등, 인간의 존엄성과 같은 것들 간의 대화가 가능할 뿐만 아니라 각자의 선입견들에 맞서기 위해서 그리고 모두들의 민주적 공존을 보장하기 위해서도 필요하다는 것을 보여주고 있다.[12] 물론 우리는 네덜란드에서 사건이 일어났을 때, 그 주요한 관건이 정체성과 유럽 시민성과 관련된 중요한 문제에 근거하고 있다는 것을 거부할 수 없다(Mezzadra, 2006a, p. 252). 그러나 다문화주의의 문제는, 유럽이라는 공간 속에 다른 비유럽 공간의 구조적 실체라는 배경에서, 세계화가 유럽 정부들의 탈식민주의의 조건에서 생산된 역사적 변형도 가리킨다. 산드로 메자드라와 에티엔느 발리바(Sandro Mezzadra & Etienne Balibar)가 단정하는 것과는 반대로, 다문화주의의 위기는 단지 관용이 가진 고전적

---

12) 각자가 아는 바와 같이, 이후 이 테러리즘의 스테레오타입은 2001년 9·11 사태 이후에 무슬림들의 피부에 달라붙었다. "오늘날 무슬림들은 테러리즘의 낙인으로 부당하게 상처를 받고 있다. 무슬림들의 신념에 대해서 전 세계적으로 나쁜 이미지가 좋은 이미지로 바뀌고 있다는 사실의 중요성을 강조하기 위해, 무슬림 세계에서 유럽 무슬림들의 선언을 만들었다는 것은 정당하다."(Mustafa Cerié, *Déclaration des musulmans européens*, trad. franc. Cité, 32, 2007, p. 128)

인 개념의 다른 얼굴이 비유럽의 폭력적인 예속일 수 있다는 신호만은 아니다(Ibid., pp. 254~274). 그 위기는 오히려 국민 국가와 현대 입헌주의의 패러다임에 집중된 모든 분석적인 범주들이 데리다의 의미에서 사라지지 않고 계속 남아 있다는 징후이다. 이것이 말하는 것은, 이후 다시 다루겠지만, 그 범주들이 계속해서 이동하고 있다는 것과 정치적·사회적으로 완전히 모순되고 대립되는 결과를 만들게 될 수 있는 것이다.

종속집단 연구, 탈식민주의 연구, 문화 연구의 장 안에서 다문화의주의 문제점과 맺고 있는 이러한 밀접한 관계를 밝히는 것으로 역사적·철학적·사상적 문맥이 재구축될 수 있다. 이 문맥에서 그 문제점이 발생했고, 그 문제점으로 인해 왜 그리고 무엇으로 그 문제점이 우리 시대에 가장 중요한 문화적 정치적 도전이 될 수 있었는지 이해할 수 있다.

나는 프란체스카 R. 레키아 루치아니(Francesca R. Recchia Luciani), 로자리아 데 바르톨로(Rosaria De Bartolo), 아르칸젤로 디 카니오(Arcangelo Di Canio)에게 감사의 말씀을 드리고 싶다. 이들은 이 책을 집필하는 과정에서 나에게 소중한 도움을 주신 분들이다. 그들이 없었다면, 이 책은 아마 쓰일 수 없었을 것이다. 당연히 나는 이 책에서 한 언급들에 대한 유일한 책임자이다.

이탈리아어판 서문

Alain Caillé, Phillippe Chanial

분명 다문화주의는 문제시 되고 있다. 그러나 무슨 문제 말인가? 정체성·이타성(異他性)·민족성의 문제? 관용·인정·차이의 문제? 통합·차별·통합의 문제? 보다시피 질문의 목록은 길기만 하다. 그만큼 프란체스코 피스테티(Francesco Fistetti)가 이 책에서 보여주고 있는 것처럼, 이 질문들에 대한 의문은 민주주의에 대한 질문과 결국 다르지 않다. 우리의 다문화주의의 조건은 우선 앞으로 우리 사회의 모습인 세계-사회의 한가운데 사회를 건설할 능력이 있느냐는 것이다. 그러한 도전은 전쟁은 아니지만, 분쟁에 열려 있고, 또한 민족들·문화들·국가들 간의 대화에 열려진 공동의 세계를 건설하는 도전이다. 특히 (코스모) 폴리티크한 문제이다.

물론 그러한 질문을 부풀려 심각하게 생각할 수도 있다. 그리고 우울한 생각이 들지 않는 것도 아니다. 우리의 차이들과 함께 살아가는 것에 대한 계획이 그랬던 것처럼, 모든 정치적 공동체가 설정한 계획은 이후 불가능한 도박일 뿐이었다. 9·11테러가 우리에게 다문화주의 위험한 진실을 알려주었던 것처럼, 이 "문명의 충격"(Huntington, 2000)은 계몽주의에서 물려받은 서양세계가 표상화하는 이성과 다른 사고들, 특히 신정정치와 반계몽주의의 성격을 가진 이슬람을 대립적인 시각에서 비교하였다. 살롱에서 논의하는 화합의 '다문화주의적 유토피아'나 '포스트모던한 노마디즘'에 빠지기는커녕, 그 반대로 프란체스코 피스테티의 저작은 특히 얼마나 식민주의를 탈피하고, 동시에 세계화된 우리 세계가 다문화주의를 서양 문명을 위협하는 저주로 받아들여서는 안 되며, 오히려 이보다는 다양한 인간들이 공존하는 현대의 조건에서 민주주의의 중요한 문제를 새롭게 지불해야 할 대가로 받아들여야 하는지 보여주고 있다.

그런데 이 중요한 문제는 프랑스에서는 다루기가 힘들다. 그것은 '공화주의 통합 모델'이 프랑스 영토에서 이루어지는 토론에서 가장 중심이 되기 때문이다. 그리고 그 결과 다문화주의에 대해 주위를 환기시키는 것은 프랑스 정치적 전통에서 가장 중심을 이루고 있고, 가장 신성한 원칙들을 정면으로 공격하는 것처럼 비추기 때문이다. 그러나 오랫동안 불가능했던, 아니 금지되었던 이러한 토론이 이제 다시 부각되기 시작했다.[1] 물론 다양한 입장들이 여기서 대변되고 있지만, 한 가지 사실은 분명하다. 우리는 미셸 비에비오르카(Michel Wieviorka)가 지적한 것처럼 "시대에 상관없이 공화주의의 개념에 유리하도록 단정적으로 결론 내려진 대화에 우리가 만족할 수 없다는 것이다."(1997, p. 6) 두건 사건, 즉 히잡

---

1) 특히 암셀(1990), 바야르(1996), 도이체바(2005), 르노와 므쉬르(1999), 사비당(2009)의 연구를 참조할 것.

(hijab)과 지금은 부르카(burqa) 사건, 대통령의 무종교원칙(라이시테 laïcité)에 대한 호소, 다시 말해 긍정적 차별에 대한 호소, 최근 식민 지주의 '긍정적인 성과'에 대한 최근 프랑스 법과 같은 '종족들'에 관련된 통계를 둘러싼 논쟁들이 이 문제에 대해 시급히 새로운, 가능하다면 보다 차분한 생각들이 필요하다는 것을 말해주고 있 다. 이것은 공화국의 '통합 모델'이 고가구의 선반에 정리되어 있 다는 것을 의미하지 않는다. 옛날 식민지의 가면 옆에, 제3공화국 의 노랗게 빛바랜 계급의 사진들 옆에 있는 그런 것처럼 말이다. 실제로 그 공화국이 개척자와 같은 공화국의 정책들을 펼칠 수 있 지 않았나? 이 정책들은 지역 정치라는 틀 안에서 수행되었으며, 도시와 학교의 차별을 근절하는 것으로도 수행되었다. 이는 '프랑 스 다문화주의'의 시작을 알리는 것이다(Roman, 1995; Behar, 1998). 이에 따라 아무 것도 이전에 이러한 공화국의 전통이 단지 평등을 위한 정치적 열정 때문에, 부와 권력의 재분배와 문화, 정체성들, 즉 타인에 대한 인정을 연결하는 길[2]을 트는 일에 대해 생각하는 일을 막을 수 없었다. 그래서 바로 여기에 공화국의 전통이 드러나 는 평등을 위한 좌파 투쟁의 시각에서는 매우 중요한 관건이 있다.

사실은, 만약 두 세기 전부터, 정치적 진영은 좌파와 우파 사이 의 대립으로 구조화되어 있었기 때문에, 이 갈등은 원칙적으로는 보다 많은 평등을 요구하는 자들과 그것을 덜 희망하는 자들 사이 에 대립으로 나타났다(Caillé, Sue, 2009). 그런데 이 새 천 년의 여명

---

2) 문화 다양성의 새로운 경영적 방식, 즉 정치적 올바름의 상업적이고, 어쩌면 돈이 되는 상업주의 형태보다 더 희망적인 것처럼 보이는 길을 뜻한다.

에서, 정치적 논쟁은 점점 덜 정치적인 것이 되어 갔고 점점 더 문화적인 것이 되어 갔다. 그 논쟁은 평등의 문제보다는 차이의 문제를 더 내세운다. 혹은 만약 우리가 선호한다면, 그 논쟁은 평등—동일성보다는 평등—차이의 논쟁의 지향점을 삼고 있다는 것이다. 보다 정확히 말하면, 이 중심 사회의 갈등은 원칙적으로는 분배 가능한 거의 유일하고 통일된 재산, 즉 물질적인 재산과 그 권력과 명예 같은 그 부산물에 대한 불평등한 사유화 문제에 관한 것이기 때문에, 그것은 그때 이후로는 자신에 대한 평가의 원천에 대한 접근과 관련되며, 가장 중요한 문제로 동일성과 차이를 제기한다. 이 문제는 성적인 것, 종족 혹은 문화적인 것, 그리고 개인적인 것, 집단적인 것 등과 관련되어 있다(Caillé, 2007; Caillé, Lazzeri, 2009). 이는 차이에 대한 요구가 단순히 평등에 대한 이상의 양상, 강조, 혹은 특정화인지 혹은 그와 다른 것과 관련된 것인지 아는지에 대한 문제를 제기하는 것이다. 만약 그 첫 번째 답이 옳다면, 차이의 권리에 대한 요구는 단순히 논리적 결과, 평등에 대한 요구의 심화이다. 그래서 좌파를 표방하는 정당들은 그들이 근대화를 수행하고 있다는 조건에서는 아직 어떤 미래가 있었다. 만약 그 정당들이 간과할 것들이 있을 가능성이 없다면 말이다. 좌파에게 있어, 그리고 사회적 정치적 발전의 모든 이상에 대한 완전한 포기에 대해 일말의 희망을 가지고 있는 사람들에게 있어 도전은 그래서 이중적인 것이다. 이 사실은 단순한 평등에 대한 단순한 추구에서 복잡한 평등에 대한 복잡한 추구로의 이행과 복잡한 평등에 대한 문제제기의 범위 안에서, 동일성과 차이에 대한 추구로 일어날 수 있는 우려할 만한 문제들이 해결될 수 있다는 것을 증명한다는 것을 의미한다.

이러한 관점에서, 프란체스코 피스테티의 저작은 특히 소중하게 다가온다. 이 저작이 소중한 것은 우선 그가 주장하는 가설에서 그렇다. 사적이고 개인적인 분야에서 문화적인 차이의 표명을 명확히 한정한다는 것은 불가능하며, 결국은 바랄 수 없는 일이다. 추상적인 평등의 단순한 원칙을 주장하거나 공동체주의자의 후퇴를 정당화하는 일에서 벗어나, 반대로 저자는 문화적 차이에 대한 존중이 공공의 공간 한가운데에서 그들이 표명하는 바를 장려하고 합법화할 수 있다는 것을 보여주고 있다. 요약하면, 민주주의적 보편주의에 고유한 평등과 자유의 원칙들을 극단적으로 재편할 수 있다는 것을 보여주는 것이다. 만약 여기서 보호받아야 하는 권리가 있다면, 우선은 아니지만, 프란체스코 피스테티가 한나 아렌트(Hanna Arendt)의 용어로 암시하는 것처럼, 그것은 어떤 양지로 나와야 할 차이들을 위한 권리이다. 왜냐하면, 각 문화는 어떤 독특한 것, 치환 불가능한 것을 인간의 복수성과 다양성의 시각에서 나타내고 있기 때문이지 않은가? 만약 그렇다면, 민주적 보편주의는 각 문화가 동등하게 공적 영역에 평등하게 참여함으로써 가능한 문화의 상호 교류, 그리고 그들의 만남, 그들 사이의 비판, 그리고 그들 사이의 상호 해석의 자리를 마련하는 조건에서만 더욱 심화될 것이다. 정확히 그 이유는 그러한 참여가 그들이 확연히 드러나 보이게 할 수 있는 공적 영역의 존재를 위태롭게 하지 않는다는 데 있다. 그 개별 문화들이 그런 방향으로 가

게 되면, 서양의 다문화 사회는 바로 새로운 민주주의의 고안과 실험의 실천적인 실험실이 된다.3)

그리고 이 저서가 소중한 것은 이 책이 자신의 독자들을 초대하는 과정과 그 과정을 통해 이 책이 자신의 입장을 정당화하기 때문이다. 이 과정은 우선 우회적인 과정이다. 그 우회는 철학과 사회과학 사이를 지나 프랑스에는 알려지지 않은 문화 연구(Cultural Studies), 포스트 식민주의 연구, 종속집단 연구(Subaltern Studies)라는 전 세계적으로 영향력 있는 연구 전통들을 걸쳐간다.4) 프랑스에서 이러한 분야가 잘 알려지지 않았다는 것은 솔직히 좀 놀랍다. 왜냐하면, 1970년에 등장하여 오늘날 전 세계에서 토론이 이루어지고 있는 이러한 연구 경향들이 어떤 측면에서는 푸코(Foucault), 데리다(Derrida), 들뢰즈(Deleuze), 알튀세르(Althusser)를 이어온 프랑스 이론(French Theory)들에게서 등한시되고 있기 때문이다. 유럽을 비롯하여 아시아·카라이브·라틴아메리카·아프리카의 연구자들이 맺고 있는 국제적인 네트워크에 기반을 두어, 이러한 연구 경향들은 어떤 측면에서, 아카데믹한 세계에서, 저자가 희망하는 '그 나라 특유의 범세계주의', '국제적인 교배'를 표상한다. 사실 탈식민주의와 세계화로부터 분리할 수 없는 세계에 진입하는 역사적인 이

---

3) 이 책의 저자가 다른 텍스트에서 강조하고 있는 것과 같이, 두 세기 동안의 노동자의 이동은 이 투쟁들에 의해서, 이런 원칙들의 비교할 만한 재창조를 이루어내지 않았는가? 이러한 이동은 지난 두 세기 동안 정치 공간과 경제 공간의 근본적인 리모델링을 이룬 것을 뜻한다.

4) 여기서 소중한 번역 작업을 시작하고, 그 작업을 소개한 암스테르담(Amsterdam) 출판사의 노력에 감사의 인사를 해야 한다.

중의 맥락 속에서 이 새로운 지식인 집단은 그 실체를 갖추었다. 참고로 이 지식인 집단으로 인해 이미 형성된 다문화주의에 대한 질문이 어느 정도인지 가늠할 수 있다. 저자의 말에 의하면, 바로 여기가 "급소의 영역인데 여기서는 반식민화의 과정, 중심과 주변 간의 관계들의 재정의, 그리고 이와 함께 세계화의 확인, 세계와 지역 간의 관계의 재조직이 이루어진다". 앵글로 색슨의 정치철학의 지나치게 좁은 틀 안에 이 문제를 가두는 대신, 반대로 분야와 문화를 초월하는 이 우회를 통해, 위의 학문적 경향들이 매우 다양하게 확장하고, 활성화한 서양 제국주의에 대한 비판의 (특히 안토니오 그람시Antonio Gramsci, 프란츠 파농Franz Fanon, 에메 세제르Aimé Césaire로부터 시작된) 오랜 전통 속에서 이 문제를 다룰 수 있다. 이것이, 특히 팔레스타인에 대한 에드워드 사이드(Edward Saïd), 자메이카 출신의 영국인들에 대한 스튜어트 홀(Stuart Hall), 혹은 기안 인들에 대한 폴 길로이(Paul Gilroy), 인도인들에 대한 라마찬드라 구하(Ramachandra Guha), 가야트리 C. 스피박(Gaytri C. Spivak), 뎁시 차크라바르티 (Dipesh Chakrabarty), 파테 차테르지(Pathe Chatterjee), 비쿠 파레크 (Bhikhu Parekh), 호미 K. 바바(Homi K. Bhabba), 아르헨티나 인에 대한 네스토 G. 칸클리니(Nestor G. Canclini) 혹은 카메룬 인에 대한 아쉴 음벰베(Achille Mbembe)의 연구들과 연관은 되어 있지만, 이번 연구는 여기서 전개된 서양의 근대성에 대한 역사에 접근하는, 즉 다시 쓰는 새로운 방식이다. 이 방식은 반제국주의와 반식민주의 자들의 투쟁에 제공된 중심 지역과 20세기 말 사회과학과 철학에서 발전된 서구 이성에 대한 자기비판과 파괴의 다양한 형태들을 동원하는 것으로 특징지을 수 있다.

그렇다고 해도, 작가에게 백인의 피를 닦아내거나, '타인'들을 향한 범죄에 대한 죄의식으로 인해 위협받은 자존심을 되찾기 위해 백인을 돕는 일은 중요하지 않다. 물론, 다문화주의는 공허한 슬로건으로 남게 될 것이다. 만약 그 서구 이성의 기독교 보호론적인 그리고 종족중심적인 폐쇄가 결합된다면, 그리고 얼마나 우리의 다문화적인 그리고 탈식민적인 조건들이 타인과의 차별성(altérité)과의 관계 속에서 근본적으로 인간 경험의 구조를 변모시켰는지 인정되지 않는다면 말이다. 그러나 서구 다문화 사회들의 주요한 도전(개인과 집단의 정체성들을 인정할 필요 위에 구축된 민주적 보편주의 이론을 다시 만드는 것)은 우선 매우 구체적으로 무엇인가를 통해 자유와 평등의 원칙이 어쩌면 일종의 독점권을 가진 어떤 억압된 '우리', 즉 서구의 우리가 가진 가치를 드높이지만은 않는다는 것을 보여주고 있지 않은가?

그것은 마르셀 모스(Marcel Mauss, 1969a)가 '다문화적 민주주의', '인터-네이션(inter-nation)'이라는 용어로 지적했던 '다문화적 민주주의', 즉 새로운 국가, 세계적 문명이라는 문제가 의미를 만들 수 있다는 조건에서 그럴 듯하다. 그 문제는 함께 사는 형태가 그 안에서 문화적 차이 그리고 전쟁 혹은 폭력적 대치들의 이유와는 먼 분쟁들이 고결한, 즉 상호 인정하고, 서로 '나누는' 자유에 기반을 둔 민주주의의 소용돌이를 살찌우게 될지도 모른다는 것에 대한 문제이다.

목차

역자 서문--------5

프랑스어판 서문--------11

이탈리아어판 서문--------28

제1장 문화, 권력 그리고 정체성
: 종속집단의 목소리

1. E. 사이드와 종속집단 연구, 혹은 종속집단 계층들의 역사--------40

2. 서양 지식 속에 아프리카 사상 구축하기--------48

3. 종속집단의 역사기술--------54

4. 유럽 역사주의의 비판--------63

5. 종속집단은 말할 수 있는가?--------73

6. G. 스피박과 S. 홀--------86

7. 은유로서의 종속집단성--------97

제2장 근대성 다시쓰기, 민족을 해체하기
: 후기 식민주의 비판

8. 후기 식민주의 연구와 문화 연구_____108

9. 민족과 시민성을 넘어_____117

10. 인종과 계급 사이에서_____123

11. 디아스포라의 문화와 유럽의 사고_____131

12. 식민주의 인식론에 대한 비판_____136

13. 후기 식민주의와 탈근대_____143

14. 사회에서 공동체까지_____150

제3장 자유주의와 공동체주의를 넘어
: 어떤 다문화 민주주의인가?

15. 후기 식민주의의 문제에서 다문화의 문제까지_____158

16. 문화에서 다문화주의와 법_____169

17. 소수자의 국가 형성과 소수자들의 권리_____177

18. 다문화주의, 상호문화성, 초문화성_____183

19. 지역 특유의 다문화주의를 위하여_____201

결론: 다문화 민주주의를 향하여_____214

부록: 사회적 정의, 세계적 정의, 그리고 주어야 할 의무_____225

프랑스어판 후기: 다문화주의는 민주주의에 녹아들 수 있는가?_____253

참고문헌_____292

누가 타인과 자기를 알겠는가.
또한 동양과 서양이 더 이상 구분되지 않는다는 것을 이해하겠는가.
J. W. GOETHE, 『Gedichte aus dem Nachlass』

만약 우리가, 인간 각자가 태어날 때부터
가진 관습의, 믿음의, 편견들의 좁은 틀에서 전혀 벗어나지 못한다면,
우리는 소크라테스의 최상의 지식에 도달할 수 없을 것이고,
자기 자신을 이해할 수도 없을 것이다.
B. MALINOWSKI, 『Les Argonautes du Pacifique occidental』

우리는 항상 더 많은 거대한 콜라주 속에서 살아가고 있다.
개인과 그들의 지역의 이루어진 세계는
영국 신사의 클럽보다는 쿠웨이트의 시장에 더 닮아 있다.
C. GEERTZ, 『The Uses of Diversity』

제1장

문화, 권력 그리고 정체성
: 종속집단의 목소리

1.
E. 사이드와 종속집단 연구,
혹은 종속집단 계층들의 역사

종속집단 연구가 구성하는 새로운 연구의 장에 어떻게 다가설까? 『Selected Subaltern Studies』(Guha, Spivak, 2002) 선집에서 추려낸 시론들, 그리고 특히 두 편집자의 시론들과 에드워드 W. 사이드(E. W. Saïd)의 서론은 방법론적인 요소들과 이러한 흐름에 대표자들에게서 공통적으로 나타나는 내용들을 밝혀주었다. 이 텍스트들은 물론 잘 구조화된 이론들 혹은 쿤(Kuhn)의 개념에서 진정한 패러다임을 제시하지는 않는다. 그러나 그것들은 넓은 의미에서 어떤 독서의 길라잡이를 제공해준다. 『Orientalisme』(1980)를 저술한 사이드는 새로운 지적 방식과 행동파의 정치적 실천을 동시에 바라는 연구 방향의 다양한 원천들을 자세히 설명하고 있다. 지금은 고전이 되었지만 '종속집단 연구'의 인식론적 모태로 여겨지는 이 저서를 잠시 훑어보자. 사이드는 여기서 동양학은 비유럽 민족들에 관한 지식의 아카이브(문헌학, 인류학, 정치학, 문학, 지정학, 역사학, 경제 이론, 일반적인 인문과학)로 정의되었다.

영국·프랑스·미국의 제국주의 식민지 역사 동안 만들어진 이 아카이브는 서구가 동양에 투영한 일종의 표상들, 이미지들, 선입견들에 대한 일종의 백과사전을 형성하고 있다. 이 백과사전은 통치를 받아야 하고, 문화화되어야 했던 피지배 민족들에 대한 백인의 우월성을 강요하고 있다. 사이드의 다른 중요한 저서인 『Culture et impérialisme』(Saïd, 2000)에서 그는 제국주의 지배를 경험한 민족들에 의해서 문화의 사유화가 얼마나 모순된 과정에 속하는지 강조하고 있다. 사실 한편으로 식민 통치자들의 동화주의의 패러다임과, 다른 한편으로 문화적 가치들을 수동적으로 내화하는 것에 그치지 않고 그것을 자신의 사고에 새긴 식민 지배를 받은 자들의 저항과 모순은, 서로 대립하고 있다. 바로 이 지점에, 식민 해방 이후에 등장한 민족주의, 민족차별 혹은 문화적인 성격을 띠고 있기는 하지만, 제국주의의 헤게모니에 대항하여 원래의 순수성을 되찾자는 환상에 사로잡힌 민족주의들에 대한 비판의 근거가 있다.

사이드의 계획은 사실, 정체성들에 대한 비본질적주의자들의 개념에 바탕으로 하면서, 호모 옥시덴탈리스(Homo occidentalis) 우월사상이 아닌 차이를 인정할 수 있도록 해준 인간성의 개념에 근거하고 있는 보편적인 역사를 기술하는 것이었다(Leghissa, 2002, pp. 19~45). 비판적 모델을 참조하는 종속집단 연구의 주요 목적은 종속되어 있는 계급들의 관점에서 인도의 역사를 다시 기술하는 데 있다. 그리고 그를 통해서 영국의 엘리트 지도자들과 그와 관계된 자들의 관점을 투영하고 있는 아직도 지배적인 식민주의자들의 도식에 반론을 제기하는 데 있다. 사이드는 단숨에 종속집단 연구의 작업에서 그람시의 사상과 그의 개념 도구, 특히 헤게모니 개념들의 중요성을 강조했다. 그에 따르면 '종속집단'이라는 용어 자체가 그람시를 지목하게 한다. 그의 개념들을 그 조직이 다양한 형태를 띠고 있는 지배자와 피지배자들을 대립시키는 지속적인 상호관계의 전체로 구성된 역사로 그 개념을 분리할 수 없다. 지배자와 피지배자들을 풀어 말하면, 한편으로 지배 계급과 엘리트들, 그리고 다른 한편으로 종속집단들과 그람시가 강제권과 사상에 근거한 지배에 종속된 민족 전체로부터 부각되는 계급이라고 불렀던 것이다.

'종속집단성'이라는 개념은 '종속집단주의'의 연구자들에 의해서 매우 광범위한 개념으로 사용되었다. 그 개념은 부차성, 억압당하는 계급과 동의어가 되며, 조셉 부티지에그(Joseph Buttigieg)가 강조한 것처럼 차별 당했다고 느끼는 모든 이들의 조건을 기술할 수 있도록 준다(Buttigieg, 1999, p. 29; cf. Baratta, 2000). 분명히 이러한 형태의 해석은 그람시 저작의 매우 부분적인 지식을 바탕으로 하고 있다. 그러나 여기서 그것이 중요한 것은 아니다. 반대로 강조해야 할 것은, 이러한 연구가 정치적 실천을 협소한 시각으로 이끈다는 것이다. 왜냐하면 종속집단주의자들은 모든 정치적 행동이 종속집단들의 문화적 유산을 없애거나 멀리 할 지배문화의 능력을 강조하기 위한 '지배문화'의 개념에 의해 제어된 역사 개념에 근거해야만 한다고 강조하기 때문이다(Buttigieg, 1999, p. 29).

이러한 종속집단 계급들의 역사를 규정하는 개념은 헤게모니의 핵심개념을 매우 잘못 해석하고 있다. 왜냐하면 그람시의 저작에서 그 개념은 지배 계급과 종속집단 계급, 즉 통치하는 자와 통치받는 자들 사이에 해체할 수 없는 복잡한 매듭의 형태로 역사적 과정들을 연구하도록 유도되고 있기 때문이다. 이 개념은 특히 그것을 통해 헤게모니의 실천 혹은 근대 정부의 통치가 수행되는 복잡한 기제를 분명하게 밝힐 것을 요구한다. 이러한 실천 혹은 통치는 시민 사회 한가운데, 세계관, 즉 넓은 의미에서 이데올로기 확산의 도움을 받는다. 다시 말해서 새로운 사회 윤리와 집단적으로 공유된 행동 규칙들을 만듦으로써 그것들이 가능해지는 것이다(Gramsci, 1929~1935, Q. 11, vol. 2, p. 1387).[1] 이러한 관점에서 그람시의 문화 개념은 어떻게 발전된 자본주의 사회 내에서 권력이 조직되고 재생산되는지 이해하는 데 핵심적이다.

사이드는 종속집단 연구들의 역사기술에서 '공식적' 역사의 관점에 이르는 '선택적인' 차원을 주장한다. 그는 여성·광인·망명·난민 등과 같은 주변 혹은 소수집단들에게 완전한 역사적 존엄성을 재부여하기 위하여 몇몇 서양 연구자들의 시도를 그 차원에 적용시키고 있다. 엘리트들의 역사로부터 출발하여 종속집단의 역사를 일반화한다는 것이 불가능하다는 것을 충분히 알고 있는 사이드는 그러나 그 역사가 '분리주의적 시도'가 될 수는 없을 것이라고 강조한다(2002, pp. 23~24). 만약 그렇다면 그 역사는 거울

---

1) 그람시의 『Quaderni dol carcere』에 대한 참고문헌은 여기서는 1975년 이탈리어판 비평본을 통해 제시된다.

놀이를 통해 그 역사가 싸우려고 했던 것의 정확히 반대편에 서게 될 수도 있다. 다시 말해서 제거·생략·억압의 장치들에서 식민주의와 엘리트주의의 규율과 같은 배타주의, 즉 제한되고 차별적인 것이 될 수도 있다는 말이다.

그람시가 그것들을 읽는 과정에서 발생한 이론적인 한계에도 불구하고, 종속집단의 지식인들은 사이드의 교훈을 통해 그것을 여과하면서도, 그의 철학적 사고를 있는 그대로 이용한다. 그들은 그렇게 그의 근본적인 생각을 발전시키고 있다. 그 사고에 따르면, 동양을 대하는 서구의 문화전략은 서구 문화의 특징들과 비슷하거나 같은 형식을 갖추었다고 여겨지는 특징들을 추려서 동양을 서구의 고유한 이성성의 기준으로 축소시키는 데 있다. 간단히 말하면, 타자를 동일한 것으로 만들려는 개념적인 도식화의 경향이 통제하는 제국주의의 전형적인 접근을 선택한 것이다. 사이드가 그것을 설명한 것처럼 "서구에 있어서 동양은 항상 서양의 한 측면이거나 다른 어떤 것이었다. 독일의 낭만주의에 있어서 인도의 종교는, 특히 게르만 가톨릭이 행했던 자연숭배의 동양적 형식이었다. 이러한 전환의 과정은 훈육된 과정이다. 그 과정은 교육된 것이다. 그 과정은 자신의 사회를 가지고 있고, 자신의 정기출판물들, 자신의 전통들, 자신의 어휘, 자신의 수사를 가지고 있다. 이 모든 것은 서양에서 중시하고, 낭만주의자들이 부여한 정치적·문화적 규범들과 근본적인 방식으로 관계를 맺고 있다."(Saïd, 1980, pp. 84~85)

이러한 해석학적 전략은 사이드에 따르면, 그가 아사이아 베를린(Isaiah Berlin)의 영향을 받아서 심각한 반제국주의라고 평가한 태도에 근거하고 있다. 다시 말해서 이는 자기 자신을 포괄하고, 자기 자신을 가두어 놓는 폐쇄적인 시스템의 전형이다. 그리고 그 안에서 대상은 그대로의 대상이다. 왜냐하면 어떤 경험적인 조건도 쫓아내거나 변형할 수 없는 존재론적인 이유들로 인해 그 대상들은 결정적으로 그 대상 그대로이기 때문이다(Ibid., pp. 87~88). 이렇듯 경험적 연구로 확인된 사실들은 '동양적인 형태'의 예가 가지는 특성으로, 스타일화된 표상들로 '담화 형식'의 계열적 집단, 혹은 형상으로 변형되어 나타난다. 그때의 변형은 그 사실 내부에 있는 생산과 변형의 규칙, 무엇보다도 그 규칙은 분명한 단언으로 연구된 실제를 변형하도록 하는 규칙들로 수행된다. 종속집단의 지식인들은 공식적인 인도의 역사기술과 유사한 '반경험적인 태도'를 거부했다. 그 역사기술은 실제로 영국의 엘리트와 지역 엘리트들에게 부여된 길잡이의 역할에 의거하여 인도인들의 사건과 민족 정부의 형태가 수행한 과정들을 도식화했을 것이다. 그래서 종속집단 계급, 그들의 세계에 대한 개념, 그들의 삶의 형태들은 주변화되고 폄하된다.

동양주의에서 반경험주의 태도를 오늘날 가장 잘 보여줄 수 있는 예로는 서구가 이슬람과 맺고 있는 관계이다.

얼마나 중세로부터 진전된 이미지와 표상들의 시스템이 끈질기게 남아 있는지 가늠하기 위해서 바르텔레미 에르벨로(Barthélemy d'Herbelot)가 쓴 『Bibliothèque orientale』의 '모하메트(Mohamet)'라는 도입을 참조하면 된다. 이 텍스트에서 모하메트는 단테에서부터 '사기꾼' 그리고 '이단자'로 그를 기술하는 오랜 전통에 의해 그에게 부여된 사상적·학설적인 특성을 따라 표현되었다.

"우리가 『Bibliothèque』에서 읽을 수 있는 것처럼 바로 유명한 사기꾼 모하메트는 우리가 마호메탄(Mahométane)이라고 부르는 종교의 이름을 가진 이단교의 창시자이며 설립자이다. 단테로부터 에르벨로에 이르기까지, 그리고 그 이외에도 모하메트의 모습은 사기꾼의 모습으로 남아 있었다."2)

이 해석학적 전략은 그 전략이 동양과 대립하는 유럽 문화의 정체성을 정의할 때의 친근함과 이상함의 변증법을 도입한다는 사실과 함께, 동양 문화에 익숙해지고, 인정된 개념적 틀 안에 그것을 분류하고, 가상의 지리적 형태로 동양을 그리려고 노력했다. 그 결과 중세가 되자마자, 유럽 외부의 힘들로서 동양과 이슬람의 표상은 우선 유럽 내부에서 발생한 불안에 특별한 역할을 하게 된다. "유럽은 사이드가 7세기부터 지중해에서 북유럽으로 문화적 중심을 이동시켰던 야만족들의 침입에 대해 상기시킨 것과 같이, 그 자신 안에 갇혀 있었다. 따라서 동양은 단순히 교역의 장소가 아니었을 때, 문화적·지식적·정신적으로 피렌느(Pirenne)가 말한 것처럼 거대한 가톨릭 공동체, 마치 그리스의 민회(ecclésia)와 같은 유럽, 유럽의 문명의 외부에 있었다. (…중략…) 서구는 지금 자신 본래의 삶을 살고 있다."(Ibid., p. 88) 이 시기 이후부터 이슬람은 마치 서양 문명 위에 떠도는 적, 위협적인 이웃의 진수로 표현

---

2) 17세기에도 험프리 프리도(Humphrey Prideaux)는 『The True Nature of Imposture』라는 부제로 모하메트의 전기를 저술하였다.

된다. 9·11사건들도 서양의 생각 속에서 오래된 문화의 전형을 다시 활성화시킨 바 있다.

2.
서양 지식 속에 아프리카 사상 구축하기

아쉴 음벰베(A. Mbembe)

이슬람에 대해 선택된 해석학적 전략은 또한 아프리카와 서구의 관계에도 영향을 주었다. 아프리카는 지식의 '복잡하고 변화무쌍한 대상'으로서, 서양 문화와 정치적·경제적·군사적인 격렬한 이유들이 역사적으로 결정화한 결과일 뿐이다(Saïd, 1980, p. 24). 아쉴 음벰베(Achille Mbembe, 2000)가 자세히 설명한 것과 같이 아프리카는, 상상으로 그리고 서구의 공통된 의미로 낯선 이, 괴물, 짐승과 같은 형상으로 여겨진, 그리고 극단적으로 그렇게 치부된 '완전한 타자성'의 개념을 나타낸다. 동양주의처럼 아프리카도 은유가 되었다. 그 은유에 의해 서구는 문명이라는 말로 자신의 인식론적·지적·윤리적 우월성을 강조하면서, 자기 자신을 동일자의 형상하에서 타자와 대립되는 것으로 표현한다. 이렇게 "아프리카는 단지 자신이 가진 가상의 의미들에 속할 뿐만 아니라, 아프리카는 자신의 무의식이기도 하다. 왜냐하면 아프리카가 아직 서구인 것과 서구가 표현하고 의미하여 이해하는 것 사이의 간격으로 나타났고, 나타나고 있기 때문이다."(Mbembe, 2000, p. 9) 또 다시 이 해석학적 전략은 인식론적인 단계에서 자신의 '반경험론적인' 자신의 폐쇄성을 드러낸다. 아프리카 대륙은 카스토리아디스(Castoriadis)가 언급했던 것처럼, 자신의 의미세계를 구성하는 전통과 특수한 실천들로 구성된 자신이 가진 현존재적인 가치는 그 자체로 분석되지 않았다(Ibid., p. 10, note 6). 아프리카 대륙은 일상의 담론 속에서뿐만 아니라, 지식인들이 주창하는 말들 속에서도 '자기 자신에 낯선 자의 형상 자체'로 축소된다.

아프리카는 이렇게 자신의 주제에 자율적인 모든 담론들을 금지하는 '소위 접근 불가능성이라고 일컬어지는 것'으로 강요된 모습으로 보인다. 아프리카는 우선 "다른 어떤 것, 다른 어떤 장소, 다른 사람들에 대한 어떤 핑계이다."(Ibid., p. 11) 신화·동화·마법·마술의 영역에 내쳐져 있는 아프리카는 서구의 담론성 속에서 부족, 부재, 부정적인 것, 존재가 아닌 것과 동일한 모든 것의 기호(자취 혹은 표시)가 되었다. 한 마디로 아프리카는 서구 합리성의 관점에서는 전형적인 '무가치(nothingness)의 강박관념'을 표현하고 있다. 음벰베가 서구 문화의 코드를 지배하고 그 기능의 기제를 통제하는 무가치화하는 일의 철학적 논리를 설명하는 문단을 전체적으로 인용하는 것은 중요하다. "실제로 우리는 지금 언어행위, 그리고 분류의 체계에 속해 있다. 거기서 다른 것 혹은 다른 사람들을 차별화하는 것은 단지(동일하지 않은 존재라는 혹은 다른 존재라는 의미에서) '그것처럼'이 아닌 것만은 아니다. 더욱이 그것은 아무 것도 아닌 것이다."(Ibid.)

이러한 체계에서 아프리카 대륙은 '폐지되었고', "그 본질로 보았을 때도, 자신 자신의 모습과 대립하고 있다." 아주 좋게 보더라도, 아프리카 대륙은 역사·사회·인류 과학의 분석 대상이 되었을 때, 정치권력과 생산 관계들의 물질성과 아무런 관계없이 담화와 표상 전체로 축소되어 나타난다. 음벰베는 경제·사회적 구조의 '반영'으로서 주체의 의식을 해석하는 '고루한 마르크스주의 전통'에 반대하는 논쟁에 참가한다. '가장 세련되지 못한 파슨스의 기능주의'에 따르면 식민 지배를 받은 사람들의 행동은 실제로 단순한 억압에 대한 '저항'으로 축소된다. 그는 그런 식으로 "인간의 행동이 가진 목적의 질적 복수성"(Ibid., p. 15, note 20)을 무시하고 있다.

음벰베의 논쟁은 그렇다고 해서 전체주의 분석과 계획의 도구로서 마르크스주의의 실패에 대응하는 연구에 너그럽지 않다. 왜냐하면 그의 논쟁은 사회·정치적 투쟁의 경제적인 요소들을 제거하고, 표현 투쟁들에 대한 모든 투쟁들과 관계를 맺고 있기 때문이다. 이러한 관점에서 "공제, 개발, 부역, 세금, 부담금, 강제는 더 이상 존재하지 않는다."(Ibid.) 아프리카 사회에 대한 연구는, 그래서 음벰베에게는 구조들의 객관성과 표상들의 주관성 사이의 잘못된 이분법을 기여하는 축소주의자들의 패러다임에 의해 변형된 것이다. 이렇듯 아프리카의 주체성이 가지는 "인간의 의미적 표현"(Ibid., p. 16)들, 언어·담화적 실천 간의 분리할 수 없는 관계, '행동하는 것, 보는 것, 듣는 것, 맛보는 것, 느끼는 것, 욕망하는 것, 만지는 것'을 암시하는 존재론적인 경험은 더 이상 볼 수 없게 된다.

음벰베가 취하는 이론적 입장의 주된 목표가 우선 '사회적 기능주의'의 위상들의 희생양인 사회이론들, 발전과 현대화의 이데올로기로 구성된다. 그는 그것들을 시장경제, 민주주의의 변환 등에 대한 '통치이익'과 신자유주의 교리의 범주로 잘못 알려진 실체들에 적용한다. "모델들은 그 유효성을 그들에게 부여하고, 그들에게 어떤 의미를 부여하는 문맥을 참조하는 것과는 독립적으로, 그 자신만으로 충분하다."(Ibid., p. 18) 모든 지역 언어들을 더 잘 인정하기 위한 완전한 연구들이 불충분하다고 판단되었을 때, 자신의 고유한 목적과 경험된 세계들을 가진 구체적인 사회 활동가들은 사라졌다. 무시와 추측이라고 특징지을 수 있는 이러한 태도는 사회이론을 경제와 아프리카의 정치를 '부족'의 기호로 정의하게 한다. 다시 말해 보편적이라고 여겨지는 근대화와 서구 발전의 기준들을 되찾는다는 것이 불가능한 분야들에서 그러는 것처럼 말이다. 음벰베에 따르면 "정치과학과 경제학의 담론은 이러한 부족의 원인들을 찾는 것으로 요약된다."(Ibid., p. 19)

음벰베의 이론적 접근과 종속집단 연구가 인식론적으로 수렴하는 것은 강조할 만한 가치가 있다. 음벰베는 실제로 '아프리카 사회의 실질적 모습'을 탐구하고 아프리카가 '경험한 시간'을 이해하려고 했다. 그 시간은 "혼질적인 시간의 동시성과 서로 뒤얽히고 가두는 불연속성, 전복, 무기력, 동요로 형성된 여러 기간들의 형태"(Ibid., pp. 33~34)하에서, 아프리카의 주체성을 구조화하는 역사적 시간성에 모순되는 공존으로 구성된다. 그러나 종속집단 연구의 계획이 종속집단 계급들의 주관성에 대한 재평가에 집중된 역사기술 계획일 때, 음벰베는 식민화 이후에 아프리카에서 발전한 그 새로운 역사적 시간성, 즉 후기 식민 현상을 더 잘 분석하기 위해서 모든 비판적·철학적·과학적 에너지를 동원할 필요성을 강조한다. 그러나 그것이 전환의 단계에 관계되었을 때처럼 '전'과 '후', 혹은 이 국면에서 다른 국면으로의 이동이라는 함정에 빠지지 않도록 해야 한다. 왜냐하면 아프리카의 존재는 일련의 시간 혹은 현재의 각 순간이 과거의 순간을 지우고 지나간 시간을 도입하는 단순한 시퀀스의 도식에 따라서는 기술될 수 없을 것이다. '후기 식민주의 현상'이라는 용어는 따라서 다른 것으로 대체되는 역사적 인류학적인 조건들을 가리키지는 않는다. 후기 식민주의 현상은 '현재·과거·미래를 끼워 맞춤'으로써 발생한 결과이다. 그리고 지금 이 각 시기는 모든 이전에 있었던 것들을 포함하고 선택하고 있다(Ibid., p. 36).

이렇듯 아프리카 사회의 형성은 단일한 순환 내부에 위치되거나 이미 규정된 단계들을 예견하고 그 실패라고 할 수 있는 일탈을 고려하는 근대화의 견해에 알맞게 미리 설정된 경향에 따라 해석될 수 있을 것이다. 반대로 음벰베에게는 이미 구축된 모델에 관계해서 수렴되거나 확산되지 않는 상호적인 관계에 있는 다양한 '경로'들을 분석하는 것이 중요하다. 그가 설명하기를 "보다 철학적인 단계에서, 우리는 시간의 경험으로서의 현재가 정확히 다양한 부재의 형태들이 뒤얽히는 순간이라고 가정할 수 있다. 그 부재들은 지금 더 이상 없고, 우리가 추억하는 현재성(기억)들의 부재이며, 아직 여기에 없는 타인들 그리고 사람들이 예견한 타인들(유토피아)의 부재이다."(Ibid., p. 37)

서구는 아프리카에 고유한 다양하고 근원적인 과정들을 '혼돈'과 동일시했다. 그런데 만약 우리가 현재 경험하고 있는 후기 식민주의적 상황을 이해하려고 한다면 바로 그 과정들이 겪고 있는 문맥들의 물질성들 속에서 경험들의 주관성을 드러나게 해야 할 것이다. 정부의 존엄성이 갖춘 (격렬한 폭력과 인권의 부정으로 빚어진) 특별한 형태로부터 식민주의의 합리성을 검토하는 것은(Ibid., Chap. I) 근대 서구의 합리성의 그늘진 영역을 들추어내려는 적절한 전략이다. 이러한 방식 때문에 식민지의 시스템이 특히 근대성의 형성과 국민국가들의 형성에 맞지 않는 사건이라고 부당하게 추측하는 식민주의 시스템의 오래된 (내부와 외부의 형태) 이분법이 형성되었다. 반대로 음벰베에게 있어서는 국민국가들의 가운데 식민주의 시스템을 그리고 식민주의 시스템 가운데에 국민국가들을 이중으로 끼워 넣는 것을 강조해야 할 필요가 있다. 이와 동일하게 '후기 식민주의'라는 용어는 식민주의를 연대기적으로 추적하는 기간을 가리키는 것이 불가능하다. 오히려 그것은 초문화적 초국가적인 핵심적인 세계화의 과정의 부분으로서 식민주의에 대한 다시 읽기를 가리키는 것이다. 그리고 그 용어는 "민족에 집중된 이전의 위대한 제국주의의 이야기들의 분산된, 떠돌아다니는 혹은 세계적인 다시 쓰기를 만들어낸다."(Hall, 2008e, p. 358)

3.
종속집단의 역사기술

: R. 구하(Guha)에서 그람시(Gramsci)까지 그리고 회귀

종속집단 연구가 옹호하는 역사기술은 우선 인도의 국가 형성 과정과 Raj의 엘리트, 정부, 통치자, 제도, 정치적인 것들의 특별한 작품으로 식민주의자와 신식민주의자의 이야기에서 그러한 정복이 찬양받는 이유를 이해하려는 목적으로 정립되었다(Guha, 2000a). 라마찬드라(Ramachandra)의 시론은 종속집단 계급의 목소리를 들을 수 있는 기회를 제공하는 공식적인 역사기술에 대한 고발 행위로서 읽힌다.[1] 그 작가에게 인도 민족주의의 역사는 '일종의 인도 엘리트의 정신적 전기'의 방식으로 이야기되고 있다(Ibid., p. 33). 이상주의와 종교 옹호의 기준으로 만들어진 이 이야

---

[1] 이 시론은 초기 『Subaltern Studies. Writings on South Asian History and Society』(Guha, 1982~1997) 12권으로 구성되어 있다. 분석을 위해, 알레산드로 디 마이오(Alessandro Di Maio)에 의해 『Cometa』(2004, pp. 488~496)에서 작성된 'Subaltern Studies'라는 도입을 볼 것.

기는 단지 착취와 억압의 형태뿐만 아니라, 모순 그리고 식민주의
자 엘리트와 토착민 엘리트들 사이에 적대, 그리고/혹은 화해의
관계를 숨기지 않는다.

우리는 인도의 공식적 역사 속에서 사이드(Saïd)가 동양을 대하
는 서구의 해석학적 전략에 기반을 두고 있는 것으로 지적한 동일
한 '반제국주의적 태도'를 발견한다. 여기서 또한 역사적 실체의
주요한 요소들이 가진 의미를 은폐하는 일 옆에서, 그 변형의 신
화와 관련된 기제, 그리고 지배 계급의 이상화를 읽을 수 있다.
"엘리트들과는 별개로 그 자체로의 민족주의 건설과 발전에 기여
한 민중의 공헌"은 바로 거대한 부재의 다름 아니다. 역사기술이
추적하고 있는 것은 '민중의 정치'이다.

이 자율적인 공간, 그것이 존재한다는 것은 엘리트 정치의 효과
가 아니며, 그 정치에 의존하지 않는다(Ibid., p. 35). 종속집단주의
자들은 푸코(Foucault)의 『Archéologie du savoir』에 따라 그 공간을
사회구성의 관점에서 '혼질적인' 그리고 다방면으로의 이동을 가
능케 하는 많은 사건들로 형성된 것으로 정의한다. 그래서 농민들
의 자발적인 봉기는 친족 관계, 지역적인 공동체로 구성된 전통적
조직과 복잡한 개인들의 의식의 단계에 따라 계급 집단의 형태들
로부터 유래한 것일 수 있다(Ibid., p. 36).

이러한 관점에서 식민지 시기의 인도의 역사는 '구조적인 이분
법', 헤게모니를 가진 두 진영들, 즉 부르주아 진영과 민중 진영
사이의 투쟁으로 점철된 것 같다. 그러나 부르주아 계급도 노동자
계급도 인도 민족을 완전히 대변할 수 없었고, 그것을 대표할 수

도 없었다. 부르주아와 노동자 계급은 경제적인 그리고 동업조합의 역할에서 격리되어 있었다. 게다가 노동자, 농민, 쁘띠 부르주아들의 투쟁은 산발적인 것이었고, 진정한 '민족해방운동'을 대표하는 데는 결코 성공할 수 없었다(Ibid., p. 39). 종속집단 연구의역사기술은 정확히 인도 민족 성립 과정이 겪은 역사적 실패를분석하는 것을 목표로 한다. 그리고 19세기 부르주아가 헤게모니를 가지고 있는 공간에서 노동자들과 마찬가지로 부르주아가 민주적인 부르주아 혁명, 또는 고전적 유형의 혁명을 이끌 수 없는무능력함을 지적하는 것을 목표로 한다. 간략히 요약하면, 노동자농민 계급이 헤게모니를 가진 공간에서 '새로운 민주주의'를 정립할 수 없는 무능력함을 지적하는 것도 목표로 한다.

그람시로의 회귀

구하가 저술한 이 문단은 종속집단주의자들이 그람시의 저서에,특히 헤게모니 개념에, 이방인과 원주민 지배집단과 맺는 복잡한관계들 속에서 식민 정부의 기능을 분석하기 위해서 부여한 중요성을 주목하게 해준다(Ibid., pp. 40~41). 아마도 여기서는 그람시가『Cahier 25』의 한 문단에 종속된 사회집단들의 역사에 대해 썼던것을 상기시키는 것이 유용할 것으로 보인다. 이 역사는 그람시에따르면, 종속된 사회집단들이 봉기와 반란을 일으킬 때조차도 종속집단 계급들이 지배집단들의 주도권을 경험한 사실에 의해서특징지을 수 있다. 이 상처뿐인 최종 승리를 통해서도 즉각적으로 종속관계를 없앨 수는 없었다. 종속집단들은 그들이 승리한 것처럼 보이는 때에도 지속적인 경계가 필요한 불안한 상태에 놓여 있었다(적어도 1830년까지 프랑스 대혁명도 그러한 모습을 보여준다). 그람시는 값진 방법론에 대한 지적으로 구하가 인도의 '신역사'에 대한 종속집단주의자들의 계획을 밝히기 위해 다시 연구하는 내용에 주목한다. "이러한 이유로 종속된 집단들에 있는 각 자율주도권의 흔적은 통합의 역사에 대해 가늠할 수 없는 가치를 가지고 있음이 틀림없다."(Gramsci, 1929~1935, vol. 2, pp. 2283~2284)

'통합의 역사'가 그람시에 따르면(Cahier 10) 정부의 개념에서뿐만 아니라 문화적 사실 혹은 온전히 정치적이고 경제적인 경계들 옆에 반드시 필요한 문화적 경계를 중시하는 가운데에서 헤게모니가 주어지는 순간에 우선시되는 자리를 부여하는 '종족-정치'의 역사를 가리킨다는 것을 이 지점에서 상기시켜야만 한다. 명백히 종속집단주의자들은 역사가 발전하는 가운데 문화적 현상의 영향을 강조할 때, '통합의 역사'에 대한 그람시의 개념을 따른다. 이러한 현상들은 허황된 모습을 띠지는 않는다. 이 현상들은 헤게모니에 대한 훈련과 동의가 형성되는 장소이다. 더불어 이 현상들은 자율적인 '역사의 주관성'을 획득하게 해주는 사회 권력들의 구체적인 집합체를 필요로 하는 형태이다(Gramsci, Ibid., pp. 1235~1236).

이러한 "강제권을 행사할 수 있는 힘으로서의 정부 이론을 보완하는"(Ibid., p. 1235) 헤게모니의 개념을 통해 (가장 성숙한 표현을 가진 민중문화들의) 모든 표현 속에서 문화는 "사회 전체가 하나의 도덕적 단위를 갈고 다듬도록 하는 구체적인 사회적 내용의 형태로서의 실천적 행동"(Ibid., p. 1226)으로 여겨진다. 사이드는 문화적 개념의 풍요로움을 완벽히 이해하고 있다. 그는 다음과 같이 쓰고 있다. "전체주의로 물들지 않은 사회에서, 어떤 문화적 형태들은 다른 문화들에 대해서 우월하다. 그것은 마치 어떤 생각들이 다른 생각들보다 더 많이 확산되어 있는 것과 같다. 또한 문화적 우위를 갖고 있는 형태를 그람시는 헤게모니(hégémonie)라고 불렀다. 이 개념은 서구의 문화생활에서 어떤 것을 산업적인 것으로 이해하는 데 반드시 필요한 개념이다."(Saïd, 1980, p. 19)

위에서 확인했던 것처럼, 구하는 종속집단주의 역사학자들의 주된 목표가 (부르주아 쪽에서나 노동자 계급의 쪽에서도) 스스로 민족으로 형성되려는 시도를 할 때, 인도의 역사적 실패를 분석하는 데 있다고 생각했다. 그는 엘리트의 연구자들을 위해 역사기술에서 "인도인이 가진 민족주의 시각의 특징을 보여주는 헛된 반역사적인 일원론의 거부, 엘리트의 정치 공간과 종속집단 계급의 공간이 공존하는 일, 그리고 그들의 상호작용을 인정하는 것을 바탕으로 형성된" '선택적인 담론'을 만들 필요성을 강조했다. '엘리트들의 정치 공간들'과 '종속집단 계급의 공간들' 사이의 '공존'과 '상호행위'에 대한 분석은 위에서 보았던 종속집단 계급이 겪은 분리주의 역사의 위험을 제거하고 그람시의 의미에서 '통합의' 역사를 기술할 수 있는 역사기술이라는 패러다임을 구성하는 유일한 방식으로 나타난다.

게다가 종속집단주의자들의 목적은 종속집단 계급의 활동, 특히 가장 눈에 띄는 그들의 폭동에 가해지는 가설을 세우는 데 있다. 그 가설은 폭풍우·지진·홍수와 같은 자연사의 재해에 비교할 수 있는 비이성적인 단순한 폭발로 그러한 변동을 이해하려는 데 있다. 그 가설로 인해 그 많은 폭동2)에서, 지방 군중들의 자율적인 주도권의 몫은 무시당하게 된다. "교조적인 역사기술은 반발이 없는 농민을 단순히 경험적인 한 개인으로, 혹은 한 계급의 구성원으로 고려하는 데 그친다. 그러나 농민을 우리가 반동이라고 부르는 실천을 만들어가는 데 있어서 그들의 의지와 이성이 주요한 역할을 하는 존재로는 전혀 생각하지 않는다."(Ibid., pp. 44~45)

지배자와 피지배자의 관계는 반대로 장-프랑수와 바이아르(Jean-François Bayart)와 로맹 베르트랑(Romain Bertrand, 2006)에 제기한 용어를 가져오면 '헤게모니적 거래'로 기술되어야 한다. 이러한 형태는 한편으로 민족의 형성에서, 엘리트 정치와 종속집단 계급의 정치가 서로 얽히고설키는 모습을 강조하게 해주며, 다른 한편으로는 후기 식민 정부의 도식에 식민 정부의 낡은 방식을 종속시키는 모습을 강조하게 해준다.

부르주아의 것도 마르크스주의자의 것도 아닌 역사기술

이러한 문맥에는 그람시에서 차용한 헤게모니 개념뿐만 아니라 '변형주의(transformatisme)', '수동적 혁명(révolution passive)', '구체제

---

2) 특히 데비 신하(Deby Sinha)에 반발한 랑그푸르(Rangpur)의 폭동, 1831년 티투 미르(Titu Mir)가 주도한 바라싸트의 봉기, 1855년 상탈(Santal)의 폭동, 1860년의 남색 염료를 추출하는 식물을 경작하는 농부들의 '푸른색 폭동' 등이 있다.

(Ancien Régime)와 대혁명' 사이의 관계에 대한 토그빌의 문제제기와 같은 개념들과 같은 것도 관계된다. 이들은 특히 후기 식민 정부들이 때로 다른 방식이나 다른 형태로 이전에 앞선 식민지 정책들을 따르고 있다는 것을 보여줄 수 있다(Bayart, Bertrand, 2006, pp. 147~148). 종속집단 연구의 대표자들이 도출해내려고 하는 '헤게모니의 거래'의 복잡함이 정확히 그러하다. 그래서 그들은 단지 농민들의 반란 속에서 '엘리트 의식'을 이해하는 '부르주아와 민족주의자'의 공식적인 역사 편찬뿐만 아니라, 반항의식의 특수성을 평가절하하는 마르크스주의에 영향을 받은 '극단주의적' 역사기술에도 거리를 둔다(Guha, 2002a, p. 94). 이 두 역사기술의 유형은 실제로 구하에 따르면 '자유·평등·박애의 우월한 이상들'로부터 자양분을 얻은 '이상적인 의식'을 실체화하려는 경향이 있는 "반란의 역사에 대한 반역사적 시각을 공유하고 있다."(Ibid., p. 95) 이 패러다임은 통일되고 텅 빈 시간성, 회피할 수 없는 세계에서 신화적이고 상징적인 내용들의 전통적 생명을 제거해 버린 탈종교화로 진행되는 역동성으로 이해된 역사의 개념을 암시한다. 역사에 대해 말하는 역사주의의 대략적인 이 시각은, 예를 들어 '극단적 신앙심'에 대한 강한 감정에서 촉발한 농민들의 반란들과 같은 모순되는 현상들을 포착할 수 없다는 것을 드러낸다. 이 '극단적 신앙심'은 인도 농민 반란의 '구성적 요소'이지만, 그 신앙심은 '그것이 마치 존재하지 않았던 것처럼' 제거되고 만다. 혹은 잘해봐야 자신의 무지한 농민들을 희생하여 빛나는 주인들에 의해 하지만, 당연히 '민중의 이익을 위해' 사용된 창의력이 풍부한 발명

품으로 해석된다(Ibid., p. 95).

마르크스주의 역사학자들은 농민 반란을 재구성하면서 농민들과 반란의 지도자들이 가진 '종교적 의식'을 제거했다. 그들은 '무종교(laïque)'라는 의식의 변형된 안경을 통해서 사건들을 해석하면서, 종교의식을 미신과 맹신의 상부구조로 생각했다. 디펩시 차크라바르티(Dipesh Chakrabarty, 2004) 역시 종교적 현상을 가치절하하는 사실을 주목했다. 그러나 그것은 마르크스주의자들과는 반대로 식민지 인도의 농민의식 속에 있는 완전한 힘을 강조하기 한 것이었다. 그는 마르크스주의, 에릭 홉스바운(Eric Hobsbawn)과 같은, 마르크스주의에서 가장 주목받는 대표자들의 인도 역사(그리고 비서구 국가들)에 대한 깊은 무지를 비판했다. 마르크스주의는 전근대적인 것에서 근대성으로의 피할 수 없는 이행이라는 역사적 과정의 개념과 분리할 수 없다. 이 관점에서 홉스바운이 단정한 것과 같이 그들의 열망을 표현하기 위한 정확한 언어를 찾지 못한 (혹은 이제 막 찾기 시작한) 인도 농민들은 어쩔 수 없이 '시대에 뒤떨어지는' 주체들로 보일 수밖에 없다(D. Chakrabarty, 2004, p. 27에서 재인용).

이렇게 그것에 따라 과거와 다른 것이 잉여와 폐기물일 뿐인 것으로 축소되는 역사 발전을, 단선적으로 표현하는 것은 1873년부터 1900년 사이에 영국령 인도에서 있었던 농민 반란에 진정한 '정치투쟁'의 자격을 인정해주지 않으려는 데 도달하게 된다. 농민들이 고대의 신성성에 기대고 있기 때문에, 그들은 '정치 이전의' 활동가들일 수밖에 없다. 즉, 사회과학이 안정된 것이라고 여기는 존재론적 가정들에 맞지 않는 주체들인 것이다(Ibid., p. 29). '유럽을 지방화하는 일'은 차크라바르티의 공식에 따르면, 이러한 역사에 대한 역사학자들의 대략적인 개념과 그것에 동조하는 정치적 시작을 비판하는 것을 의미한다. 『Subaltern Studies』의 저자들은 서구 마르크스주의가 하찮은 역사주의에 바탕을 둔 모든 가설들을 공유하고 있다고 말한다. 차크라바르티가 분명히 단정한 것과 같이 "서양 마르크스주의의 전형적인 자본과 민족의 분석적인 범주들을 단순히 적용하는 것으로는 인도의 정치적 근대성의 역사를 기술할 수 없다."(Ibid., p. 32) 식민지 시대의 인도의 문화는 영국의 자유주의 모델의 복사판도 아니었고, 낡은 자본주의 이전의 문화의 잔재도 아니었다. 오히려 그것은 부르주아의 관계들이 헤게모니 없이 지배하는 형태에 강제된 '진정한 자본주의'였기 때문에 실제로 부르주아적이고 진보주의적 형태의 민족주의와 '퇴화된' 식민주의를 대립시킨다는 것은 불가능하다.

4.
유럽 역사주의의 비판

디펩시 차크라바르티(D. Chakrabarty)

디펩시 차크라바르티(Dipesh Chakrabarty)에게 역사와 정치의 관계는 사회과학과 마찬가지로 극단적으로 문제시되어야만 하는 마르크스주의를 탄생시킨 하찮은 역사주의에 의해 신성시 되었다. 포스트모던, 그리고 세계화된 사회들의 문화적 분석에 강하게 촉각을 곤두세우고 있었던 새롭게 각광받는 과정들의 시각에서는, 그의 비판적 접근은 더욱이 적절한 것이다. 이 과정들은 실제로 세계의 종교들이 1989년[1] 이후 공적인, 그리고 사적인 삶에서 되찾은 영향력을 이유로 일종의 '종교적인 것의 회귀'를 주장하고 있다. 이 새로운 문맥에서 전통적인 사회와 근대 사회에서 지금까지 이어온 단절들은, 베버 이후 사회과학의 기초를 닦은 학자들에

---

1) 베를린 장벽이 무너지고, '실재 사회주의' 사회가 몰락하고 난 다음이다.

게 매우 익숙한 것으로써 그냥 지워질 수 있는 정도까지 보다 약해져 있는 것처럼 보인다.

이러한 오늘날 '비탈종교화'의 분석을 통해, 차크라바르티는 부지불식간에 피터 베르제(Peter Berger)와 같은 보수주의 사회학자들과 조우한다. 1990년대 초반, 차크라바르티는 "유럽이 극히 탈종교화된 지역이라도, 세계 대부분의 국가는 과거에 그랬던 것보다 더 종교적이라는 사실을 강조하였다. 예를 들어, 중동·인도에서 그리고 도처에서 종교의 놀라운 횃불을 밝힌 것이 발견되고 있다". 단정적으로 그는 다음과 같이 결론을 내렸다. "유럽과는 전혀 다르다."(Berger, 1992, p. 29) 그러나 이 유럽의 '예외'는 베르제가 이후 인정하는 것처럼 사라질 것이었다(Berger, 1999; cf. Schlegel, 2007).[2]

더 최근에 철학자 찰스 테일러(Charles Taylor, 2007b)는 탈종교화에 대한 학설을 자세히 종합하면서 베버의 이론(적어도 그의 표준 해석)을 강하게 비판하였다. '세계를 환상에서 벗어나게 하는 일'은 (경제·과학·정부 등) 자율적인 이성의 영역에서 일어나는 차이에서 서로 다른 것으로 이행하는 근대의 과정에서 피할 수 없는 효과이다. 이 캐나다 철학자에 따르면 이 과정은 신념을 '개인의 것으로 축소'한다거나 '소외'시키지는 않는다. 서구는 반대로, 공

---

2) 몽젱(2007)을 참조할 것. 여기서 저자는 흥미로운 지적을 한다. "만약 중국에서 종교의 발전이 종교의식을 다시 보편적으로 수행하는 것이라면, 그 대대적인 숫자는 유럽인들을 방해하는 요소가 될 것이다. 그 요소는 2050년에 세계에서 주류를 차지할 종교가 무슬림이 아니라 신교를 포함한 천주교라는 사실이다." 이 문제에 대한 매우 중요한 대화의 요소들에 대해서는, '종교적인 것은 무엇인가?'라는 문제를 다루는 『Revue du MAUSS』 22호(2003)를 참조할 것.

공영역 밖으로 종교적 가치들을 내쳐버리는 것에 대한 신도들의 거부로 주로 나타나는 종교적 현상을 '개인의 것으로 축소하지 않는' 과정을 보여주는 극장이라고 할 수도 있다(Ibid., Chap. 12 & 13). 게다가 이러한 경향은 주로 20세기 후반에 더욱 두드러지게 강조된다. 그 이유는 한편으로는 구소련과 동구권 국가들에서 소비에트 공산주의와 같은 모습으로 나타난 세속적인 종교들의 실패 때문이고,3) 다른 한편으로는 미국에서처럼 단일한 '용광로'에 인종·종교·문화와 같은 다문화성을 용해하여 문화적 통합을 실현할 것을 주장했던 모든 '시민 종교' 형태들의 쇠퇴 때문이다.4)

베르제·테일러와는 다르게, 특히 차크라바르티와 같은 종속집단 연구의 이론가들은 근대성과 자본주의에서 일어나는 변환에 대한 보다 복잡한 분석의 범주를 제시하는 것만을 목표로 삼지는 않는다. 우선 그들에게는 '역사1'과 '역사2'의 만남과 대치에 의해서 다양한 역사적 지리적 문맥들에서 빌려 온 다양한 형태의 '복수의 근대성'이 존재한다는 것을 보여주는 일이 중요하다(Mezzadra, 2006c, p. 84). 이러한 역사적 시간과 혼질적인 인류학적 문맥의 혼

---

3) 중국 공산당이 지배 계급 엘리트들의 도덕적 정당성을 확보하기 위해서 마르크스 레닌의 낡은 프로그램 대신 당 학교에서 공자사상의 교육, 그리고 가족 윤리 그리고 효 사상의 가치를 장려하는 것은 우연이 아니다. 이 주제는 벨(Bell, 2007, pp. 20~28)을 참조할 것.

4) 현대 전 세계 도시의 다문화주의가 마주하고 있는 복수주의, 민주주의의 이야기에서, '시민의 종교'가 마주해야 하는 어려움에 대해서는 레스터 R. 커츠(Lester R. Kurtz, 2000, Chap. VI)를 참조할 것. 미국 '시민의 종교'의 성격들에 대해서는 벨라(Bellah, 1967, pp. 1~21; 1975)를 참조할 것. 파슨스(Parsons, 2007, pp. 92~121; 마테오 보르톨리니(Matteo Bortolini)와 기우셉 산토로(Giuseppe Santoro)가 작성한 주석, *Presentazione: Talcott Parsons e la ≪secolarizzazione≫* 참조) 이론에서, 우리는 또한 세속화의 주제에 대해 그리고 노버트 벨라(Norbert Bellah)에 의해 만들어진 (미국 시민의 종교와 소련의 마르크스주의를 포함하고 있는) '시민의 종교' 개념에 대해 매우 흥미롭게 생각한다.

합은 세계를 종교에서 벗어나게 하고, 비전통적인 것으로 변화시키는 데서 피할 수 없는 진보의 움직임으로 환원되는 종교적인 것과 세속적인 것 사이의 선적인 관계로 강하게 구축된 믿음을 약화시키게 된다.

이러한 역사의 새로운 개념에서 비판을 받는 것은, 단지 (자본에 의해 노동의 형식적 포섭이 실제적 포섭으로 이해하는 것에 집중된) 마르크스의 이야기만은 아니다. 그와 함께 그 이야기를 함의하고 있는 문화적 근대화의 변증법 역시 비판의 대상이다. 이러한 과정은 두 가지 다른 각도에서 접근되어야 한다. 근대성이 세계를 종교에서 벗어나게 하는 것, 다시 종교화하는 것 사이에서의 끊임없는 변증법을 발전시키는 것뿐만 아니라, '다시 종교화하는' 단계들이 반드시 전통적인 종교들의 영향하에 결코 놓여서는 안 된다는 것이다. 그들 역시 마치 인간 개인의 신성함, 보편적인 본성, 존재의 유한성, 세계의 신비함, 보다 약한 것에 대한 배려, 맹목적이고 이기적인 공간적 차별에 대한 거부에 대한 인정과 같은 새로운 종교적 성격을 가진 형태를 취할 수 있다(cf. F. Fistetti, 1994, pp. 27~60). 세계를 '다시 종교화하는' 단계들은 (세계화-글로벌화된 사회에서 더욱 강한 이유로) 상업적인 근대화에서 무엇보다 그것 없이 어떠한 제도와 어떠한 사회적 관계도 맺을 수 없는 무상의 그리고 기부의 차원을 의미한다(Chanial, 2008, Introduction). 사회와 정치를 지배하는 '세속적' 개념들은 서로 의존하지 않는 두 가지 근거들에 기반을 두고 있다. 우선, 믿음은, 그것에 따르면 인간성의 존재는 다른 모든 시간을 포함한 단일하고 세속적인 역사적 시간 속에서 진행된다(Chakrabarty, 2004, p. 33). 이러한 형이상학적인 단정과는 반대로 남아시아의 근대성에서 볼 수 있는 사회적·정치적 실천은 발터 벤야민(Walter Benjamin)과 에른스트 블로흐(Ernst Bloch)에 의해 제안된 과거에서의 미래의 뒤늦은 성숙(Nachreife)과 시간 교배 모델에 따르면, 많지만 서로 분리되어 있는 시간성들로 구성된 역사성을 따른다(Bodei, 1983). 현재 혹은 벤야민의 용어에서 '지금'은 환원할 수 없는 파편화되고 다성적인 성격을 띠고 있다. '실제 현재'는 백지상태(tabula rasa), 아무도 소유하지 않은 땅(terra nullius), 즉 선 구축된 목적을 향해 목적론적으로 지향된 발전으로 해석될 수 없을 것이다(Chakrabarty, 2004, p. 320).

　과거는 현재를 관통한다. 더욱이 '과거들'(여기서 이 단어는 반드시 복수형을 써야 한다)은 취향, 사회적 실천, 그리고 일상생활에서 가장 익숙한 형태들 속에서 계속 살아 있다. 같은 방식으로 '미래들'은 근대 정치적 주체들의 계산과 욕구들의 특별한 미래 지향적 차원과 같다고 할 수는 없을 것이다(Ibid., p.330).[5] 두 번째 가정은 오늘날 아직까지도 옹호할 수 없는 것으로 드러난다. 이는 믿음과 관련된다. 그것에 따르면 "인간성은 존재론적으로 유일한 것이고, 신성성과 정신들은 사회적 사실에 속하고, 사회적인 것은 그것들보다 미리 존재하는 것이다."(Chakrabarty, Ibid., p. 33) 역사학자들이 대충 만들어낸 이 인식론적인 모든 가정들은 세계를 자본의 지배를 받는 '세계 내면공간(Weltinnenraum)'으로 변형시키는 세계화에

---

5) 차크라바르티의 '현대성(contempranéité)'의 개념에 대해서는, 춘-옌 조 첸(Chun-Yen Jo Chen, 2003)의 관찰을 참조할 것.

대한 총괄적인 독법에서 찾을 수 있다. 이렇듯 그 가정들은 보편적인 역사를 '통일된 공간', '통일된 시간', 그리고 '통일된 가치'로 축소한다. 그때 지금까지 다양화된 모든 세계들은 단일한 최고의 공간 한가운데에서 통일된다.[6]

차크라바르티는 그것을 분명히 인정한다. 저항할 수 없는, 그리고 남김 없는 과정에 동일시되는 탈종교화의 지나친 단순화된 개념의 상식에서 이러한 몰락은 하이데거의 해석학의 영향을 받은 것이다. 하이데거 개념의 비판적으로 사용하는 것은 '다양한 삶의 방식'과 개별적인 삶의 형태들의 구체적인 성격을 인정하게 해준다(Ibid., p. 36). 그리고 또한 역사기술을 객관화하는 규약에 완전히 예속될 수 없는 시간의 차원으로서 과거를 고려할 수 있게 해준다(Ibid., p. 331). 실제로, 특히 가부장제 혹은 종교적 믿음들과 같은 현상과 관련이 되었을 때, 적절한 모델로 밝혀진 합리성이 그 자체로 학습된 대상에 대한 분명하고 변별화된 지식을 보장하지는 않는다. 인간은 항상 세계 내(內) 존재와 다르고 축소할 수 없는 방식들을 드러낸다. 그리고 '객관화하는' 방식은 기존의 수많은 방식들 중 하나일 뿐이다. 이 방식들 각자가, 하이데거의 용어로, 세계에 대한 개별적인 '선이해'를 의미한다. 그리고 때로, 이러한

---

6) 피터 슬로터다이크(Peter Sloterdijk)는 다음과 같이 쓰고 있다. "자본의 공간은 분명히 드러난 아고라(agora)도 아니고, 시장도 아니다. 반대로 그 공간은 그 외부에 있는 것을 마구 삼켜버린 온실이다. 소비 자본으로 만들어진 전 세계적인 호화로운 건물의 이미지는 전 세계의 상품 전체에 대해 열광하는 사회적 환경을 완전히 표현한다. 이 수평적인 바빌론에서, 인간이 된다는 것은 소비 권력의 문제일 뿐이다. 그리고 자유의 의미는 시장의 생산품들 중에서 선택할—혹은 그런 유형의 생산품들 전체를 만들어낼 능력에서 드러난다."(Sloterdijk, 2006, p. 42)

방식들은 공존하고, 복잡하고 모순되는 의미의 세계에서 기인한 해석의 투쟁의 형태로 서로 분쟁상태에 들어가기도 한다.

차크라바르티의 이론적 노력은 자본의 메타 서사 그리고 정치적인 단계, 정치 정부의 서사시에 근거해서 만들어진 이야기 전체의 헤게모니 모델을 검토하는 것이다. 세계와의 분석적이고 객관적인 관계를 우선시할 때, 이 모델은 마르크스주의와 자유주의 이야기 속에서 '불평등한 발전'의 가설에 대한 다양한 형식들을 '생산한다'(Ibid., p. 314). 차크라바르티가 보여주는 관점이 풍요롭다는 것을 납득하기 위해서는 제국주의 시대의 자본주의가 가지는 불평등한 발전의 법칙에 대한 레닌의 이론을 생각하는 것으로 여기서는 충분하다. 『L'impérialisme, stade suprême du capitalisme』(1916)에서 수행한 분석에서도 레닌은 자신이 만든 자본주의 발전의 불평등성 개념이 자본 변화의 이상적인 형태에 근거한다고 생각한다. 그리고 이 생각에 맞지 않는 모든 요소들은 사라질 운명에 처한 전(前) 자본주의의 잔존물로 생각한다. 하찮은 역사주의의 다양한 형태들을 암시하는 이러한 인식론적 모델에서 '아직'이라는 말은 '불완전함'이라는 형태가 된다. 즉, 아직 실현되지 않는 실제적 현재가 된다. 이러한 개념에 연결된 역사의 형태는 정확히 계몽주의 시대의 보편적인 원칙들의 피할 수 없는 완성이라는 특징을 가진 내적인 논리와 자본의 승리에 대한 이야기의 형태이다. 차크라바르티가 '역사1'이라고 부른 것이 그러하다. 역사1과 관련하여, '역사2'의 목적은 지워진 혹은 잊힌, '복수의 미래들'을 상기시키는 과거들을 되찾는 데 있다. 이 과거들이 의미하는 것은 차이를 지우고자 하는 목적을 가진 관점들과는 달리 오래되거나, 시대에 맞지 않거나, 상존하는 것으로 여겨질 수도 있을 세계를 고안하고 거기에서 사는 방식들이다. 바로 해석학적이면서 분석적인, 이러한 작업을 차크라바르티는 '유럽을 지방화하기(provincialiser l'Europe)'라는 슬로건으로 요약하였다. 이는 '유럽적인 사고와 단절되고자 하는 계획'(Ibid., p. 335)에 관계된 것이 아니라, 오히려 그 사고를 잘 수정하기 위하여 그 사고의 중심주의로부터 벗어나려고 하는 계획과 관계된 것이다. 그런데 교조적인 마르크스주의자들은 바로 이러한 이론적 입장을 유럽의 계몽주의 시대 성과로 인정된 종속집단 연구가 근대성과 민족에 가하는 비판 속에 버린다. 이렇듯 구하가 '무종교적'이고 초이성적인 정신의 안경을 통한 것과는 달리 종속집단의 의식을 인지할 수 없는 마르크스주의의 역사기술의 동화주의적 입장을 반대하면서, 종속집단의 특별한 의식을 강조할 때, 프리암바드 고팔(Priyamvade Gopal)은 이성주의 형태의 '축소주의'를 '종교적' 형태의 또 다른 축소주의로 대체한다고 그를 비판한다. 그에 따르면 종속집단주의자들은 '종교'의 개념을 '역사성'이라는 용어와 동일한 세밀한 시험에 결코 종속시키지 않는다. 그들은 부당하게 그 개념을 존재 혹은 믿음의 단계들에 대한 자기 설명적이고 명쾌한 표현으로 여긴다(Gopal, 2006, p. 235). 고팔은 종속집단 연구의 주요저자들 중 하나인 인도 철학자 가야트리 차크라보르티 스피박(Gaytri Chakravorty Spivak)[7]도 비판한다. 고팔은 스

---

7) 데리다의 『Grammatologie』의 번역자(Spivak, 1976)이며 1988(2009)년에 출간되고, 1999(2004)년에 다시 검토된 『Can the Subaltern Speak?』라는 종속집단연구와 후기 식민

피박이 구하와 종속집단주의자들을 따라 전통적인 자유주의 혹은 마르크스주의 역사기술을 타락시키는 자와 동일한 엘리트주의에 빠져 있다는 점을 비판했다.

고팔의 비판은 20세기 말에서 지금까지 종속집단 연구, 후기 식민주의 연구, 문화 연구들이 촉발시켰던 논쟁 속에서 반복되는 주제를 나타내고 있다. 마르크스주의자들은 실제로 이러한 새로운 경향들을 자신의 '자본주의에 대한 비판'에서 정치·경제와 계급 분석에만 나타나는 문제들과 '문화 비판'을 연결할 수 없는 반식민주의 전체를 활용하여 마르크스주의를 '부인했다'고 비판했다 (Bartolovich, 2001, pp. 5~6). 이탈리아에서 미구엘 멜리노(Miguel Mellino)는 전통적 마르크스주의 이론가들의 다양한 난처함과 반대들을 종합하였다. 그 이론가들은 후기 식민주의의 비판이 완전한 형태의 (노동자 계급의 정체성과 같은) 강력한 사회정체성을 파괴하는 데 그치고, '허약한 정체성들'(디아스포라, 혼혈 등)을 조작하고, 또한 '세계의 자본주의의 생명력이 가진 권력이 사용하는 시스템'(Mellino, 2005, p. 109)의 힘을 평가절하하는 것에 그치고 있다고 비판하고 있다. 최근 티모시 브레난(Thimothy Brennan)은 미국과 앵글로 색슨의 문화생활에서 종속집단 연구와 후기 식민지 연구의 성공을 '전환점'으로 생각했다. 1975~1980년 사이에, 다시 말해 베트남 종전과 레이건 정부 초기 사이에, 정치에 대한 완전한 사회적이고 민주적인 시각이 쇠퇴하는 국면이 열릴 것 같았다.

―――――――――――――――――
주의 연구의 핵심 텍스트의 저자이다.

종교 근본주의가 재출현하는 국면이기도 한 이 국면 동안 '문화적 좌파'가 마르크스주의 지식인 집단 가운데서 확인되었다. 이 좌파는 주디스 버틀러가 이야기한 것과 같이 '순수하게 문화' 문제들에 우선권을 주는 하이데거와 후기 구조주의자들의 영향을 받은 이론의 한계들 속에서 빠져나오기 위해서 정부 차원에서 수행되는 정치투쟁을 포기한 것으로 보였다(Brennan, 2006). 브레난은 물론 "후기 식민 연구의 경향은 유럽 중심주의와 가부장제에 대한 비판으로 활성화된다는 것"을 인정한다. 이 비판은 소수자, 소외된 자, 전에 식민 지배를 받았던 자들의 해방을 목표로 하고, "유럽이라는 영역 밖에 존재하는 사람들의 문화적 산물을 높이 평가하고 이해하려고 하기 때문에 가치들이 지향하는 방향을 재조정"할 수 있게 해준다(Ibid., p. 138). 그러나 그에 따르면 스피박과 모든 종속지배와 후기 식민 연구[8]의 저자들은 신성한 정부의 독립을 위한 투쟁이 더 이상 거론되지 않는다고 여겨질 정도까지 '제국주의'와 '인종차별주의'와 같은 용어들을 완화시키는 것 같다(Ibid.). 그러나 이러한 논쟁의 관건들을 더욱 잘 이해하기 위해서는 우리는 스피박이 제기한 문제들에서 멈추도록 하자.

---

8) 사이드를 제외하고, 전통적인 마르크스주의의 '문헌학과 사회민주주의의 전통'에 더 가까운 것으로 여겨진다.

5.
종속집단은 말할 수 있는가?

: 스피박의 푸코와 들뢰즈에 대한 연구

가야트리 C. 스피박(Gaytri C. Spivak)의 시론은 그 제목과도 같이 후기 식민 연구의 기본 텍스트들 중 하나이다. 혹은 기본이 되는 텍스트라고도 할 수 있다. 그 시론은 미셸 푸코, 질 들뢰즈, 서양 마르크스주의 전통과 관련된 비판적 대화를 중심으로 구성되었으며, 종속집단주의자들의 역사기술 작업과 그들의 철학적 이론화 사이의 단절된 틈을 채워야 한다는 신념에 의해서 동기를 부여받았다. 이 시론은 그래서 종속집단 연구에 대한 인도학파의 인식론적, 방법론적 기반을 자세히 설명하면서 문제시하고 있다(cf. Montag, 2006, pp. 134~141). 그의 논증과 높은 추상화 수준의 복잡함 때문에 이 시론은 가장 통찰력을 가진, 가장 체계적인 서양의 합리성 즉, 법·정치경제학·이념을 통해 자신의 서사를 풀어 놓았고, 유럽 역사의 주체로서 확인받았던 서양의 합리성에 대한 비판을 시도

한다.

　독자는 즉시 데리다의 해체주의 방식과 대립되는 푸코와 들뢰즈에 대한 준엄한 비판으로 인해 충격을 받는다. 잘 번역된 이 책의 중심적 가설은 사실 데리다가 서양의 동화주의자와 제국주의자들의 논리를 탈신화화하기 위해 필요한 모든 요소들을 제공한다는 것이다. 그가 주장한 것과는 반대로 지정학적인 한정으로부터 만들어진, 서구라는 것은 단지 서구적 주체를 영원히 유지하려는 욕구에 의해서뿐만 아니라 주체로서의 서구를 영속화하려는 욕구에 의해서도 강요받는다.

　이 인도의 철학자는 M. 푸코와 G. 들뢰즈와 같은 20세기의 가장 극단적인 후기 구조주의 이론가들이 서구 주체가 중심에서 벗어나 있다는 사실에 대한 가장 날카로운 인식론적인 도구를 만들어 냈지만, 서양의 합리성의 모든 함정들을 그들이 다 인지하지는 못했다고 생각한다. 그래서 그들이 경제와 관련한 정치적 문제를 연구할 때, 그들 모두 가장 낡은 수사학적 평범함에 빠졌다. 특히 그때 1960년대 말~1970년대 초 사이에, 그들은 일부 유럽 좌파의 '마오이즘'과 그 시기의 (학생, 수감자, 정신병원의 환자, 동성연애자들 등의) 저항운동에 경도되기도 한다.

　스피박은 분명히 문화적 정치적 현상들이 나타났던 역사적 상황에 대한 푸코와 들뢰즈의 관심사도, 그들의 중요성도 비판하지는 않는다. 그녀는 "하나로 통제된 그리고 익명의 혁명 과정의 두 주체를 마오이즘과 새로운 사회적 투쟁으로 생각하도록 그들을 강요하는 구체적인 사실을 물신화하는 태도를 반대한다."(Ibid., p.

15) 특히 스피박은 푸코와 들뢰즈 식의 분석들이 보여주는 은밀한 경험주의와 그들이 대중의 '의식'과 ('웅변'과 같은) 목소리를 대변한다는 주장을 비판한다.1) 이 두 철학자에 따르면, 만약 권력시스템이 대중의 담론과 지식을 규제하지 못하고 무효화하지 못한다면, 지식인들이 중재에 나설 수도 있다는 것이다.

푸코와 들뢰즈에게 있어서 그 이론이 총괄적인 것이 아니라 부분적·지역적인 것, 혹은 기능주의자들의 잘 다듬어지지 않은 말 속에서 들뢰즈가 언급한 것처럼 투쟁하는 사람들에게 쓰여야 하는 '도구상자'일지라도 이론은 엄격하게 말해 '실천' 그 자체이다. (Ibid., p. 23) 신성한 주체의 숨겨진 환상을 그러한 그 진술들 속에서 찾는 것은 쉽다. 게다가 그 진술들은 노동의 국제적인 구분, 전 세계적 자본주의와 중심/주변 혹은 북과 남의 관계가 가지는 특별한 성격도 전혀 참조하고 있지 않다. 게다가 들뢰즈와 가타리가 욕망, 주체성, 그리고 권력 사이에 설정한 관계는 완전히 파괴적이다(욕망은 권력을 파괴한다). 이 파괴적인 성격은 벤야민이 인용한 스피박의 말에 따르면, 마르크스가 직업적인 음모자들이라고 묘사한 자들의 목표는 오로지 현 정부를 전복하는 데만 있고, 노동자들에게 그들의 계급에 대한, 관심에 대한 의식을 심어주려는 노력은 평가절하하는 것이라는 사실을 상기시키는 정도에 까지 이른다(Ibid., p. 17에서 재인용).

---

1) 대중은 푸코가 단언했던 것처럼, "지식을 위해서 그들(지식인들)을 필요로 하지 않는다. 즉 대중은 완전하고 분명하게 그들보다 훨씬 더 많이 알고 있다. 그리고 대중들은 그것을 매우 잘 이야기한다."(Foucault 1972, in Foucault 1994, p. 308)

재현의 문제

스피박은 푸코와 들뢰즈가 이념에 맞는 이론을 만드는 것을 거부했다는 사실을 강조한다. 그것으로 인해 그들은 욕구와 관심 사이에서 그들이 '기계적'이고 '즉각적인' 반론을 제기하고, 결과적으로 또 다시 권력으로부터 담론 속에서 구분되지 않은 주체를 끌어들여, 그래서 '유럽의 주체'를 본의 아니게 다시 되살리게 된다 (Ibid., p. 21). 한정된 역사적인 상황에 프랑스 후기 구조주의의 시조격인 두 저자들에 대한 비판을 대조하면서, 스피박은 두 저자들의 이론이 가지는 취약점을 모두 들춰낸다. 그들이 반헤게모니 이념을 만든다는 것이 어렵다는 점을 평가절하하고 있기 때문에, 그녀에 따르면 그들이 자족적인 정치적 실천을 거기서 발견하는 것보다는 '에피스테메'를 진단하고, 즉 "수감자들·병사들·학생들의 정치적 기호를 보증하는 구체적인 경험"을 밝히고 개척하는 것이 지식인의 몫이라는 것을 이해하지 못했다는 것이다. 그 결과 들뢰즈처럼 중계 혹은 그물망의 관계 속에서 더 이상 재현은 없다는 것, 행동·이론의 행위가 없다고 단정하는 것은 (인식론적 단계에서) 일종의 순진한 현실주의와 (정치적 차원에서) 민중적인 자발주의에 의해 재현의 주요한 문제를 지워버리게 만든다. 스피박에 따르면 실제로 재현은 이중의 개념을 제시한다. ① 대표, 그것이 '무엇을 위하여 말하는' 혹은 '무엇의 이름으로 말하는'(speaking for) 방식의 정치적 질서 속에서 작동하는 것. ② '다시-제시하는 것'으로서의 재현(드러내기, 형상화Darstelling). 예술이나 철학에서 실현되는 것.

그런데 들뢰즈의 '누가 말하고, 누가 행동하는가?'(Qui parle et qui agit?)라는 질문에 대해 단순히 우리는 "그것은 말하는 혹은 행동하는 사람들 자체에서 항상 다양한 것이다."(Ibid., p. 307) 한편으로는 재현주의자의 사실주의, 다른 한편으로 어떠한 변질 없이 대중의 진정한 지식이 통과하는 일종의 객관적인 여과망으로, 그 자체로 투명하다고 자처하는 자들로서의 지식인들의 개념에 빠질 위험은 크다.[2]

푸코와 들뢰즈에게는 그들이 이론을 단순한 억압받는 사람들에게 그들 스스로 혹은 지식인들의 담론의 투명성을 통해 말할 수 있게 해주는 '실천의 중계'로 축소하고 나서는 '재현'의 문제는 전혀 존재하지 않는 것처럼 보인다. 노골적인 실증주의적 현실주의로부터 유래한 이러한 인식론적인 환상은 적어도 두 가지 측면에서 '구성적 주체'를 다시 도입한다. 한편으로, 욕구와 권력의 주체는 환원할 수 없는 방법론적인 전제가 된다. 다른 한편으로, 억압된 자는 자기 자신과 근접한 주체, 그렇지 않으면 자기 자신과 동일한 주체로 실체화된다(Spivak, op. cit., p. 34).

스피박은 여기서 사이드가 권력에 대한 푸코의 개념에 가한 비판에 집중한다. 사이드에게 있어서 사실, 이 개념은 "그 개념이 계급의 역할, 경제의 역할, 폭동과 반란의 역할을 져버리게"(Saïd, 1983, p. 243) 하기 때문에, 매력적이기도 하고 기만적이기도 한 범

---

2) 스피박(Ibid., p. 25)을 참조할 것. 1848년 이후에 프랑스에서 『Le dix-huit Brumaire de Louis Bonaparte』로부터 발전된 '분열된 농민들'과 루이 나폴레옹 보나파르트(Louis Napoléon Bonaparte) 사이의 관계에 대한 분석은 Ibid., pp. 25~31을 참조할 것.

주이다. 게다가 푸코와 들뢰즈는, 스피박에 따르면, "유럽의 타자라는 이름 없는 주체에 살고 있는 욕구와 권력의 형태를 상상할 수 없다. 그러한 무능력은 타자로 '자아의 그늘'을 만드는 서구의 종족중심주의와의 결탁과 분리할 수 없다. 다르게 말하면, 이 두 저자들은 서구의 계획, 타자로 식민지 주체의 구성하려는" 제국주의의 계획의 중심에서 '인식적인 폭력'을 이해할 수 없다.

스피박, 사이드 그리고 데리다

스피박의 비판 이론은 서구가 그것을 통해서 타자, 즉 비서구의 사람들을 말하는 정보, 사고, 이미지들, 그리고 고정관념들의 (푸코의 의미에서) '기록보관소'라는 용어를 통해 수행하는 분석들에 관해서 사이드의 『Orientalisme』에 상당히 의지하고 있다. 단 하나의 동일한 행위로 '지식'과 '권력'을 비서구인들에게 강요하면서, 서구는 '종속집단성'의 특성들을 고정하고, 자기 자신보다 그 자신에 대해서 더 잘 알고 이해하는 한 종족의 정부를 기꺼이 받아들이는 종속집단의 종족이 가지는 위상을 정의한다(Saïd, 1980, p. 41). 이러한 이유에서 스피박은 종속집단 연구 시도가 인도의 식민지 역사편찬을 식민지 점령 동안의 농민항쟁으로부터 단절된 연쇄라는 관점에서 재검토하는 것에 대해 높이 평가할 수밖에 없다(Spivak, Ibid., p. 44). 그러나 그녀는 '종속집단은 말할 수 있는가'라는 질문에, 푸코와 들뢰즈가 발전된 자본주의 사회에서 억압받는 사람들(수감자, 동성애자, 성매매자, 광인 등)에 대해 동일하게 생각한 것처럼, 긍정적인 대답이 가능하다는 신념을 반박한다. 푸코와 들뢰즈는 실제로 만약 그들에게 그런 가능성을 부여한다면, 제1세계가 보여주는 '인식적 폭력'의 순환에서 '가장자리'에 위치한 개인과 집단은 "그들의 조건을 말하고 인정할 수 있다"(Ibid., p. 43)고 생각했을 것이다. 그리고 그것은 지식인들의 임무였다.

　비슷한 방식으로 종속집단 연구를 대표하는 자들은 식민화된 종속집단의 주체에게 자기 자신의 '목소리'를 되돌려 주려고 노력하였다. 우리는 여기서 스피박의 비판적 담론 중 가장 중요한 지점을 만나게 된다.3) 이 인도 철학자의 가설은 다음과 같이 요약할 수 있다. "진정한 종속집단에 대한 지식과 그것에 대한 의식"(Spivak, 2002, p. 132)을 구축하자고 주장하는 것은 항상 위험하다. 왜냐하면 그러한 입장이 데리다가 서구 형이상학의 '음성중심주의'로 명명한 것에 의해서 오염되었기 때문이다. 그는 사실 언어(자연어부터 몸짓언어, 상징 등과 같은 모든 형태의 언어)는 화자가 자신을 기존 코드의 매개 없이 즉시 표현할 수 있다고 주장할 자신에게 투명한 기표로 여겨질 수 없을 것이라고 생각한다. 『De la Grammatologie』에서 그가 보여주고 있는 것처럼 서구 형이상학의 음성중심주의적 차원은 이성과 음성 사이의 근원적이고 중요한 관계를 정의한다. 그는 글에서 "음성의 요체는 직접적으로 '사고' 속에서 이성이 '의미'에 관계하는 것처럼, 그것을 생산하고, 그것을 수용하고, 그것을 말하고, 그것을 '결집하는' 것에 가까이 있을지도 모른다고

---

3) 그녀는 1988년 『Subaltern Studies』 문집에 출간된 시론에서 이 사실을 강조했다(Spivak, 2002).

주장한다."(Derrida, 1967, p. 21)

스피박은 또한 구하에게 인도 농민들의 정신 자체가 음성중심주의에 영향을 받았음을 상기시켰다. 왜냐하면 그들이 전통으로부터 '듣는 것'이 정확히 역사학자들의 정신이 서구 언어학의 음성중심주의에 영향을 받은 것과 마찬가지로, 상위 권력에 의해 부여받은 것이라고 생각하고 있기 때문이다(Spivak, 2002, p. 129). 결국 구하처럼 "목소리는 특별히 발언된 표현이다"라는 말은, 그 목소리가 '유일한 의식으로서의 목소리'를 표현하지 않는다는 것과, 그 목소리가 원래 영원한 순환 속에서 인정할 수 있고 확인할 수 있는, 근원 없이 떠돌아다니는 어떤 것이라는 것을 정확히 밝힐 때를 제외하고는 기만이다. 음성중심주의가 종속집단, 엘리트의 권위, 종속집단 연구의 역사가를 특징짓는다는 것을 강조하는 적절한 유용성은 무엇인가? 스피박은 이러한 사실이 우리가 모든 본질주의, 순수한 기원에 대한 모든 연구, 종속집단의 '목소리'의 순수함을 포착하자는 모든 주장을 불신하도록 부추기고 있다고 생각한다. 본질주의는 잘해야 다의적 문맥에서 '전략적인' 개념으로 사용될 수 있다. 그러나 그 본질주의를 사용할 때, 그것의 제한된 기능성과 그 정확하고 적절한 가치를 인식해야만 한다.

기어츠, 로티, 그리고 본질주의에 대한 논쟁

이러한 관점에서 클리포드 기어츠(Clifford Geertz)가 아낌없이 주었던 조언은 아마도 '본질주의'에도 적용될 것이다. 이 인류학자는 문화 위에 윤리를 위치시키고, 그들 위에 지식을 위치하자고 주장하는 형이상학의 기본적인 접근들을 회피하기 위하여, 실제로 '반-반-상대주의'에 대해서 이야기하는 것이 보다 현명한 일이라고 생각했다(Geertz, 1996, p. 61). 동일한 의미에서 우리는 '반-반-본질주의'에 대해서 말할 수 있을 것이다. 그것은 두 가지 목적에서 그렇다. 한편으로는 우리가 '문화에 내재된 정치체제', 그리고 '그 내부 구조' 혹은 그것의 총체적인 기제들과 같은 상위 역사적인 본질들을 찾는 데 도움을 준 본성의 언어가 존재할 것이라고 말하는 환상을 없애기 위한 것이고, 다른 한편으로는 절대적인 움직임, 유클리드의 공간, 인과관계의 보편원리를 제거했던(Ibid., p. 59) 문화적 근대성이 우리에게 이미 익숙해진 '친숙한 진실들'이 가진 목적으로 인해, 카오스에 빠져든다는 두려움을 부추길 정도까지 우리의 지평을 재정의하고, 우리의 관점을 분산시킨다는 것을 보여주기 위한 것이다.

기어츠에게서 차용한 '반-반-본질주의'의 개념 덕분에 스피박은 그녀가 반본질주의가 불가능하다고 단정할 때, 그녀가 발견한 철학적으로 그리고 인식론적으로 모호한 것들을 피할 수 있었다. 왜냐하면 해체는 그 자체로 '본질주의적인 것'도 '반본질주의적인 것'도 아니었기 때문이다. 지식에 대한 이론의 관점에서 '반-반-본질주의'는 순진한 현실주의의 범주(언어와 세계의 일치로서의 진리)로도, 규약주의의 범주(발화체 내부의 일관성으로서의 진리)로도 분류될 수 없다. 그것은 객관성이 선험적으로 주어지지 않는 존재론을 가리키며, 그것들을 통해 인식적 주체가 항상 사회적·역사적으로 규정된 사회적 과정에서 유래한다.[4] 스피박은 이렇게 비본질적인 것, 즉 역사인류학적 환경을 구성하는 문화적·사회적 실천들에 근거한 활동으로부터 유래한 이론적 구성들을 본질화 혹은 사물화하는 위험으로부터 우리를 보호하고자 했다. "우리가 스스로 본질주의자 혹은 반본질주의자라고 선언하는 것과는 상관없이, 우리는 우리의 존재론적인 참여들이 만약 다양한 코드화의 형태에 달려있는 것이라면, 우리는 그 기반으로 일반적인 다양한 은유적 용어들을 제기한다."[5]

리차드 로티(R. Rorty)는 유명론들의 형태로 후기 구조주의를 고려하면서 본질적인 지점을 강조하였다(Spivak, 1993a, p. 16). 만약 예를 들어, 성으로서의 여성의 '본질'이 없다고, 반본질주의자들의 개념들(여자, 제3세계 등)이 새로운 형이상학적 기반들로 인정될 수 있는 것은 아니다. 그래서 이것이 스피박의 도전적인 제안이다. 파편화와 유목생활을 긍정적인 가치라고 찬양하는 수많은 후기 구조주의자들이 단정하는 것과는 반대로, 주체는 항상 자신의 존엄성을 문제시하는 모든 것에 되돌아오는 혹은 회피하는 경향이 있다. 인식론적 차원에서, 이러한 사실이 의미하는 것은 "해체에서 실재가 본질주의적인 것도 아니고 반본질주의적인 것도 아니라는 것이며, 해체는 본질이 아니고, 사상의 학파도 아니고, 다

---

4) 사회적 존재론에 가까운 흥미로운 입장은 힐러리 푸트남(Hilary Putnam)의 것이다(2004, 2005).

5) 은유(catachrèse)의 개념은 데리다의 이론에서 언어학적 코드에서 해당하는 용어가 부족하다는 몇몇 생각을 가리키는 데 도움을 주는 강요된 은유를 가리킨다(Derrida, 1972, pp. 304~307).

시 읽기(a way of rereading)의 한 방법이다."(Ibid., p. 10) 다르게 말하면, 해체는 서구의 서사들(단지 그것뿐만은 아니지만, 여기서는 해체의 서사들)을 형이상학적인 '본질' 혹은 형이상학적 '보편성들'로서 다시 읽는 것이 아니라, 반대로 역사적 차원에서 서구 지식/권력의 한정된 효과들로서 다시 읽는 역사계통의 관점, 역사비평의 해석이다.

데리다와 은유

은유의 개념을 데리다에게서 빌려오면서, 스피박은 우리가 '제3세계'라고 부른 것과 민족성·존엄성·시민성·탈종교주의와 같은 정치적 단계들이 "그 개념-은유로 구성된 이야기들은 식민지 해방에서 유래한 공간에서 쓰인 것이 아니라, 오히려 식민 통치자들의 공간에서 쓰였다는 의미에서 은유적 단계라고 단정한다."(Spivak, 1993a, p. 13) 이러한 개념-은유는 '어휘화된 은유들'이다. 다시 말해서 한정되고 '강요된' 개념들이다. 이 개념들이 지시하는 것은 제국의 수도들로 더 이상 구성되지 않고 공간 속에서, 그리고 더 이상 자신의 것이 아닌 시간, 즉 식민지 국가들의 시간에서 이동된 것으로 보인다. 우리는 결국 그것들을 매우 조심스럽게 사용하거나 그것들과 다시 교섭하여야만 한다. 스피박이 그 장점을 인정하는 종속집단 연구의 역사학자들에게 관심을 가졌던 이유 중의 하나가 이런 것이었다. 그러나 스피박은 부지불식간에 서구 형이상학의 특징적인 많은 잔재들을 아직 가지고 있다고 그들을 비판한다. 그녀는 그래서 데리다의 해체주의가 모든 본질주의와 생득설의 환상을 제거하는 데 그들을 도울 수 있을 것이라고 생각한다. 왜냐하면 그가 종속집단 계급들의 정치가 있다는 것을 상정하려는 시도에 대해 연구자를 미리 조심시켰기 때문이다. 그것은 마치 "그 존재가 전혀 엘리트 정치의 효과가 아니고, 그것에 의존하지 않는", 그리고 역사적 연구가 밝혀야 하는 '자율적인 공간'에 관련되어 있는 것 같다(Guha, 2002a, p. 35). 스피박이 강조하는 것은 사실 구하가 인도 종속집단 계급들(그리고 외국인 지배자 집단들, 민족적·지역적 각 지역의 단계에서 토착 지배자 집단들; Ibid., pp. 40~42)에 대해 한 묘사가 아직 '본질주의와 분류학'(Spivak, 2009, p. 47)의 유형에 속한다는 것이다.

종속집단의 역사가들은 푸코와 들뢰즈의 투명함(재현적 현실주의의 이면)에 대한 신화에 빠지지 않지만, 그들은 역사적으로 특수하려고 하는 그들의 '이상적 조건'과 관련하여 민중의 사회적 계층들의 특수한 본성과 비정상적인 위치 변경의 단계에 의문을 제기하고, 그것을 밝혀내고, 그것을 측정할 수 있을 거라는 환상을 쫓고 있다(Guha, 2002a, p. 41). 종속집단의 역사가들은 '교조적인' 마르크스주의자들과 프랑스의 극단적인 지식인들과 함께 "언어로 연결하고 발전시키는 것과 관계된 의식의 순수한 형태가 있다는 가정"을 공유했다(Spivak, 2009, p. 50).

스피박은 남프랑스 지식인의 개념을 참조하는 것을 멈추지 않고도 그람시 이론의 비판적 사용을 더욱 심화할 수 있었던 것 같다. 왜냐하면 이 개념은 계급지배에 사용된 문화적 기제들을 강조하면서 극단적으로 계급지배의 전통적인 개념을 쇄신하고 있기 때문이다. 예를 들어, 문화 연구의 대표자 중 한 사람인 스튜어트 홀(Stuart Hall)은 그의 유명한 1981년의 시론 『Notes sur la déconstruction du ≪populaire≫』(Hall, 2008b, pp. 119~126)에서 예를 들어, 이러한 방향에서 그람시의 저작을 사용해야겠다고 생각한다. 제임스 프록터(James Procter)가 보여주는 것처럼, 홀(Hall)은 이 저술에서 민중문화를 종속집단 계급들이 행한 활동, 즉 진정한 프롤레타리아의 경험(헤게모니를 가진 계급에 의해 오염되지 않았고, '낮은 것'을 '높은 것'의 자리에 놓는 헤게모니의 전복을 기다리는 경험)과 동일시하는 극단적 마르크스주의자들의 '민중'문화에 대한 정의를 거부했다(Procter, 2007, p. 29). 홀은 그 기간 동안, 그 자체로 존재하던 민중문화의 신화를 파괴하고, 지배문화에 저항을 대립시키고 있었다. 그는 반대로 지배문화가 민중문화를 위해 소유·투쟁·화해의 공간을 연다는 것을 강조하였다.[6]

홀은 이렇게 레비 스트로스와 알튀세르의 연구들로부터 유래한 그람시의 헤게모니 이론을 비판하면서 문화 개념을 다시 재검토할 것을 주장하고 있었는데, 다른 한편으로 스피박은 서구가 지구의 다른 지역에 행했던 제국주의의 계획에 대한 비판적 분석에 이 과정을 적용하면서 데리다의 해체를 통해 모든 형태의 본질주의, 경험주의와의 단절할 것을 제안한다.

---

6) '디아스포라'에 대한 지식인으로서, 스튜어트 홀(Stuart Hall)의 전기에 대해서는 모를리 첸(Morley Chen, 1996, pp. 484~503)을 참조할 것.

6.
G. 스피박과 S. 홀

: 데리다와 그람시 사이

　그람시, 스피박, 홀이 서로 진정한 대화를 나눈 적은 없었지만, 그들의 지적 여정은 민중 계급의 독특한 경험(스피박) 혹은 종속집단의 원래의 '목소리-의식'(홀)을 되찾을 수 있는지 알아보는 문제에 관련하여 의미 있는 수렴을 보여준다. 이들은 서로 다른 입장에서 출발하였지만, 그들 모두 종속집단이 스스로 말할 수 있는가라는 질문에 부정적인 대답을 하고 있다. 식민지 인도의 농민들, 발전된 자본주의 국가의 억압된 자들(예를 들어 여성[1])에 관계되어 있을지라도, 혹은 1960~1970년대 영국과 같이 발전된 자본주의 그리고 자유민주주의 사회의 문화를 해석하는 것과 관련되어 있을지라도, 홀과 스피박에게 공통적인 논쟁의 목적은 지나치게 정신에 호소하

---

1) 성적 주체로서의 일반적인 여성들이 아니라, 친척 관계와 혈연으로 만들어진 전근대적인 사회들의 유형적 공동체 권력의 구조 내부에 들어 있는 여성을 말한다.

는 기원들에 대한 향수를 거부하는 데 있었다. 이러한 향수는 다양한 형태를 띤다. 리차드 호가트(Richard Hoggart), 레이몬드 윌리암스(Raymond Williams), 에드워드 P. 톰슨(Edward P. Thompson)과 같은 영국 문화학자들은, 이러한 향수로 인해 그들이 노동자 계급이 겪었던 경험을 복구할 수 있을 것이라 생각했다(Hall, 2008a, pp. 79~98). 이외 다른 학자들, 특히 종속집단연구자들은 그 향수가, 종속집단의 주체가 가진 위치를 복구하는 일이 '사물들의 이면의 그리고 양도 불가능한 진실'을 밝힐 수 있다는 믿음으로 해석된다고 생각한다. 그런데 우리가 기호들의 연쇄 혹은 넓은 의미에서 종속집단이 위치하고 있는 '텍스트 성'을 끊을 수 있다고 생각하는 것이 환상은 아닐까?(Spivak, 2002, p. 120)

만약 스튜어트 홀이 그람시의 도움을 받으면서, 특히 그의 이념에 대한 개념의 도움을 받으면서, 레비 스트로스에서 알튀세르에 이르는, 푸코에서 라캉에 이르는 구조주의 패러다임의 한계를 뛰어넘는다면, 스피박은 데리다의 해체주의의 전략을 사용하여 유사한 작업을 수행한다. 푸코와 들뢰즈에 대한 그녀의 비판은 그들의 인식론적 입장에 적절한 이념의 이론이 부재한다는 데 집중되어 있다. 바로 그러한 부족 때문에 그들은 역사의 유럽 중심적 시각과 단절하지 못했으며, 그들의 관점을 제국주의와 서구 종족중심주의에 대한 비판으로 확장하지 못했다. 이러한 의미에서 구조와 상위구조 사이(문화 범주에 대한 무의식과 주체의 활동적이고 의식적인 개입 사이)의 잘못된 분리를 극복하려고 하는 홀의 신그람시적 관점과 스피박의 데리다를 활용한 연구 작업은 서로 수렴하는 것이다. 스피박의 연구는 푸코와 들뢰즈의 프랑스 후기 구조주의의 한가운데에 끊임없이 자신에게 동화되는 타자를 마치 자신의 복제품으로, 혹은 자신의 이상의 투영으로서 만들어 내는 유럽 주체의 형상이 공공연히 존재한다는 것에 대해 비판하는 데 집중한다.

그래서 바로 이념의 이론이 스피박이 데리다를 전략적으로 사용하게 된 계기가 되었고, 그 이론으로 인해 그녀는 제국주의자들의 계획이 가진 '인식적 폭력'에 대한 분석을 수행할 수 있다. 같은 방식으로 이념의 문제는 담화적이며 동시에 실천적인 투쟁의 장으로서의 문화에 대해 홀이 제기한 재해석에 그 기반을 두고 있다. 그 투쟁의 장 한가운데 사고(思考)들, 세계에 대한 개념들은 사회적 힘들이 그들의 상호작용 혹은/그리고 그들의 갈등에 따라 계속해서 해체되고 다시 구축된다. 이 두 이론적 관점의 수렴은, 어떤 의미에서는 놀랄 만한 것이다. 이념은 그들에게 어떤 복잡한, 즉 '다양하게 강조되는' 과정이다. 홀이 볼로시노프(Volosinov)에게 설명한 것처럼(Procter, 2007, p. 35) 그 과정을 통해 단지 주체만 구성되는 것이 아니라, 스피박에게 있어서는 헤게모니를 가진 주체로서 제1세계의 서구 주체가 만들어지는 것이다.

그래서 이 두 저자들에게 그람시가 중요한 것이다. 사실 홀에게 있어 그람시는, 예를 들어 '올바른' 혁명적 사고를 타고난 프롤레타리아 혹은 '어떤' 반인종차별주의자의 의식 속에서의 흑인과 같은 완전히 단일화되고 선구축된 이념적 주체에 대해 거부하고 있다. 그는 반대로 '자아' 혹은 우리가 의식 있는 '주체'라고 부르는 것을 구성하는 다양한 정체성을 포착한다. 그가 지지하는 것은 의식들이 가진 여러 본성이 개인적 현상이 아니라, 반대로 집단적 현상이다. 이는 다시 말해, '자아'와 사회의 문화적 영역에서 발전하는 이념적 담론들 사이의 관계에서 오는 결과이다. 다른 한편으로, 스피박에 따르면 데리다는 특히 『De la grammatologie』의 첫 번째 부분 3장에서 "'주체'가 어떤 역사를 가지고 있고, 동화에 의해 제3세계를 '인정'하는 일을 거부하고, 그것을 비판하는 것이 우리의 역사적 상황 속에서 제1세계의 지식을 가진 주체의 임무라는 것을 제시하는 우리들 사이의 사람들을 위해" 반드시 필요한 도구를 만들어 내었다(Spivak, 2009, p. 64).

스피박과 푸코에 대한 비판

마지막 부분을 깊이 살펴보기 전에 푸코의 정치적 전략에 스피박이 가한 근본적인 비판을 상기할 필요가 있다.[2] 그 정치적 전략에 따르면 푸코가 억압된 자들(여성, 수감자, 징집병, 병자, 동성애자들 등)의 연합에 호소하고 있는 것은 '주체-권력'을 방법론적으로 가정하는 어떤 권력의 개념으로부터 유래한 것이다. 그리고 그 권력의 개념은 어떤 착취의 단계에서 유래한 것이다. 이러한 관점에서 스피박은 지정학적으로 제1세계만 가지는 지리적 불연속성이라는 시각에 의지하고 있다(Ibid., p. 58).[3]

---

2) 사람들은 당연히 스피박이 통치의 성격과 자기 걱정의 기술에 대한 저서들을 생략하고 단지 푸코의 몇몇 저서들만을 검토했다는 사실을 비판할 수도 있을 것이다.

3) 여기서 스피박은 1972년 4월 3일 푸코와 들뢰즈의 대담(Foucault, *Les intellectuels et*

다르게 말하면 푸코는 권력의 현대 지형도 변혁을 분석한 것 같다. 그 지형도는 남북 관계들, 제1세계와 제3세계, 어느 정도로 이 혁명이 잘 정의된 제국주의 계획의 영향과 매개가 되는지 감추어 버리는 근대성이 불러온 과학과 정치혁명 사이의 관계를 고려하지도 않고, 다양한 지식-권력의 징계와 관련된 공간들 속에 신체의 통제와 개인적 그리고 집단적 삶의 조절을 다시 기입한다. 존엄성의 고전적 개념을 넘어섰던 권력/지식의 새로운 기제들은 제국주의 계획과 시공간적 조직이 낳은 산물이었다는 것을 알지 못해서 푸코는 서구의 '제한된' 형태를 선택하게 되었다.

스피박이 추적한 푸코는 권력의 공간화에 대한 빛나는 사상가이지만, 그의 전제들은 제국주의가 보여주는 지형도 상의 재기입된 의식에 의해 알려진 것은 아니다. 그는 그 기록에 의해 생산된 서구의 제한된 형태에 대해 착오를 일으켰다. 그리고 그는 결국 그 효과들을 견고히 하는 데 기여하였다. 병동·보호시설·감옥·대학, 이 모든 것들은 제국주의의 보다 넓은 이야기들을 읽을 권리를 잃어버리게 만든 장벽-은유와 같다(Spivak, Ibid., p. 61).

어쨌든 푸코에 대한 스피박의 판단이 얼마나 부당한지 이해하기 위해서는 『L'archéologie du savoir』(1969)의 도입부를 참조하는 것으로 충분하다. 왜냐하면 그 저서는 '새로운 역사'의 기본적 이론 지평을 그려내고 있기 때문이다. 이 지평은 연속되고 통일된 시간성의 가설에서 벗어나 있다. 이 시간성은 어떤 단절이나 개입

---

pouvoir, 1994, pp. 306~315)을 참조하고 있다.

이 없다. 또한 그 자신에게 투명하며, 그 뒤에 서구의 종교적 자화 자찬이 감추어진 존엄한 주체의 환상에 빠져 있는 그런 시간성이 다. 푸코는 그 저서에서 '역사의 인식론적 치환'을 제안한다. 이 인식론적 치환은 새로운 분석 범주들을 동원한다. '문턱', '독립된 체계', '제한된 연속', '담화 사건들' 등이 그것들인데, 이들의 임무 는 "차이를 생각하고, 간격과 분산을 기술하고, 정체성의 안정된 형태를 해체하는 것이다."[4] 그리고 푸코는 모든 것이 마치 우리가 가진 고유한 사고의 시간 속에서 타인을 생각하는 일을 우리가 두려워하는 것 같이 진행된다는 점을 강조하고 있다. 절대성과 중 심성의 오만함 속에 빠져 있던 서구 문화의 권리를 빼앗아버린 이러한 인식론적인 큰 교훈 없이, 종속집단 연구의 역사편찬과 '유럽을 지방화'하려는 후기 식민지 지식인들의 시도는 받아들여 질 수 없었을 것이다. 그러나 바로 데리다의 해체주의 관점이 스 피박에게 서구 종속중심주의에 대한 비판과 '제국주의 계획'의 '거대논리적' 지평을 제공하였다. 이 관점이 권력에 대한 푸코의 '원자물리학'에 자리를 만들어 주었지만 말이다.

사실 스피박에게 있어서 17세기와 18세기 유럽에서 일어난 근 대성의 혁명과 함께 일어난 '제국주의 계획'은 동일자의 형상으 로 처음 확인될 수 있게 해준 서구와 타자, 즉 비서구인들이 갖는 관계들의 체계를 만들려고 했다. 그런데 이 계획은 우리가 서구 역사의 전형적인 '종족 중심적 형이상학'으로 이성 중심에 관계된

---

4) Foucault, 1969, p. 21. 스피박의 시론은 푸코와 데리다를 교차하여 읽은 결과에 근거하고 있다(1993b, pp. 25~51).

구조적 차원을 포착하지 못한다면 이해될 수 없을 것이다(Derrida, 1967, p. 117). 타자와의 관계들에서 서구는 알파벳이 아닌 문자들, 특히 중국과 이집트 문자가 발견되었을 때, 그 문자들에 대해 서구가 그 문자를 만든 것처럼 행동했다. 17세기 유럽에서 라이프니츠가 철학어, 그리고 특히 지식어로 생각했던 중국문자는 "일종의 유럽인이 환영을 느끼게 만드는 것으로서 작용했다." 즉, 그것은 결국 '오해'를 불러일으켰다. '중국어에 대한 선입견'과 유사하게 '이집트 문자에 대한 선입견'은 '종속중심적인 오해'의 형태가 아니라 '과장된 숭배'의 형태로 나타난 유사한 맹목적인 관심을 받는 효과가 일어난다(Ibid.).

데리다에게 있어 서구의 종족중심주의의 중심에 역설이 그러하다. 그 역설은 (여기서는 타자의 문자) 바로 그 '숭배'의 장막 뒤에 자기 자신의 우월함을 감추고 있었다는 데 있다. 사이드가 오리엔탈리즘의 핵심으로서 비판했던 태도가 바로 이것이다. "우리는 이러한 도식의 '전지전능함'에 대한 확인을 모두 마쳤다. 우리의 시대는 그것으로부터 해방되지 못했다. 종족중심주의가 갑자기, 시끄럽게 전복될 때마다 어떤 힘들은 사실상 조용히 이 종족중심주의를 강화하고, 그것으로부터 이득을 취하기 위한 위대한 업적들 뒤에 자신을 숨긴다."(Ibid.) 이러한 관점에서 스피박은 데리다의 그라마톨로지를 동원한다. 이 계획은 종속집단의 식민지 주체가 내세우는 주장을 포함하여, 투명함에 대한 모든 주장을 완전히 제거하기 위하여 현재 존재하는 담론 내부에서 발전해 나아간다. 의식—언어, 이념, 종교, 문화 등—은 순수하고 순진한 '현전'(혹은 기원)의 방식에 대해 포착하는 것은 불가능하다. 이 의식은 반대로 데리다가 전략적으로 '흔적, 유보, 혹은 차연(différance)'이라는 별명을 붙이고, 역사적 폐쇄, 즉 철학과 과학의 한계 속에서, 글쓰기라고 부를 수밖에 없는 '차이 자체의 명명할 수 없는 움직임' 속에 매몰되어 있다(Ibid., p. 142).

데리다와의 연관

여기서 우리는 데리다의 해체주의에 스피박이 맺고 있는 관계의 주요한 일면을 다루고 있다. 데리다는 스튜어트 홀처럼 문화연구의 옹호자와 매우 밀접한 관계를 맺으면서도 일정한 거리를 두고 있다. 홀도 사실 1960년대 특히 앵글로 색슨의 세계에서 '자메이카의 특성(Jamaïcanité)'을 재발견하는 예를 통해 후기 식민지 디아스포라 세계에서 문화정체성에 활력을 불어넣는 역동성을 포착하기 위해 차연이라는 데리다의 범주에 의지한다. 홀에 따르면 그것은 가정된 근원적 순수성에 관계되는 것이 아니라, 고통스러운 노예 역사의 길고 긴 사슬을 통해 구분되고 이동되며 번역된 (아프리카) 기표에 관계된 것이다. 더 자세히 말하면 그것은 "후기 식민주의 혁명, 시민권을 위한 투쟁들, 자메이카 흑인 인권운동(rastafarisme)과 레게가 민중의 삶에 끼친 영향 덕분에"(Hall, 2008c, p. 319)[5] 가능해진 정체성에 관련된 것이다. 차연의 범주에 호소함

---

5) 사회적, 정치적 사고에 대한 차연(différance)에 대한 데리다 이론의 풍성함에 대해서는 포쉐(Poché, 2007, Chap. 3)와 레가조니(Regazzoni, 2006)를 참조할 것.

으로써 스튜어트 홀은 유럽의 주체를 뱀이 자신의 허물을 벗는 것처럼 버려질 수 있는 영향력을 가진 외부에 존재하는 힘으로서의 식민지 주체들과 억압된 주체들의 외부에 있는 것처럼 생각하는 오류를 강조할 수 있었다. 이와는 반대로 이 개념을 통해 '혼종성'(크레올화, 상호적인 영향, 결합들)의 효과와 함께 갈등과 인정사이의 변증법이 가지는 모든 중요성을 밝힐 수 있다.

스피박은 이런 '텍스트의 빈 공간'을 발전시키는 데 더욱 관심을 가진다. 이 빈 공간을 데리다는 형이상학 시대의 내부에서 작용하는 것으로 사고를 정의한다. 그 사고로부터 데리다는 한계들을 무너뜨리고, 새롭게 다가 올 어떤 것을 향하는 길을 열기 위해 폐쇄성을 극복하고자 한다(Derrida, 1967, pp. 142~143). 그녀가 가정했던 것처럼 "이 접근할 수 없는, 해석할 수 있는 텍스트로 둘러싸인 이 '빈 공간'은 이론을 보호하는 장소로 유럽의 울타리 한가운데에서 제국주의에 대한 후기 식민주의 비판이 발전하는 것을 보고자 하는 것이다. 내부로부터 서구 주체의 정립을 전복하려는 목적을 가진 이러한 이론적 시도라는 관점에서 스피박은 들뢰즈와 푸코보다는 스튜어트 홀을 더 가깝게 느끼고 있다. 사실 그녀는 서구의 텍스트성(혹은 합리성) 외부에 있는 지점들이 존재할 수 있다고 생각한다. 우리는 그 텍스트성을 근본적으로 비판하고, 그것에 대해 극단적인 선택을 제안하기 위해 그 지점들에 자리 잡고 있다. 그 비판들과 후기 식민주의 지식인들은 텍스트 안에 새겨진 그 빈 공간을 전제할 때만 그들 자신이 생산한 것을 이동시키려고 노력할 수 있다."(Ibid.)

다르게 말하면, 합리성과 서구 텍스트성에 대한 비판은 물려받은 지식에 대한 끊임없는 해체, 조직해체, 표지 폐기의 작업이다. 이 작업은 종속집단을 대치하고 그 집단들을 말하게 하면서 지식인만이 실현할 수 있는 유일한 단절의 움직임에 한정될 수는 없을 것이다. 자율적인 결정을 통해 이성중심주의적 그리고 음성중심주의적 형이상학으로부터 탈출하기 불가능하다. 그것은 차라리 레비나스의 표현으로 그 자체로 더욱 강화되는 타자에 대한 반명제로서, 혹은 '타자를 동화하는 것을 통해'(단일한) 주체로 인정받는 동일자에 대한 반명제로서 해석되어야 하는 '완전한 타자', 즉 완전히 다른 것에 호소하는 것과 관계되는 것이다.

그러나 데리다는 우리에게 그 완전한 타자가 안쪽/바깥쪽, 내부/외부, 높은/낮은 등과 같은 서구 형이상학의 역사를 특징짓는 모든 이분법적 대립과 함께 식민 지배자/피지배자의 대립에서 벗어나야 한다는 것을 알려주고 있다. 이러한 대립은 실제로 서구의 합리성의 텍스트들을 구성하고, 서구의 형이상학의 역사와 일치하는 개념들의 조직을 극복하는 것이 결정적으로 가능하다는 환상을 만들었다. 이러한 관점에서부터 '후기 식민주의'는 마치 대형을 이룬 에피스테메(episteme)인 것으로 제시되었으며, 데리다가 그것을 말했던 것처럼 '한계에 놓여 있는 사고'로 제시되었다. 해체의 작업은 이제부터 필수적인 이중적 행동이라는 특징을 가지게 된다. 물려받는 개념들을 모두 제거하더라도, 그 작업은 그것들을 읽게 할 수 있고, 그 제거의 과정 속에서도 그것들을 사용하도록 만들 수 있으며, 그들의 내부 논리의 극단적 지점까지, 즉 그것이 완전히 소진될 때까지 그것들을 가져가게 할 수 있다. 이러한 의미에서 홀과 스피박은 해체가 극복의 전통적인 움직임 속에서, 만약 그 개념들이 해체된 형태로 전개된다면, 우리가 현재를 생각할 수 있도록 도움을 주는, 그 개념들을 폐지하는 것이 아니라 반대로 그 개념들을 유일한 개념적 도구로 존속할 수 있게 내버려두고 있다고 생각한다(Hall, 2008f, p. 367).

7.
은유로서의 종속집단성[1]

    스피박에게 있어 데리다가 말한 해체는, 그녀가 더 이상 그것을 깊게 다루지는 않았지만, '식민지 주체의 제국주의적 구성 분석'으로 이어진다. 반면 푸코는 자신이 피식민지의 구성을 살펴보았다고 설명하지는 않았지만, 우리가 근대 서구 사회의 '규범화와 제도화의 기제'(Spivak, 2009, p. 68)를 꿰뚫어보는 데 도움을 주고 있다. 왜냐하면 푸코는 식민화된 민족들에 드리워진 서구 '에피스테메'의 폭력을 그늘 속에 내버려두고, 연구자가 타자에 대해서 연구할 때, 연구자가 말하는 입장을 밝힐 수 있는 모든 가능성을 스스로 금하고 있다. 이러한 사실은 스피박이 생각하기에는 '제국주의를 주창하는 주체와 제국주의의하의 주체 사이의 관계'의 문

---

1) 폭력의 관계로서, 서구의 우리와 식민지화된 타자 사이의 관계에 대해서는 파스퀴넬리(Pasquinelli, 2005)를 참조할 것.

제이다. 그 문제는 정의상, 특히 해방의 전달자라고 믿고 있는 식민지 지배자들에게 맡겨졌을 때는 모호할 수밖에 없다(Ibid., p. 76).

사티(Sati)의 문제

이 모호함을 완전히 해결할 수 있는 예는 식민지 시대에 인도에 도입된 영국의 법제이다. 이 법제는 과부를 그 남편이 죽으면 따라 죽어야 하는 힌두교의 오래된 관습(힌두어로 Sati, 영어번역으로는 Satee)에서 해방시켰다. 영국인들에 의해서 이 관습이 금지된 것은 일반적으로 "백인 남성이 유색인 남성의 손에서 유색인 여성을 구해준다"는 서구의 전형적인 표상의 예로 해석된다. 이러한 전형적인 표상2)에 따르면, 종속집단의 여성들에게 존엄성과 자율을 부여하려면, 서구 근대성의 문화적 요인을 적용해야 한다는 것이다. 전에는 힌두교 전통에 의해, 적어도 다른 어떤 형태에 의해 신성화된 관습으로 여겨져 왔던 것이 '범죄'로 둔갑하는 것(그리고 형사법 속에서 포함되는 것)으로 충분히 설명할 수 있을 것이다.

제3세계 여성에게서 종속집단의 속성을 제거하기 위해 그들을 인권이 있는 주체로 생각하기만 하면 된다는 생각은 착각이다. 스피박은 그것이 식민지 지배자가 종속집단 주체를 없애려는 상황과 관계된다고 생각한다. 제국주의 '에피스테메적 폭력'의 패러다임과 관련된 예는 성적 차이의 예에서 결국 그 흔적을 이중으로

---

2) 이 표상은 비문자적인 문화들에 대한 16~17세기 서구 문화의 접근이 가지는 특징적, 종족적 '맹목'의 기제로서 '과장된 존경'의 태도를 상기시킨다.

지우게 된다. 여성은 가부장적인 전근대적 문화에서, 식민지 역사 기술의 대상으로서, 또한 제국주의 초근대주의 문화의 대상으로 서 거부되고 감춰져 버린다. 요약하면 "성과 관련된 이념을 건설 하는 것은 남성 지배를 옹호하는 일이다."[3] 반항의 주체로서 조차 도, 종속집단의 역사기술에서 분석하는 것처럼 여성은 "종속집단 혹은 반항의 기호작용으로 거부된 연사체(syntagme)이다."(Spivak, 2002, p. 136) 종속집단주의자들은 '계급의 연대' 혹은 '카스트'라는 이름으로 성적 차이의 기호작용을 재형식화하면서, 그 특수성을 제거하고, 여성들로부터 그들의 주체성과 정체성을 앗아가 버린 다. 같은 방식으로 종속집단 연구의 역사가들은 농민투쟁 속에서 여성들의 위치에 도구적 성격을 부여하는 데 공모하게 된다.

그래서 스피박이 내린 결론은, 만약 식민지가 건설되는 상황에 서 종속집단들이 역사를 가지지 못하고 말을 할 수 없었다면, 여 성으로서 종속집단은 그것보다 더한 깊은 그늘 속에 있다(Spivak, 2009, p. 53). 여성은 가부장제와 제국주의 사이에서, 한편으로는 전통적인 정신과, 다른 한편으로 근대화 사이에서 함정에 빠져 있 다(Ibid., p. 98). 스피박은 그 방면에서 핵심적인 지점은 리오타르가 갈등(différend)이라고 부르는 것의 존재이다. 이 갈등은 반드시 한 편으로 과부들의 희생을 처벌한 영국 식민 지배자들의 근대 이념 과, 다른 한편으로 "여성들은 그 남편들을 따라 진정 명예롭게 죽 고자 한다"는 토착민의 이데올로기를 대립시킨다. 민족주의의 의

---

3) Spivak, 2009, p. 53; 2004, p. 286. 앞의 책 3장은 『Can the Subaltern Speak?』이라는 시론의 실질적 '재검토'이다.

미에서 여성에게 자살을 강제하는 일을 영웅시 하는 이러한 이데 올로기는 잃어버린 기원에 대한 향수가 가득한 낭만의 목록에 이 행동을 기록한다. 스피박은 이것이 서로 극단적으로 다른 두 장르 의 담론에 관련한 것이라고 생각한다. 그리고 측정할 수 없을 정 도로 서로 다른 '삶 속에서 여성 주체를 구성하는' 두 가지 형태에 관련된 것이며, 결국은 "자유 개념의 모순된 두 가지 해석에 관계 된 것이다."(Ibid., p. 86)

만약 우리가 스피박이 몇몇 논쟁이 될 글들을 재구성한 인도의 고전시대와 베다 시대(리그 베다Rig-Veda와 다르마사트라Dharmasatra 시 대)에서 사티 실천의 모든 모호함을 이해하지 못한다면, 우리는 처벌이 따를 수 있는 범죄로 여성의 희생을 영국인이 재정의한 사실이 의미하는 바를 이해하지 못하는 것이다. 사티를 관습의 분 야에서 법의 분야로 옮겨 놓으면서, 영국인은 이념적으로 그 관습 을 서구 문명화의 사절이 제거해야만 하는 미개인의 관습으로서 재정의했다. 영국인들은 이 관습 속에서 '처벌'과 그 관습에서 피 하고자 했던 여성에 대한 '억압'의 차원만을 인지하고 있었던 것 이다. 그들은 그 관습이 보통의 윤리, 즉 어떤 경우에는 자유롭게 선택될 수 있는 희생의 윤리를 벗어난 어떤 것을 드러내고 있다는 것을 이해하지 못하고 있었다. 스피박은 다음과 같이 설명한다. "전쟁·순교·'테러'의 경우에서처럼, 간략히 말해, 일반적으로 자 기희생의 경우, '완수된' 사티는 (만약 우리가 그렇게 생각할 수 있다 면) 그 관습이 일반적인 윤리를 초월한 행위를 수행한다는 생각을 할 수도 있었을 것이다. 거기에 바로 그 위험성이 있다. 병사들은 바라지 않는 죽음을 맞는다. 게다가 테러범들이 여성은 아니지 않은가?"(Spivak, 2004, p. 307) 그 여성들이 가부장적 지배 이념의 지배, 인구조절의 물질적 요소, 널리 퍼진 여성혐오로부터 벗어날 수 없다고 해도, 전통적으로 사티를 행하는 것은 최소한 어떤 경우에 '윤리의 통로'에 속하는 것일 수도 있었다(Ibid., p. 304). 그러나 그 윤리의 통로는 범죄로 정의되어 과부들의 희생을 금하는 법이 제정되었을 때 완전히 제거되었다. 법이 언어를 통해 전달되면서 식민지 지배자의 문화는 '나쁜' 힌두, 즉 야만인의 문화, 미신의 이성으로부터 '좋은' 힌두를 분리해 낼 수 있게 된다. 그렇게 여성들은 제국주의의 에피스테메에 다시 기록되고, 이른바 텍스트화된다. 그리고 그들은 가부장적 에피스테메의 공간으로부터 '발전'의 공간으로 내던져진다. 그녀들은 거기서 어떠한 종속집단의 성질을 잃어버리지 않으며, 자기 자신의 '목소리'와 자율적인 활동 능력을 전혀 가지지 못한다. 요약하면 힌두교의 전통에서 사티의 형상은 모호하고 이념적으로 지나치게 확대 정의 된 것이라서, 여기서 제거된 것은 여성의 주관성, 즉 여성들이 자율적으로 행동할 수 있는 가능성이다. 이는 하나의 종속집단성이 다른 종속집단성으로 이동한 것이다. 즉 가부장적 종속집단성에서 제국주의의 종속집단성으로의 이행이다. 전통적인 인도에서 힌두교의 성서들은, 실제로 여성을 '남편의 물건'으로 생각한다(Ibid., p. 309). 그리고 여성을 '결혼한 여자'의 역할, 즉 '좋은 신부'의 역할에 얽매이게 한다. 여성의 희생은 신의 보상을 받아 마땅한 것으로, 즉 여성이 여성의 신체로부터 해당될 수 있는 그 행동으로 칭송받는다. 메시지의 의미는 이러하다. "네 남편이 화장되는 장작더미 위에서 자살하라. 그러면 너는 재생의 완전한 순환 속에서 여성의 육체를 죽일 수 있다."(Ibid., p. 310) 우리는 여성에게 죽음의 형벌을 내리는 초월과 여성을 비이성적으로 동일시하는 일로부터, 영국법에 의해서 만들어진 상황으로 이동한다. 이 상황 속에서 제국주의의 에피스테메의 전략은 법에 의해 다스려지고, 자신의 소속 공동체에 반해, 여성을 보호대상으로 개념화하는 특징을 보여주는 좋은 사회에 대한 사고를 퍼뜨리게 된다. 이러한 두 가지 문맥에서, 그리고 서로 다른 방식으로, 여성이라고 낙인찍힌 주체가 말할 수 있는 공간은 어디에도 없다.

스피박이 자신의 시론 말미에 제기한 문제는 다음과 같다. 만약 그 길이 가부장적이고 민족주의적인 성격을 가진 이념을 건설하는데 속하기 때문에, 토착민 본질주의의 길(과부들이 자발적으로 죽어서, 그녀들이 영웅이 되는 것)이 우리에게 금지되어 있다면, 그리고 만약 동화의 방식으로 타자를 사유화하는 데 기반을 둔 식민지 지배자들의 에피스테메가 여성들을 새로운 형태의 종속집단성에 가둔다면, '저항' 혹은 '반헤게모니'의 가능성은 존재하는가? 이 질문이 형식을 갖춘 것은 분명히 아니지만, 우리는 그 질문을 다문화의 문제, 즉 다른 문화들 사이에 공존과 관계의 문제가 중심이 된 서구 대도시의 다종족, 다인종 사회에서 만나게 될 것이다.

종속집단을 대신해서 말하지 말 것

스피박은 다문화의 문제를 직접 다루지는 않지만, 여성의 종속집단성을 포함한 종속집단성이 지식인의 담론으로 혹은 정치적으로 첨단의 길을 걷고 있다고 자칭하는 사람들의 담론에 의해서 '표현'될 수 있다고 말하는 허구에 대해서 반대의 입장을 유지하고 있다. 그녀가 제시하는 예는 매우 분명한 시각을 가지고 있다. 1926년 16살의 소녀 부바네스와리 바두리(Bhubaneswari Bhaduri)는 중산층 출신으로 캘커타에 있는 자신의 아버지 아파트에서 목을 맸다. 그녀의 자살은 수수께끼였다. 그녀가 자살할 때 그녀는 생리를 하고 있었기 때문에 분명히 불법적인 임신의 문제는 관계가 없었다. 그 비극이 있은 지 10년 후, 그녀가 자신의 언니에게 남긴 편지로 인해, 그녀가 인도 독립을 위한 무장 투쟁집단에 속해 있었고, 그녀가 정치적 암살 임무를 맡았다는 것이 밝혀졌다. 그리고 아마도 자신 맡은 임무가 무게와 그 임무를 수행하는 것이 불가능하다는 것을 알고, 그녀는 자신의 생을 마감하였던 것으로 보인다.

제3세계의 종속집단 여성들의 배제와 소외의 상황을 확인시켜주는 이 이야기를 통해 우리는, 또한 얼마나 (그리고 어떻게) 여성으로 분류된 주체가 자신의 말을 빼앗긴 존재인지 확인할 수 있다. 실제로 자신의 죽음이 불법적인 열정의 결과로 해석되는 것을 피하기 위해서, 부바네스와리는 자신의 비극적인 행위를 성공하기 위해 자신의 생리가 시작되기를 기다린다. 부바네스와리는 자기 또래의 모든 소녀들처럼 힌두교도의 전통에 맞게 '좋은 신부' 가 되기를 바랐음은 그다지 의심할 여지가 없다. 그러나 그녀는 자신의 몸에 "개입주의 방식으로 사티라는 자살의 사회적 텍스트 를 다시 새겨 넣었다."(Spivak, 2009, p. 101) 힌두교 여성들의 자살 관습은 부정되지 않았다. 그것은 오히려 이동한 것이고, 어떤 측 면에서는 해체되었으며, 왜곡되고 망상으로 변형되었다(Ibid., p. 102). 이에 대해 두 가지 이유를 들 수 있다. 우선 첫 번째 이유는 그 행동이 생리 기간에는 여성의 몸이 불순하다고 여겨 과부가 자살할 수 없다는 금지를 뒤엎은 것이기 때문이다. 다음으로 그녀 는 전형적으로 독립운동을 하는 남성 지도자들에게 보호를 받는 그런 싸우는 여성의 모습을 '더럽혔다'는 것이다.

또 은유에 대해서

여기서 데리다의 해체주의가 주는 교훈을 더욱 깊이 고민해 볼 만 할 것 같다. 그 교훈은 종속집단성이 은유, 우리가 위에서 상기 했던 것처럼, 원래의 쓰임과 관련하여 강화된 은유-개념이라는 생각에서 요약된다. 이 은유의 개념은 종속집단이 1인칭으로 말 하지 않고, 그 집단이 대변하기(vertreten)라는 정치적 의미 속에서 도 (철학적·예술적·과학적 언어에 고유한 '재-현re-présenter') 재현하기 (darstellen)의 인식론적인 의미에서도 '표상될 수 없는 것'이라는 점 을 강조할 수 있게 해준다. 은유는 근원에 속한다. 같은 말로 기원 은 은유적인 것이다. 그 때문에 우리가 의지하고, 서구 에피스테메의 헤게모니를 전복하기 위한 압력을 가할 (오염되지 않고 순수한 기원) 내부 지점을 전혀 발견할 수 없다. 스튜어트 홀이 관찰했던 것과 같이 우리가 생각할 수 있는 한계에는 여백밖에 없다. 다시 말해서 우리가 이미 폐기했지만 사용되고 있는 개념들을 해체하는 것은 보이는 측면으로는 완전히 열려 있는 것 같은 지나간 과거의 내부에 속해 있는 통로, 즉 우리에게 '색인' 혹은 '다가올 것'을 향해가는 길을 열어주기 위한 것이다.

스피박이 『Can the Subaltern Speak?』이라는 시론의 개정판에서 결론 내린 다문화주의에 대한 비판은 매우 비관주의적인 것으로 보인다. 그녀는 부바네스와리라는 소녀의 배경은 (미국에서 살고 있고, 다국적의 국가에서 매니저의 화려한 경력에까지 오른 1세대 이민) 침묵 속에서 국가의 해방을 위해서 자살했던 자신의 선조를 축소했다. 스피박이 반어적으로 이야기한 "군건한 다문화주의자"라고 말한 부바네스와리라는 소녀의 배경은 '새로운 제국'에 기여했다 (Spivak, 2004, p. 321).

그 시론의 첫 번째 판에서 결론은 반대로 열려 있었다. 그 결론은 데리다가 우리 자신 안에 타자의 목소리인 내부의 목소리를 열광하게 만드는 종속집단성의 다시 쓰기에 초대했다고 추측하고 있다(Derrida, 1983, p. 33). 그녀는 스튜어트 홀에 동의하면서 서구 합리성 내부에 대한 비판을 제안하는 것 같다. 그녀는 차이를, 상호 의사소통이 없는 각 단자들의 문화적 정체성들을 고정시키는 문화적 상대주의의 물신으로 생각하는 것을 거부했다. 그리고 그녀는 번역·혼합·협상, 의미를 가진 용어들의 끊임없는 이동에 대한 흥분을 여기에 도입하면서, 내부로부터 동화 논리의 가치를 절하하기 위해 모든 이분법적 대립을 전복하는 '차이의 놀이'를 우선시한다.

데리다의 제안을 따라가면서 우리는, 우리가 오늘날 잠겨 있는 다문화주의의 조건이 목소리들과 음조의 '일반화된 탈선'을 닮아 있다. 그리고 이러한 탈선이 친근한 음악을 다른 음조 혹은 이런저런 음조를 위해 어떤 순간에도 중지하게 될 가능성을 열어 놓는다. 이 탈선은 바로 목적에 대한 무질서 혹은 망상, 그리고 모든 전달 가능성이다(Ibid., p. 68). 홀에게 있어서 데리다가 뜻하는 바대로 "우리 안에 있는 타자의 목소리인 내부의 목소리에 흥분하게 만드는 것"은, 예를 들어 유럽으로부터 언급되지 않은 것으로서의 아프리카를 되찾는 것, 흑인문화가 유럽의 다양한 담론 체계(식민지 담론, 여행과 모험 문학, 문학적 이국취향, 민족지학자의 시선, 여행언어 등)에 들어갈 수 있게 하는 방식들을 찾는 것과 같은 일이다(Hall, 2008c, p. 321). 이러한 관점에서 홀과는 달리 스피박은 후기 식민의 문제가 다문화주의의 문제와 밀접하게 연결되는 방향으로 가고 있다는 것을 포착한 것 같지 않다. 후기 식민주의 사회는 구조적으로 다문화 사회가 되었다. 인구이동은 엄청나게 증가하고 있고, 사람들은 제3세계로부터 과거 제국의 대도시를 향해 이동할 것이다. 이때 이 사람들은 시민성과 그들의 문화적 차이에 대한 인정을 주장할 것이다. 그리고 이로부터 이들은 '일반화된 탈선'의 조건들을 만들 것이다.

제2장

근대성 다시쓰기, 민족을 해체하기

: 후기 식민주의 비판

8.
후기 식민주의 연구와 문화 연구

: 혼합의 패러다임

종속집단 연구는 자신의 가는 길 위해서 후기 식민주의 연구라는 이름으로 익히 알려진 흐름과 조우한다. 후기 식민주의 연구 역시 자신의 이론적 지향점들과 연구 관점들에 있어서 매우 다양한 성격을 지닌 지적 집단이다. 아쉴 음벰베(2006)에 따르면, 후기 식민주의 연구는 통일되고 체계적인 이론을 구성하지 못하고, 더욱 더 '파편화된 사고'에 속하게 된다. 이것은 이 연구의 '강점'이면서도 '약점'이기도 하다. 우리가 그것을 앞서 보여줄 기회를 가졌던 것처럼, 이 두 학파의 차이는 서구 근대성의 역사를 연구하는 새로운 방식을 공유한다. 이 역사의 특징은 한편으로 식민지 제국들이 없어지면서 서구 대도시가 드러내는 반식민주의와 반제국주에 대한 투쟁에 부여된 자리이다. 그리고 다른 한편으로, 다른 특징은 19세기에서 20세기를 지나면서, 철학과 인문과학, 사회

과학에서 발전했던 서구 이성이 수행한 자아비판의 다양한 형태들의 이동이다.[1]

E. 사이드가 관찰했던 것과 같이, 이는 '혼합'된 사고(혹은 패러다임)와 관련된다. 이 사고는 사실 서구와 유럽의 조직망과 아시아, 카리브 지역, 라틴아메리카 혹은 아프리카 세계에서 발생한 조직망들에 근거하고 있다. 그러나 그 사고는 또한 그 사고들이 동원하는 다양한 근원들 사이에 '서로 간의 영향'의 효과 때문에 혼융적 성격을 띤다. 그 근원들은 이론, 논증의 목록들과 때로 서로 거리를 유지하는 극히 다양한 과목들과 이론적 분야들(철학, 미학, 역사, 문학, 사회학, 정신분석 등)이다.

호미 바바(Homi Bhabha, 2007)는 정확하게 얼마나 후기 식민주의에 대한 연구가 이웃해 있지만 반드시 겹치거나, 서로 변증법적이지 않아도 되는 문화에 지식에 대한 지식들을 연결할 수도 있도록 해주는 새로운 공간을 열어주는 '간학문성'의 경험을 구성하는지 강조한다. 따라서 종속집단 연구의 주요한 대표적 학자들이 후기

---

1) 리스트를 만들자면, 이미 길기는 하지만 완전한 것은 아니다. 의심의 철학(마르크스, 니체, 프로이드)으로부터 하이데거, 가다머·리쾨르의 철학적 해석학에 이르기까지, 이데올로기에 대한 막스의 비판으로부터 사회학의 창시자들(베버, 뒤르켐, 시멜)에 의해 만들어진 분석적 도구에 이르기까지, 역사주의와 알튀세르의 휴머니즘에 대한 비판에서부터, 데리다의 해체주의에 이르기까지, 라캉의 정신분석 이론에서부터, 미국(Women's Studies와 Gender Studies)과 대륙적 모형에 대한 페미니스트(Julia Kristeva & Luce Irigaray)의 비판에 이르기까지, 에드워드 p. 톰슨(Edward p. Thompson)과 에릭 홉스바운(Eric Hobsbawn)의 영국의 역사기술에서부터 미셸 푸코(Michel Foucault) 계보학적 접근에 이르기까지, 프랑크푸르트학파(Theodor Adorno, Walter Benjamin)의 문화의 상업화와 전형적인 자유민주주의와 진전된 자본주의 사회 속에서 집단적 상상에 대한 비판으로부터 롤랑 바르트(Roland Barthes), 미하일 바흐친(Michail Bakhtine)과 같은 작가들에게 있어서 기호들에 대한 비판적 사회과학으로서의 기호학의 사용에까지 이른다.

식민주의 연구의 중요한 표상들이 된다는 것은 그렇게 놀랄 일도
아니다.

역사 분야(시카고)의 디프시 차크라바르티(Dipesh Chrakrabarty)에
서부터, 영문학과 비교문학 분야(콜롬비아)의 가야트리 C. 스피박
(Gaytri C. Spivak)에 이르기까지, 인류학 분야(콜롬비아)의 파타 채터
지(Patha Chatterjee)에서 역사 분야(에모리)의 기아넨드라 팬디
(Gyanendra Pandey)에 이르기까지가 그러하다.[2]

민족으로의 회귀

종속집단 연구와 후기 식민주의 연구가 전략적으로 조우하는
지점 중 하나는 민족의 개념이다. 그 개념은 식민지 지배와 후기
식민정부에 의해서 채택된 형태들을 경험한 국가들에서 민족 형
성의 역동성에 대한 분석을 통해서 다루어진다. 이 분야에서, 두
학파는 그람시만을 참조하는 것은 아니다. 베네딕트 앤더슨(2006)
에 의해 만들어지고, "내적으로 제한되고 동시에 최고라고 생각되
는 정치적 공동체"[3]로 정의된 민족의 개념도 참조한다.

종속집단 연구와 후기 식민주의 연구 사이의 관계가 그들이 가
진 제국주의와 식민지 국면에서 영국 역사를 재구성할 공통된 필
요성으로부터 더욱 밀접해졌다는 것도 잊어서는 안 된다. 1960년

---

2) 이 두 흐름의 연결에 관해서는 Aime(2006)을 참조할 것.
3) 이 주제에 대해서는 ≪Nazione/nazionalismi≫(R. Vecchi, 2004, pp. 207~219)와 Fistetti
(1992, Chap. 1)를 참조할 것.

대와 1970년대에 버밍엄의 Center for Contemporary Cultural Studies 를 중심으로 형성된 이 움직임은 다양한 교육 분야들과 관심사들 을 녹아들게 만들었다. 거기에 녹아든 것들은 문학적 문화와 대중 문화, 성과 섹슈얼리티, 식민주의와 후기 식민주의, 민족성과 민 족정체성, 인종과 종족성, 과학과 환경학, 문화적 제도와 텍스트 적 실천, 교육과 사회 정치학 등이다.[4] 1970년대 이후에, 이 흐름 은 국제적으로 폭넓은 반향을 불러일으켰고, 특히 미국과 라틴아 메리카 지역에서 그 반향은 대단한 것이었다.

그 성공은 물론 세계화 과정에 의한 최근의 문화적 변형으로부 터 도움을 받았다. 문화 연구가 학문의 하나로 자리 잡자마자, '상 호 분야적 성격'을 가질 수밖에 없었고, '활발하고 극단적으로 반 규범적인 모습'(Grossber, Nelson, Treicher, 1992, p. 2)[5]을 띠고 있었 다. 이는 미리 만들어진 어떤 방법론에서도 인정하지 않으려는 의 지를 설명하고 있다. 그들의 작업 방식은 '서툰 응급조치'에 속한 다. 즉 분명히 모호한 분석과 글쓰기 스타일에 속한다. 이러한 이 론적 차원에서, 문화 연구는 다양한 분야들을 참조했고, 실천 차 원에서는 문맥을 따르는 (텍스트 분석, 기호학, 인터뷰, 정신분석, 리좀 분석, 해체, 등) 다양한 연구 전략에 따라 수행되었다. 종속집단 연 구의 인도학파처럼, 문화 연구는 제국주의 정복의 메타 서사를 논

---

4) 문화 연구의 '역사적 파노라마'에 대해서는 Lutter, Reisenleitner(2004, Chap. 2)를 참조할 것.
5) 라틴아메리카에 대해서는, 네스토 가르시아 칸클리니(Néstor Garcia Canclini, 1997, pp. 45~60; 1999)가 아마도 문화 연구의 선구자일 것이다. 라틴아메리카의 영역에서 문화 연구에 대한 논의와 관련해서는 베버리(Berverly, 1996)와 그뤼너(Grüner, 1998)를 참조할 것.

의하고, 영국적인 것, 즉 영국의 정체성이 형성된 오랜 여정을 따라가는 것에 집중하였다(Pagetti, Palusci, 2004).

문화 연구의 비판적 접근은 실제로 후기 식민주의와 후기 제국주의 영국이 겪었던 다문화적 세분화의 관점에서 영국적인 것이 겪는 가치들의 주도권에 의문을 가지는 데 목표가 있었다. 그 확인된 논의할 바 없는 현실은 처음에는 무시될 수 있었던 문제들이었다. 그리고 그 학파에게 있어서, 영국 사회 내에서뿐만 아니라, 보다 일반적으로 문화적 차이를 인정하는 일이 사회와 정치 질서의 모든 사회들에서 반드시 필요한 조건인 모든 사회 내에서 공동체의 삶의 질은 바로 그들에게 제시된 해결책들에 달려 있다. 점점 더 집요한 성격을 띠게 된 그 도전으로 인해, 2001년 9월 11일 다음 날 영국과 스페인의 테러분자들의 테러가 그것을 증언하는 것과 같이, 다문화주의의 문제는 드라마틱하게 중요한 것이 되었다.

다양한 문화와 인종들이 공존[6]하는 데 내재된 문제에 관심을 가지는 것은 문화 연구의 특별한 특징이다. 폴 길로이(Paul Gilroy)는 문화 연구가 그들의 이론적 정치적 아젠다에서 '인종'의 주제를 아우르는데 매우 늦었다는 점을 비판했다(Gilroy, 1982; 1992, pp. 187~198). 그러나 스튜어트 홀과 같은 저자는 '인종'과 '종족성'의 범주를 "역사적, 문화적, 정치적으로 구축된 현상들"로 규정하기 위해 초문화적이고 본질주의적인 모든 물신화에서 그것들을 떼어

---

6) 이는 영국 제국의 붕괴, 식민지 해방과 예전 제국의 주체들의 대도시를 향한 이민 이후에 나타났다. 특히 Empire Windrush호를 타고 온 예전 식민지인 자메이카의 시민 430명이 타미즈에 항에 1948년 6월에 정박하면서부터 나타났다.

내면서, 영국의 민족주의 편협한 한계로부터 해방시키려고 노력한다(Hall, 2008d, p. 293). 이러한 관점에서부터, 그의 입장은, 한편으로 타자와 동일자를 동화하려는 담론의 실천과 서구 제국주의의 '에피스테메의 폭력'에 대한 스피박의 비판(Ibid., p. 292)과 다른 한편으로 헤게모니에 대한 그람시의 이론에 영향을 받은 정치적 개념을 연결시킨다는 것에서, 길로이의 입장과는 구분된다. 헤게모니 개념에 영향을 받은 정치적 전략은 단지 "모든 흑인들은 좋다" 그리고 "모든 백인들은 나쁘다"라고 하는 본질주의자의 전형을 포기하는 것만을 강요하는 것은 아니다. 그 전략은 무엇보다, "매우 다양한 주관적 입장들, 사회적 경험들, 문화적 정체성들이 '흑인'의 범주를 구성한다는 것"을 인정하도록 요구한다. 그래서 그 전략은 '흑인 정치'가 그람시가 '조작의 전쟁'이라고 칭했던 것에서 '입장의 전쟁', 다시 말해 입장표명의 투쟁으로 이동시키도록 유도한다(Ibid., p. 291).

헤게모니에 대한 그람시의 이론들을 다시 사용하면서, 홀은 헤게모니를 위한 투쟁과 같이 정치적 투쟁의 문화적이고 상징적인 차원들을 강조하게 된다. 이 관점은 단지 지배 도구 전체로만 여겨지거나, 문화·이데올로기·표상의 문제가 순수하게 반성적이고 회고적인 역할을 하는 것이 아니라, 실제로 구성적인 역할을 하는 공간으로서 여겨지는 정부에 대한 확대된 개념을 가리킨다(Ibid., p. 289). 헤게모니 이론을 되살려 냄으로써, 문화 연구의 이론가들, 특히 홀은 자신을 경제적·사회적·문화적 세계화가 민족을 넘나들고, 민족을 넘어서는 과정들이 민족 사회 사이의 차이를 지울 수

도 있다고 생각하는 후기 식민주의 연구자들의 범세계주의로부터
차별화하고 있다. 유럽 사회과학의 방법론적 민족주의를 비판하
면서, 홀과 다수의 후기 식민주의 연구자들이 참조하는 범세계주
의는 민족국가가 이미 극복되었다는 것 이외에 아무것도 의미하
는 바가 없다.[7]

지워지지 않은 민족국가

모든 근대성의 정치 범주처럼, 민족국가는 사라지지 않았다. 민
족국가는 홀이 참조한 데리다의 표현에 따르면, 우리가 그것이 고
려할 만한 것임을 인정하면서도 그 결과를 알 수 없는 끊임없는
변형, 훼손, '대리 행위'의 과정 속에서 지워지지 않은 채 남아 있
다. 모든 형이상의 범주들과 같이, 서구 (정치의) 철학의 개념들은
그들의 존재 이론적 주장 속에서, 그들의 한계를 드러내게 하고,
그것들을 약화시키는 해체의 움직임 속에 있다. 홀에게 있어서,
민족국가와 민족 사회의 개념들은 근대성의 전체 핵심개념들과
같이, 해체주의적 접근에 속해 있다. 그 개념들은 '그들의 원래 상
태'로는 더 이상 유용하지 않다. "그 개념들은 변증법적으로 극복
되었고, 대체할 다른 완전히 다른 개념들이 존재하지 않기 때문
에, 우리는 어쩔 수 없이 그 개념들로부터 생각을 계속 이어갈 수
밖에 없다. 물론 이때 그 개념들은 그 자신들을 탄생하게 했던 패

---

7) 민족적 차이와 문화적 이타성을 인정하려는 목적의 이러한 유형의 범세계주의에 대해서
는 벡과 그란데(Beck & Grande, 2006, Introduction)을 참조할 것.

러다임의 틀 밖에서 재정리되고, 해체된 형태로 사용되어야 한다."(Hall, 2008e, p. 286)[8] 정치적 패러다임이 위기를 맞고 있고, 우리가 더 이상 대체할 패러다임을 갖고 있지 못하기 때문에, 우리는 단지 옛 것과 새 것이 공존한다는 사실뿐만 아니라, 우리가 현실 속에서 지향하는 범주들이 회의적으로 사용되어야 되어야 한다는, 다시 말해, 계속해서 상황에 따라서 재적응되어야 하고, 재정의 되어야 한다는 사실에 대해서 의식하고 있어야 한다.

그래서 홀은 '문화 연구'를 위해서 민족 사회 혹은 더 정확히는 그 사회들이 형성되는 특별한 정치적·문화적 역동성들 속에 어떤 정착점을 유지하려고 한다. 그는 그래서 자신의 연구와, 영국 노동자 계급과 그들의 역사적 문화적 전통들에 대한 연구에 기여한 문화 연구의 설립자들, 선구자들(리차드 호가트Richard Hoggart, 레이몬드 윌리엄스Raymond Williams 혹은 에드워드 p. 톰슨Edouard p. Thompson)의 연구의 연속성을 분명히 밝히고 있다(Hall, 2008a, pp. 81~104). 만약 우리가 문화적 정체성이 계급·인종·교육의 요인들로 표시되는 사회적이고 매우 특별한 담론적 실천으로부터 유래한 역사적 형태라는 것을 인정한다면, 그때 민족국가들은 그 역사에서 주어진 시간에 영국 사회의 예와 같이 그 정체성들이 기록되고, 스스로 자리 잡으려고 노력하는 공간들이 된다.

---

8) 유사한 관점은 근대 정부의 근본적인 정치적 이분법, 즉 '우파'와 '좌파'를 대립시키는 이분법에 있어서 가치 있는 것이다. 노베르토 보비오(Norberto Bobbio, 1994)는 정치적 근대성에 대한 이 기본적 범주들을 자신의 중요한 작은 책에 제시한 진정한 개념적 이상유형들(idealtypes) 사이에서 발전시켰다.

많은 후기 식민주의 연구의 대표적 연구자들에 의해 옹호 받는 포스트모던주의의 노마디즘에 의해서 상정된 정체성의 상실과 관련하여, 홀은 완전히 규약적이고, '고안된' 민족 사회는 그 자체로 소수자들이 그들의 문화적인 정체성을 쟁취하기 위해 벌이는 투쟁의 무대이다. 한 정체성은 절대적 의미에서 만들어지는 것이 아니라, 임시적이고, 끊임없는 협상의 상태에 놓여 있는 '위치 선정'에 따라 만들어지는 것이다.

9.
민족과 시민성을 넘어

H. 바바(H. Bhabha)와 P. 차터지(P. Chatterjee)

민족적 관점에서 전 세계적인 관점으로의 이행은 후기 식민주의 연구의 가장 중요한 두 이론가인, 호미 바바(H. Bhabha)와 파르타 차터지(Partha Chatterjee)의 연구 속에서 즉시 인지할 수 있는 것이다. 전자는 민족의 서사와 민족정체성의 표상들에 관심을 갖는다. 그는 그것들을 민족들이 품고 있는, 통일된 모습을 가진 공간으로서 접근한다. 그리고 그는 이 글쓰기의 접힌 자국에 배어들고 소수자들과 종속집단들의 반-서사들을 그 여백으로 몰아낸 빈 공간들을 지적한다(Bhabha, 1997). 후자는 고전적 민족주의의 한계를 강조하고, 민족주의가 얼마나 기계적으로 후기 민족주의 국가에까지, 제한된 일련의 연속과 관계되어 있는 것과 같이, 한 단어로 서구 대도시의 한가운데에서 민중투쟁을 통해서 얻어진 정치, 시민 사회, 경제 권력인 시민성, 민중의 의지, 표상을 해방하는 개념들을 확장시킬 것을 주장하는 근대성에 대한 '영웅 서사' 개념의 포로 상태에 있는지 잘 보여주고 있다.

바바의 연구는 민족 서사들 속에서 함의된 시간성의 이중성 혹은 양면성을 명백히 하는 데 열중하고 있다. 바바에 따르면, 이 민족 서사들은 실현해야만 하는 민족의 운명에 비해서 항상 민족이 늦다는 개념과 민족과 국가를 동일시하는 끊임없이 반복되는 신화에 의지하고 있다.

차터지는 계몽주의 시대 이후 서구의 윤리적·정치적 보편주의를 정의하는 기본 개념들(그가 역사주의자의 성격을 가진 허구들이라고 명명한 것)이 근대성의 일방적 성격으로 인해 '잘못된' 묘사들을 제공한다는 것을 보여줄 것을 제안한다. 그들은 발터 벤야민의 용어들을 여기서 다시 사용하기 위해 사실 근대성의 시공간이 자본의 획일화된 텅 빈 시간들의 시공간이라고 하는 유토피아적 환상에 자양분을 제공했다. 이 시간성은 모든 다른 전근대적인 시간성을 흡수하고 통일할 것이며, 그로 인해 통치 합리성의 혼질적인 시간을 감출 수 있다(Ibid., p. 24). 통치 합리성의 혼질적인 시간은 푸코에 따르면 '헤테로토피',* 즉 다시 말해서 비대칭적인 공간들, 보편적 범주들이 다양하게 적용되고, 변용되는 '서로 다른 밀도들'이 가진 역사적 상황들로 구성되어 있다. 예를 들면, 만약 자본주의 공장의 규율이 같은 방식으로 도처에 내화되어 있지 않다면, 그 규율은 사회적 계층, 성적인 태도들, 정치제도들의 한가운데

---

* **[프랑스어판 역주]** 가상적인 것들이 머무는 구체적 공간.

있는 사회적인 관습, 삶의 형태의 가장 깊은 곳에 뿌리박고 있다.[1]

민족도 역시, 혼질적인 시간 속에 살고 있다(Chatterjee, 2004, p. 28). 민족 단일체 건설의 주된 주역들 중 두 사람인 간디(Gandhi)와 빔라오 람지 암베드카르(Bhirnrao Ramji Ambedkar)가 했던 역할을 통해서 인도의 경우가 보여주는 것과 같이, 민족 통합의 과정은, 그것이 발전과 동일화되는 민족, 민주적 평등, 시민성의 권리 등과 관계된 것일지라도, 보편적이고 추상적인 사고들의 허약함을 드러내는 구체적인 역사적 조건들의 '헤테로토피'에 충돌하게 된다. 예를 들어, 카스트 제도의 문제, 그리고 인도와 파키스탄의 분리는 민족 개념의 양면성을 드러내 보여주었다. 간디도, 암베드카르도 고전적인 민족주의의 중화 효과를 가시게 하는 데 성공하지 못했다. 그 정도까지 모두에게 평등한 시민성을 통해 나타나는 보편자의 서사는 실제로 존재하는 불평등을 감추는 데 기여하고, 인도 민주주의의 형성 과정에서 보편적인 소속들과 개별적인 정체성 간의 분쟁을 해결하지 못한다(Ibid., p. 41). 다른 관점에서 1956년 파키스탄 정부의 탄생은 통일한 단일체로서의 민족의 신화가 인도와 파키스탄의 종교 소수자들(무슬림·힌두교도·시크교도들 등)에 대해 실패한 순간에 다문화주의의 문제가 드러내는 비극적인 측면을 드러낸다.

근대성의 철학적·종교적 범주들을 다시 생각해야 하는 유사한 필요는 서구 민족국가들 속에서, 특히 영 연합과 프랑스와 같은

---

[1] 그람시는 자신의 유명한 『Cahier 22, Américanisme et fordisme』(Gramsci, 1929·1935, Vol. 3, pp. 2139~2181)에서 이를 강조한 바 있다.

제국주의와 식민주의 지배에 관련되었던 국가들 사이에서 발전했다. 영 연합에서, 1960년대 초부터 문화 연구 운동은 이전 영 제국의 영토로부터 온 이민자들을 통합하는 형태에 자신의 주의를 집중했다. 프랑스에서는 에메 세제르(Aimé Césaire)와 프란츠 파농(Franz Fanon) 같은 식민지의 순진한 지식인들에 의한 전위적인 프랑스 문화의 비판적 사유화는 특히 마르티니크(Martinique), 과들로프(Guadeloupe), 기안느(Guyane), 라 레유니옹(La Réunion) 같은 해외에 있는 도(道)와 영토 속에서 정체성을 확인하고자 하는 문화운동의 출현을 고양했다. 이 운동은 철학·법·과학·정치·문화를 표시하는 어둡고, 항상 잘 알려지지 않은 측면으로서 흑인과 노예의 특성들을 제시하면서, 1960년대가 되자마자 프랑스 민족의 규범적 서사의 진정한 다시 쓰기를 요구했다(Vergès, 2006). 시몬 베일(Simon Weil)과 같은 위대한 철학자는 나치의 민족말살정책을 참고하면서, "정복당한 민족들을 정착시키는 것은 항상 정복자의 정책이었고, 정책일 것이라고 강조했다."(Weil, 1968, p. 55)

이렇듯 프랑스에서는 종속집단 연구의 경우에서처럼, 지금까지 소외된 타자(노예, 피식민자, 배제된 자)에 대한 주의는 두 가지 목표를 가진다. 우선, 그것은 민족정체성의 경계 너머로 민족, 사회집단, 그리고 종속집단의 주체들을 몰아냈던 것과 관련이 있다.2) 이러한 의미에서 기안느의 국회의원 크리스티안느 토비라(Christinane Taubira)

---

2) 이에 대해서 의미 있는 연구는 2005년 2월 23일의 프랑스 법령 프로젝트를 중심으로 한 논쟁의 재구성이다. 이 법은 4조에 식민지화의 '긍정적인 역할'에 대해서 언급하고 있다. 노예무역의 역사에 대한 수많은 연구들 중에서, 문제에 대한 보다 전반적인 시각을 위해서는 Pétré-Grenouillau의 저서(2004)를 상기할 것.

는 최근 식민 지배를 받은 이들의 선조들과 식민 지배자의 선조들 사이에, 역사가 공통적인 것이고, 여러 손에 쓰여 얻은 것이라는 의견을 제시할 수 있었다(Taubira, 2007, p. XXXI). 결국, 민족 역사의 다시 쓰기는 두 번째 목표로 시민성의 개념에 대해 또다시 질문하는 것을 반드시 함의한다. 오늘날 시민성은 무엇인가? 민족 정부의 시민이 되는 것이 무엇을 의미하는가? 민족의 시민성과 유럽 시민성 사이의 관계는 어떠한가? 서구 사회에서 살고 있는 예전 식민지의 민중들과 소수자들에게 관계된 것은 무엇이든지 간에, 종속집단 주체들의 문화와 대도시 문화와의 관계는 어떤 것이 되어야 하는가? 그에 대해서 루이 살라-몰랭(Louis Sala-Molins)는 오랜 근대성의 역사가 특징적으로 보여주는 수많은 변형에도 불구하고 얼마나 코드 누와(Code noir)가 정부의 놀라운 연속성을 밝혀주는지 강조했다. "인간성에 반한 범죄로 흑인 무역과 노예무역을 규정한 2001년 토비라-들라농의 프랑스법을 참조하고 있는 코드 누아의 독실한 신자는 콜베르와 함께 태어나고 대혁명하에서 승리를 구가했으며, 대혁명과 함께 몰락했고, 보나파르트와 함께 다시 태어났으며, 제2공화국의 여명기에 사멸한다. 아름다운 정부의 연속성이여! 과연 이 정부는 많은 변호사 비용을 들여, 자기 자신이 아닌 다른 곳에서 인간성에 반한 범죄를 저지른 범인을 찾을 것인가? 자기 자신이 아닌 다른 곳에서 보상에 앞선 살인자 찾을 것인가?"(Sala-Molins, 2005, p. XIII)

프랑수와즈 베르제스(Françoise Vergès)는 종속집단 연구와 후기 식민주의에 의해 시도된 것과 같은 노예와 식민 역사의 다시 읽기는 '정착되어 있는 유산'을 극복하고, '연대성의 문제'를 새롭게 조명하는 데 쓰여야 한다. 식민주의 유산은 때로 보이지 않지만, 타자를 인종화하고 낙인찍으면서 서구 역사에 너무 깊은 상처 남기고 있다. 이러한 의미에서 식민주의의 '유산'을 극복하려면, 앞으로 우리가 보겠지만, 오직 잘 이해된 다문화주의가 감당할 수 있는 환대의 윤리와 정치가 반드시 필요하다. 게다가 우리는 노예제도가 금지된 국가들에서, 오늘날에도 어떤 사람들은 특히 젊은 여성들은 노예의 지위에 놓여 있고, 성매매를 할 수밖에 없다는 것을 잊어서는 안 될 것이다. 한편 다른 어떤 곳에서, 노예들은 우리 모두가 매달리고 있는 세계 경제를 지탱하는 엄청난 노동력이 되고 있다(Bales, 2004). 사하라 남부 아프리카와 같은 지구상의 어떤 지역에서는 가장 취약하고, 가장 무방비 상태인 사람들, 즉 여성과 아이들이 빈곤층을 이루고 있고, 이들은 인간 교역의 첫 번째 희생양이 되고 있다(Truong, 2005).

10.
인종과 계급 사이에서

: 근대성의 다시 쓰기 프로젝트

C. 제임스(C. James)와 P. 길로이(P. Gilroy)

프랑스 후기 식민주의 역사가들과 인류학자[1]들이 공식적인 민족 역사의 연대기에 의해 외면 받은 식민지 민중들에 대해 관심을 기울였다면, 앵글로 아메리칸 권의 후기 식민주의 대표 연구자들은 새로운 사고의 중요한 획을 그었다. 이 사고는, 합리성을 띤 종족중심주의에 대한 변명을 하면서도, 끊임없이 자축을 멈추지 않는 인간성과 자기 자신 안에 갇혀 있는 보편주의에 대한 가장 두드러지는 비판(그리고 자아비판) 속에서, 유럽 인문·사회과학과 서구 철학이 만나는 커다란 전통의 교차로에 자리하고 있다. 이 저자들은 단지 흑인의 착취와 노예화를 각기 비판했던 프랑스 문

---

1) 프랑수와즈 베르제스(Françoise Vergès), 루이 살라-몰랭(Louis Sala-Molins), 로맹 베르트랑(Romain Bertrand), 앙드레 쉐레(André Chérer), 조세트 팔로프(Josette Fallope), 프란시스 아페르간(Francis Affergan), 카롤리느 우댕-바스티드(Caroline Oudin-Bastide) 정도를 이에 대해 인용할 수 있다.

화의 아프리카와 디아스포라의 전통에서 출발한 작가들의 흔적을 따라가지만은 않았다.[2] 그들은 윌리엄 에드워드 버가트 뒤 보아 (William Edward Burghardt Du Bois, 1868~1963), 시릴 리오넬 로버트 제임스(Cyril Lionel Robert James, 1901~1989)와 같은 아프리카계 미국인 저자들과 관계를 맺고 있다. 후자의 작가는 투생 루베르튀르(Toussaint Louverture)가 이끈 세인트 도밍고의 흑인 혁명에 대한 열정적인 역사의 저자였다(James, 2008).

제임스의 책은 스피박이 제기한 "종속집단은 말할 수 있는가?"라는 질문에 사전에 긍정적으로 대답한다. 그는 투생 루베르튀르에 대해 공식적인 역사기록을 하면서, 지배자의 역사주의에 의해 칭송받는 근대 자유의 영웅서사시에 지금까지 자리를 갖지 못한 흑인 노예의 목소리를 담고 있다. 투생 루베르튀르는 세인트 도밍고 혁명의 역사가 폭넓게 성공의 연대기와 자신의 정치적 인성에 대한 찬사가 될 정도로, 사고와 반항하는 노예들의 체험을 재현한다(James, 2008, p. 14).

역사유물론에 대한 비판

제임스는 여기서, 그것을 확실히 명명하지 않고, 역사과학과 같은 역사유물론, 특히 마르크스가 만약 인간이 역사를 만들었다는

---

2) 이것은 프란츠 파농(Franz Fanon)에 의해서 나타났다. 그의 저서들 『Les Damnés de la terre』(1961, 재출간 2002), 『Peau noire, masques blancs』(1952, 재출간 1971)은 이후 반식민주의적 비판의 고전이 되었다. 에메 세제르(Aimé Césaire)와 레오폴드 세다르 생고르(Léopold Sédar Senghor), 이 두 사람은 모두 '흑인성'의 개념을 출발점으로 삼고 있다.

것이 사실이라면, 그들은 그것을 한정된 경제 사회의 조건들 속에서 만들었다고 단언하고 있는 『L'idéologie allemande』를 문제시하고 있다. "위인들은 역사를 만들지만, 단지 역사는 그들이 영향력을 미칠 수 있는 역사일 뿐이다. 그들의 자유, 그들의 성공의 능력은 그들을 둘러싼 상황의 필요에 의해 제한된다. 그 필요들이 있을 때까지 말하는 것, 그 모든 잠재성들의 전체적 혹은 부분적인 실현을 말하는 것은, 역사가들의 진정한 작업이다."(Ibid.) 혹은 아직도 더 분명히 할 것은 다음과 같다. "인간은 자기의 고유한 역사를 만든다. 그리고 세인트 도밍고의 자코뱅들은 수만 명의 운명을 변화시키고, 세 대륙의 경제 흐름을 바꿀 수도 있을 역사를 만들 것이었다. 그러나 그들은 기회를 잡을 수 있었지만, 그들은 그 기회를 만들어 내지 못했다."(Ibid., p. 58)

1935년 『Black Reconstruction in America 1860~1880』라는 독특한 역사서를 발간한 뒤 보아에 비해서, 제임스는 자신의 목표가 우리가 역사를 갖고 있고, 그 역사 속에는 자신의 시간을 돋보이게 할 수 있는 인물들과의 비교를 완벽히 지지할 수 있는 인간들이 있다는 것을 보여주는 데 있다고 명백히 밝히고 있다(James, 2007, p. 274).

뒤 보아에게 있어서, 이는 획득된 사실과 관계된 것이었다. 수만 명의 노예 신분이 된 아프리카 사람들의 비극에 대해 이야기하는 것은 (그리스 인들은 당황하겠지만) 종교개혁과 프랑스 대혁명과 같이 "근대 세계의 중심적 사회 정치적 전환점이었던 '인류의 비약'을 이야기하는 것과 같다."(Ibid., p. 277) 그에 따르면, 안틸러스 제도 흑인들의 저항은, 매우 아픈 고통과 백인들의 횡포에 의해서 부서진 사람들이 스스로 체계를 갖추고, 그 시대의 가장 강력한 유럽 국가들을 무찌를 수 있는 민족으로 변화했다는 것을 보여준다(James, 2008, pp. 13~14). 뒤 보아에 비해서 제임스는 역사적 사회학적 방법의 과학성을 주장했다. 또한 역사에 대한 유물론적 과학을 통해 사회와 정치·대중·개인들에 대해, 사용할 수 있는 경제적 힘들과 그들의 작용을 분석할 수 있다. 그리고 또한 이 과학을 통해, 사회가 비등점에 도달하고 그래서 액체가 되는 드문 순간들 중 한 순간에 그들의 상황에 대해 그것들이 수행하는 강력한 반응을 연구할 수 있다(Ibid., p. 15). 제임스는 역사유물론이라는 과학이, 현대 세계의 격렬한 분쟁의 경험으로 인해 "과거의 혁명들을 분석"하고, 다가올 사건들을 예견한다는 것을 확신하고 있다(Ibid., p. 83). 종속집단 역사가들 바로 전에 제임스는 근대성과 자본주의 역사의 저주받고 감추어진 측면을 분명히 드러낼 수 있었다. 그러나 종속집단 연구가 대답하려던 질문은 나폴레옹에 비견되는 투생 루베르튀르 같이 억압받은 계급에서 지배 계급의 인물들과 비교할 수 있는 역사적 인물들이 존재하는지 알아보고자 하는 질문이다. 그것은 종속집단의 계급들이 언어와 그들의 자율적인 종족 정치 헤게모니를 만들 수 있는 자율적인 지식을 가지고 있는지 규정하는 것과 관련된 것이다.3)

---

3) 하지만 우리는 '문화 연구'의 선구자적인 역할을 한 멜빌(Melville)과 크리켓에 대한 그의 연구들에서 보여주는 것과 같은, 제임스가 민중문화에 대해서 가진 관심을 평가절하해서는 안 된다. 대중문화에 대한 주목하는 이러한 관심은, 우리가 지배를 헤게모니로 변형하는 데 기여한 개인적이고 집단적인 문화와 도덕성의 모든 측면들을 포착하는

P. 길로이와 디아스포라의 문화들

제임스의 저서에는 폴 길로이(P. Giloy)라는 후기 식민주의 연구의 가장 중요한 대표자가 연결된다. 그는 문화 연구의 전통에 대한 비판적 계승자로 생각할 수 있다. 그는 '인종'과 '계급'의 개념 간의 연결을 통해 근대성의 다시 쓰기 프로젝트와 다양한 식민지 역사들(afro-britanniques, afro-américaines, afro-caribéenne)의 다시 쓰기 프로젝트에서 파농, 세제르, 생고르와 뒤 보아의 계보와 뒤 보아의 계보를 결합하고 있다. 길로이는 가장 큰 유럽 열강들의 민족적 역사들이 가진 제국들의 역사 없이 이해될 수 없다는, 즉 "근대 민족국가와 그가 만들은 제국이 분리될 수 없는 것"이라는 신념을 확인하고 있다. 이러한 신념은 반대 경향의 수많은 역사가들도 공감하고 있다.

이것은 우선 몽테스키외, 에드문드 뷔르케 그리고 토크빌이 생각해왔던 바이다. "그들 각자는 제국들이, 끝내는 잃을 수 있는 위험에 대비하기 위해, 해외 식민지 대도시들을 고립시키려는 시도에 대해서는 반대하였다."(Pagden, Ibid.) 그러나 길로이에게는 그것으로 충분하지 않다. "지금까지 지배자였던 순수하고 단순한 민족의 역사에 대한 '시대착오적 구조들'을 전복하고 '반근대성의 문화들'의 역사, 특히 그것에 대항했던 노예상태와 혁명 세력들의

데 있어서 매우 효과적인 그람시 이론으로부터 가져온 관점과 밀접한 관련을 가지고 있다(Mezzadra, 2007, p. 236). 같은 호에, 1981년 제임스의 80세 생일에 맞추어 스튜어트 홀이 진행한 제임스의 텔레비전 인터뷰의 녹취록을 참조할 것.

(복수의) 역사를 기술하는 데 집중해야 한다. 이 저자에게 이 역사는 국제적인 초문화적 형태의 '리좀적'이고 '프랙털 도형'의 성격을 가지고 있다."(Giloy, 2003, p. 19) 그는 이것들을 '검은 아틀란티스'라고 불렀다. 이러한 초국가적인 관점은 근본적으로 통일된 민족국가들의 협소한 경계들 속에 문화들을 가두었다는 비난을 받고 있는 문화 연구들과 함께 논쟁을 불러 일으켰다(Ibid.). 우리가 아래서 분명히 살펴볼 것과 같이, 이러한 비판은 스피박과 같은 다른 저자들의 접근과 함께 다문화주의의 접근과 자신의 차별성을 설명하고 있다. 길로이는 스튜어트 홀과 같은 거의 모든 문화 연구 이론가들의 '문화적 민족주의'를 민족의 본질들로서 물질 생산 수단과 지배 수단을 고려하는 마르크스주의의 국가 관리주의 방식으로 다시 검토한다(Ibid., p. 18).

논쟁적인 어투로 길로이가 참고한 마르크스주의의 분석이 자유롭게 태어난 영국인의 이미지와 또한 오직 한 국가의 사회주의의 꿈을 몹시 선호하는 E. P. 톰슨과 E. 홉스바운과 같은 영국 역사가들의 분석이라는 것을 정확히 밝혀야 한다(Ibid., p. 32). 그런데 길로이는 문화 연구의 수많은 대표자들이 형성하는 인식론의 망은 영국 사회학자에게는, 인종들의 문제와 그들의 (노예 상태에 대한, 식민 지배를 받은 '원시'의) 표상을, 서구의 미학적 판단, 문화적 취향과 가치들의 역사들로부터 배제했던 '서구 문명의 규범들'과 분리할 수 없는 방법론적 민족주의와 아무런 관계가 없다는 것을 이해하고 있는 것 같지 않다(Ibid., p. 25). 길로이는 이 규범들을 그가 디아스포라의 문화들이라고 부른 것에 대립시키고 있다. 그 문화들은 단지 중동항로의 배들에 승선했던 대농장의 노예 생활을 경험한 민족들에 의해서 만들어진 문화(미국과 카리브해 지역으로 간 아프리카 디아스포라의 문화들)로만 구성된 것은 아니다. 이와 함께, "음악, 연극, 영화 분야에서 이미 극복되었다고 판단된 민족국가의 구조들과 전제들을 내버렸던"(Ibid., p. 34) 현대 예술운동들도 여기에 합류한다. 그래서 그는 '검은 아틀란티스'의 전통들(James Clifford, 1999의 문화 여행들)이 근대성에 대한 반-문화들에 자양분이 되었고, '노동운동에 강하게 영향'을 받았다는 가설을 옹호한다(Gilroy, 2003, p. 35).

이러한 전통들과 관계된, 그리고 전혀 알려지지 않은[4] 지적·정치적 형상들을 재구축하는 것으로 인해, 길로이에 따르면, 새로운 범세계주의, '전 지구적 휴머니즘'이 나타날 수 있다. 혹은 길로의 용어들에 따르면, 그것은 '후기 민족적' 휴머니즘, '과거에 이미 배어든 종족문화적 배타주의와 인종차별주의로부터 정화된' 휴머니즘, 그리고 역사 속에서 수많은 인간들에 대한 소위 인종적 주도권이라는 미명하에 받은 고통과 폭력들로부터 인류를 구해내는 데 적합한 휴머니즘이다(Gilroy, 2006, p. 176).

그러나 만약 우리가 문화 연구가 수행하는 연구들을 보다 더 가까이서 분석한다면, 민족주의와 범세계주의 사이의 반명제는 잘못된 대립을 형성하고 있다. 왜냐하면 스튜어트 홀과 같은 많은

---

4) 특히 프레드릭 더글라스(Frederick Douglass), 윌리엄 웰스 브라운(William Wells Brown), 알렉산더 크러멜(Alexander Crummell), 마틴 델라니(Martin Delany), 이다 B. 웰스(Ida B. Wells) 등이 있다.

작가들은 반대로 민족적인 차원과 국제적인 지평 간의 분리할 수 없는 관계를 강조하는 방법론적 관점을 채택하고 있기 때문이다. 그런데 이 관점이 찾은 길은 단지 헤게모니에 대한 그람시의 이론이었다. 서구 문화가 자신의 헤게모니를 어떻게 확인하는지, 즉 그 문화가 어떻게 종속된 민족의 문화를 흡수하면서 세계의 문화가 되었는지 분석하는 Cahier 15의 한 부분을 떠올리는 것으로도 여기서는 족하다. 그람시에 따르면, 유럽 헤게모니 구축의 역사적 과정은 철학, 우리가 덧붙일 수 있다면, 역사·사회과학들의 연구에 참여하고 있는 사람들에게 처음 포착될 지점이어야 한다.

> 모든 전 세계적 문화에 대한 서구 문화의 헤게모니. 세계문명의 '계층적인' 통일 과정에서 다른 문화들도 역시 중요하고 의미 있다(우리는 확실히 그것을 받아들여야 한다). 그 문화들은 보편적인 가치를 가지고 있었다. 왜냐하면, 그 문화들은 (역사적으로 그리고 구체적으로 보편적인 유일한 사고인) 유럽 사고의 구성 요소가 되었고 다른 문화를 동화시켰던 유럽 사고의 형성에 기여했기 때문이다.
>
> (Gramsci, 1929~1935. vol. 3, Q. 15, p. 1825)

11.
디아스포라의 문화와 유럽의 사고

W. 뒤 보아(W. Du Bois)와 P. 길로이(P. Gilroy)

  길로이가 선택한 범세계주의와 초국가적인 관점에서 윌리엄 에
드워드 버가트 뒤 보아(William Edward Burghardt Du Bois)의 모습은
중심에 있다. 그의 선구자적 저서, 『The Souls of Black Folks』(1903)
는 "인종차별 정책에 대한 디아스포라와 지구적인 관점이 아프리
카계 미국인들의 예외주의에 규칙적인 범람을 중단시킨 첫 번째
지점이다."(Gilroy, 2003, p. 167) 뒤 보아는 처음으로 인종차별주의
가 흑인들에게 불러일으켰던 의식의 분열 효과를 분석하였다. 그
는 다음과 같이 쓰고 있다. "이 이중의 의식은 이상한 감정이다.
이 감정은 타인의 눈에 노출되어 있고, 당신을 멸시하는 동정으로
물든 즐거움으로 가득 찬 어떤 볼거리로 생각하는 세계의 잣대로
자신의 마음을 측정 당하는 느낌이다. 각자는 계속해서 미국인과
흑인이라는 자신의 이중적 본성을 느낀다. 그것은 이중의 영혼,

이중의 사고, 화해할 수 없는 두 개의 투쟁이다. 그리고 오직 확고한 힘은 찢어진 단편으로부터 나오는, 단 하나의 흑인의 몸에서 전쟁을 하고 있는 두 개의 이상이다."(Du Bois, 1997, p. 193)

길로이는 인종차별의 역사적 관계로부터 구분되고, 개혁의 열망과 발전에 대한 사고로 가득 찬 정치적 아젠다와 같은 인종차별이 없어진 민주주의로 쇄신된 개념에 의해서 활성화된 근대의 인간성의 관점에서 인종·민족·국가의 개념들을 본래의 위치를 다시 찾아주면서 뒤 보아가 얼마나 선구자였는지 강조한다(Gilroy, 2006, p. 62). 그는 그러나 뒤 보아의 생각이 (단지 미국만은 아니지만) 미국 민주주의 역사에 끼칠 영향을 저평가하고 있다. 코넬 웨스트(Cornel West)가 관찰한 것처럼, 미국 프래그머티즘의 대표자들 중 누구도 그보다 먼저, 인종차별주의가 개인성과 민주주의의 확립에 장애물이 될 수 있다는 것을 생각한 사람은 없었다. 웨스트는 "듀이·후크·밀도 인종차별주의가 어떠한 차원에서 민주주의에 대한 에멀슨 문화의 발전을 가로막고 있는지를 아는 문제에 대해서 심각하게 대면하지 않았다"(West, 1997, p. 199)는 점을 제기했다. 뒤 보아의 인종차별주의가 근절된 민주주의에 대한 꿈은 '검은 아틀란티스'에 고유한 '근대성에 대한 반문화들'뿐만 아니라, 에멀슨과 휘트만의 '민주주의 문화'와 인간의 창조성이 가진 개인성과 힘에 대한 강조의 배경이 반드시 있어야 가능하다.

자신의 분석이 가진 분명한 이상적인 한계들에도 불구하고, 뒤 보아의 '정치적 상상'은 파농과 생고르의 '신휴머니즘'을 기반으로 하고 있고 또한 미국 흑인들의 시민권 보호를 위해 마틴 루터

킹과 말콤 X가 이끈 투쟁의 한가운데에 자리하고 있다. 『Black Reconstruction』의 한 부분에서, 뒤 보아는 거의 예언적인 어조로, 서구의 운명이 미국 민주주의로부터 도래할 혁명에 깊게 관계되어 있다고 말한다. 이 혁명은 그에 따르면, 두 가지 길에 따라 수행될 수 있다. 두 가지 길은 한쪽은 인종차별주의가 근절된 (어떤 측면에서는 '다문화적인') 방향으로 나아가고, 다른 한쪽은 새로운 시민전쟁의 위협, 즉 대량학살의 위협하에서 끔찍한 재앙으로 향하는 길이다. 뒤 보아는 미국 흑인들로부터 발생할 투쟁을 다음과 같은 용어로 말한다.

극한 투쟁: 그는 죽거나 이긴다. 만약 흑인이 이긴다면, 그것은 어떤 책략이나 동화라는 핑계 덕분이 아니다. 흑인은 여기 미국에 완벽하고 제한 없는 평등의 기반 위에서 마치 어떠한 백인과도 같이 흑인으로서 근대 문화 속으로 들어가는 입구를 만들 것이다. 혹은 흑인은 거기에 들어갈 수 없을 것이다. 극단적인 인종말살 혹은 절대적인 평등 이런 것은 화해가 불가능하다. 그것은 서구의 마지막 대전쟁이다.[1]

(Du Bois, 1998, p. 703)

그의 논거는 다음과 같은 말로 바꾸어 쓸 수 있다. 한편으로, 서구의 민주주의가 흑인을 (모든 다른 문화를) 완전히 '평등한' 것으로 인정하고, 그래서 백인 주도권에 대한 논의를 받아들이는 것이

---

1) 뒤 보아의 유명한 이 단락에 대해서는 메자드라(Mezzadra, 2006b)를 볼 것.

다. 다른 한편으로 서구 민주주의가 인종과 문명의 전쟁에 맞서는 것이다. 뒤 보아가 이런 결론에 도달했다면, 그것은 그 역시도 그 유토피아가 지배 계급에 의해 항상 배반당하는 것을 완벽히 알고 있으면서도, 에머슨과 휘트먼의 민주주의적 유토피아에 공감했기 때문이다.

다른 관점에서는 이미 위에서 깨달은 프랑스와 미국 흑인 문화에 대한 아프리카 저자들 옆에서, 길로이는 후기 식민주의 연구의 계보에 에릭 보겔랑(Eric Voegelin), 엠마누엘 레비나스(Emmanuel Lévinas), 한나 아렌트(Hannah Arendt)와 같은 유럽의 저자들을 넣었다. 이 학자들은 길로이에 따르면, 모두 같은 정치적·윤리적 지평과 인종차별적 사고의 영향력에 대항하기 위해 그들의 지식적 자원을 동원하려는 같은 의지를 공유하고 있었다(Gilroy, 2006, p. 69). 그렇지만 아렌트에 대한 드문 참고는 제외하고, 20세기 전체주의의 다양한 요소들을 결정화하는 과정에 대한 분석에서[2] 길로이는 이들이 제기하는 주요문제들을 그렇게 심화하는 것은 아니다. 그가 현대 후기 식민 사회의 범세계주의와 가장 동일한 형태의 정치 형태로 그가 정의하고, 만들려고 노력한 '다문화주의적 민주주의'의 개념에 대한 결론이 없이는 안 되는 일이다. 이 작가들을 보다 주의 깊게 대면하면서 그는, 칼 슈미트(Carl Schmitt)의 말을 윤색하여, 우리가 인종의 노모스(nomos), 즉 서구 휴머니즘의 역사 속에서 민족사회주의가 설정한 단절을 명명할 수 있을 것을 더 잘 이

---

[2] 여기에 아렌트가 『Les origines du totalitarisme』에서 기술한 남아프리카공화국의 보어인들의 종족 제국주의가 포함된다.

해할 수 있었다. 그때 그는 신체의 생리적인 차원에서 '맥락'의 자연주의적 필요를 '정신'의 자유라는 전통으로 대치하고 있다 (Lévinas, 1997).

같은 방식으로, 길로이는 행동의 자발성을 뿌리 뽑고, 인간들을 잉여로 만들려는 의지 속에서 20세기 전체주의 체제들의 특수성을 포착했던 것 같지 않다(Fistetti, Recchia Luciani, 2007). 게다가 아렌트나 레비나스 같은 학자들을 더욱 깊게 읽으면서, 마치 "인종차별과 윤리적인 절대주의의 유일한 소설"과 관계된 것과 같이, 그는 너무 급하게 20세기 전체주의의 정치 경험을 서구 강대국의 식민주의와 신식민주의의 시도에 비교하는 것을 피할 수 있었다 (Gilroy, 2006, p. 94). 보다 일반적으로, 이 작가들이 우리에게 준 비판적 분석의 도구들은 특히 다문화주의 철학에 있어서 소중한 것이다. 실제로, 이후에 우리의 것이 된 후기 식민주의 시대에서, 핵심적인 관건은 자연주의적 방향으로도, 문화주의적 방향으로도 문화들을 인종화하지 않고, 문화들 사이의 차이를 보존하는 데 있는 것인가? 요약하면 길로이가 제안하는 것처럼, 이는 공통된 미래의 가능성을 수용할 수 있는 것으로 만들기 위하여, 다양한 문화의 차이들을 그 지평들의 혼합하도록 강제하도록 제안하는 프로젝트의 배경 속에서 그것들을 가치평가하는 데 있는 것인가? (Ibid., p. 108)

12.
식민주의 인식론에 대한 비판

P. 길로이(P. Gilroy)와 A. 음벰베(A. Mbembe)

길로이는 후기 식민주의와 다문화주의 사회의 가운데에서 서로 다른 문화의 통일/구분의 관계를 분석하기 위해서 가다머의 해석학에서 지평 융합의 개념을 빌려온다.[1] 그러나 길로이에 따르면, 철학적·정치적인 차이와 함께 일상적인 만남의 의미를 제시하고, 차이성이 드러나면서 "매일의 미덕과 듣기, 주의 기울이기, 신중하기, 우정과 같은 동조들을 증진할 것이라는 걱정스러운 다문화주의를 만들기 위하여"(Gilroy, 2006, p. 109) 새로운 범세계주의를 옹호할 필요가 있다. 이 범세계주의가 정부에 그 어떤 중심을 부여할 수는 없을 것이다. 오히려 몽테뉴(Montaigne)의 『Des Cannibales』

---

1) 여기서는 한스 게오르그 가다머(Hans Georg Gadamer)가 우리가 과거와 가지는 관계에만 적용할 수 있는 실천 인지적 작용으로서의 지평 융합을 생각해냈었다는 것을 상기해야 한다(Gadamer, 1976).

(1550), 몽테스키외(Montesquieu)의 『Lettres persanes』(1721) 혹은 스위프트(Swift)의 『Voyages de Gulliver』(1726)와 관계되어 있다 할지라도, 그것은 반대로 우리의 문명과 많은 고전 작품들을 특징짓는 우리 사회의 신념에 대한 거리두기와 탈퇴의 능력을 이어가도록 유도하고 있다. 서구 문화의 이러한 반성적이고 자아비판적인 태도는 또한 이탈리아 철학자 지암바티스타 비코(Giambattista Vico)의 작품 그리고 그의 『Science nouvelle』의 핵심에 있다. 이 작품은 이미 1774년에 '민족'과 '문명' 간의 비교로부터 자양분을 제공받는 '보편적인 역사'의 관점을 대략적으로 묘사한 바 있다.2) 이 계통학에서 독일 역사주의와 모든 문화의 형식, 특히 민족문화 형식들이 가진 개인적이고 독특한 성격을 인정하는 일에 기반을 둔 역사 철학의 기여를 또한 잊어서는 안 된다.3) 그러나 메달의 양면과 같이 비유럽적이고 혹은 비서구적인 타자를 단순한 사물, 즉 인간이 아닌 것 혹은 비인간적인 것으로 축소시키는 것에서 서구 문화에 대한 (자아)비판적이고 반종족중심적 경향이 이와 같이 발전했다는 것을 염두에 두는 것이 좋겠다. 이것에 대해 몽테스키외는 다음과 같이 밝히고 있다. "우리는 완전히 검은 몸에 매우 현명한 존재이신 신이 영혼, 특히 선한 영혼을 넣어두셨다는 생각에는

---

2) 문화 연구에서 비코(Vico)에 의해 1744년 『Science nouvelle』에 제시된 '연대기 표'의 중요성에 대해서는 M. Cometa(2004, pp. 26~30)의 지적을 참고할 것. 그리고 스위프트(Swift)가 이를 멀리하는 태도에 대해서는 Aime(2006)를 참조할 것.

3) 특히 훔볼트에서 괴테와 헤르더, 랑케에서 드로이센, 딜타이에서 요르크 본 발텐버그, 트로엘츠에서 메이네크에 이르는 것에 대해서는 Meinecke(1942); Tessitore(2002)(특히 1, 10, 22장), Cacciatore(1994; 2006)를 참조할 것.

동의할 수 없다. 우리가 그들을 인간이라고 가정하는 것은 불가능하다. 왜냐하면, 만약 우리가 그들을 인간이라고 가정한다면, 우리는 우리가 우리 자신이 가톨릭 신자가 아니라는 점에서 생각하기 시작해야 할 것이기 때문이다."(Montesquieu, 1979, p. 393) 그는 아쉴 음벰베가 "식민주의 합리성의 원칙"(Mbembe, 2000, Chap. V)이라고 칭한 것이 어느 정도 서구 합리주의에 내적 요인과 비외적 요인의 규모가 되는지 보여주고 있다. 어떤 면에서는 어두운 얼굴이지만 말이다.

타자를 서구 정체성이 가진 독백적 목소리의 울림으로 축소하는 식민담화는 일시적인 일탈이 아니라, 지속적이고 반복적인 시도, 즉 "식민 지배가 위협받는다는 착각으로부터 나오는 그릇된 산물"(Ibid., p. 228)이다. 음벰베에 따르면, 헤겔에서부터 하이데거에 이르기까지 이러한 식민주의의 인식론은 서구 지식의 근저에 깔려 있었다. 이 인식론은 또한 시대를 따라 '흑인'은 정신(Geist)의 가장 '자연적인 상태', 즉 느낄 수 있는 가장 직접적인 것, 줄여 말하면, 흑인은 역사 없이 존재한다는 헤겔의 개념을 통해서도 드러난다(Hegel, 1963, Introduction).4) 이 인식론은 하이데거의 현존재(Dasein)를 통해서도 표현된다. 하이데거는 선험적으로 실존에 관해 분석하는 것으로부터 식민 지배를 받은 자를 배제하고 있었

---

4) "흑인은 원기 왕성한 미개상태에서의 자연 상태의 인간을 표상한다. 모든 존경과, 도덕성 (Sittlichkeit), 우리가 감정으로 명명한 것들을 추상화해야 한다. 만약 우리가 그것을 이해하고자 한다면 말이다. 즉 우리는 사람을 상기시키는 것에서 아무 것도 찾을 수 없다."(1837, p. 88); "우리가 아프리카에 대해서 이해하고 있는 것은, 바로 아프리카가 역사를 가지고 있지 않고, 아직 부화되지 않았다는 것이다. 그것은 아직까지 자연 정신에 완전히 갇혀 있고, 보편적인 역사의 문턱에서 제시되어야만 했다."(ibid., p. 93)

나? 그렇다면 존재하는 것과 실존하는 것의(혹은 현전으로서의 존재와 초월자로서의 존재) 존재론적 차이를 포착한다는 것이 불가능한 것이 아닌가? 왜냐하면, 그것은 마치 독일 철학에서는 "즉각적인 사물의 세계에 속하는—이는 필요할 때만 유용한 사물, 언제든지 사라져 버릴 수 있는 사물, 필요에 있어 하찮은, 잉여의 사물인 (Ibid., p. 238)—"돌과 같기 때문이다. 혹은 그들은 극단적인 경우 우리가 집에서 기르고, 명령하는 동물의 세계의 속하는 것이다 (Ibid., p. 45 & p. 266).

식민주의 인식론은 우리가 그렇게 말할 수 있다면 자아가 아닌 것(타인의 차이성, 차이)을 실수와 착란, 무기력한 물질, 비어 있는 사물, 부정적인 실체로 비하하는 자아의 지나친 확장을 바탕으로 형성된다. 그 자아는 절대적인, 제한 없는 주관성으로 자신을 드러내곤 한다. 그 주관성은 전지전능하다는 환상에 사로잡혀 있으며, 그 주관성이 그것을 할 수 있게 되자마자, 자신을 법·이성·의심·시간·측정의 교도소에서 해방된다(Ibid., p. 240). 이러한 시각에서, 케냐의 작가 은구기 와 티옹고(Ngugi wa Thiong'o, 2007)가 관찰했던 것처럼, 조셉 콘라드(Joseph Conrad)가 자신의 장편소설 『Au coeur des ténébres』에 엄청난 신뢰를 보내는, 쿠르츠(Kurtz) 거주지 울타리에서 살해된 아프리카 인들의 해골들에 대한 묘사는 아프리카 대륙의 소작인이 가한 개인적·집단적인 신체의 식민화의 기억에 대한 '절단' 혹은 '절제'를 조형적으로 되살려 놓는다.

그러나 그것은 마치 바바가 그러는 것과 같이 (유럽 문화에서 우리의 것을 포함하여 주체의 유한성과 문명들의 상대성을 인정하게 하는)

역사의 의미와, 텍스트와 영토의 다른 시공간에서, 식민주의와 제국주의의 지배 기술을 구성하는 역사 철학들의 '거대 서사들'(진화론, 실용주의, 복음주의)을 혼동하는 심각한 오류이다(Bhabha, 2007, p. 300). 그런데 종속집단 연구, 후기 식민주의 연구, 문화 연구들이 다양한 제목으로 참조하는 마르크스주의 자체는 푸코의 언어를 여기서 사용하기 위하여 담화의 형식 혹은 자료체로서 기능한다. 다양한 구성적 요소들은 실제로 진보에 대한 합리주의 이상, 역사 철학으로부터 분리할 수 없다. 반대로 다른 작가들은 19세기부터 철학 담론들과 인문과학을 지배하는 인간의 반역사적인 형상에 대한 (자아)비판의 도구를 만든다.5) 음벰베와 같은 사하라 남부의 아프리카 사회의 현실에 대한 뛰어난 감식가인 어떤 작가들은 종속집단의 주체를 발견하는 일이, 가장 투박한 파슨스의 기능주의로 축소된 마르크스주의의 적정하고 분석적인 능력들을 약화시켰던 '헤게모니', '도덕 경제' 그리고 '저항'의 개념들에 대해 호소하게 되는 일이라고 주장한다(Mbembe, 2000, p. 15). 이런 이유로 R. J. C. Young(2007)을 인정해야 한다. 그는 후기 식민주의 비판이 서구 대도시를 휩쓸었던 '백색 마르크스주의'와는 대조적으로 일종의 '혼융된 마르크스주의' 혹은 '외곽의 마르크주의'로 여겨질 수 있다고 주장한다. 이와 같이 그가 사르트르·알튀세르·푸코·데리다와 같은 작가들이, 역사주의와 휴머니즘의 이념적인 가정들

---

5) 호미 바바(Homi Bhabha)는 이 형상에 대해서 다음과 같이 강조하고 있다. "이 형상은 같은 시대이지만 다른 장소에서 역사 없는 민족들이 되어갔던 이 타인들(여성, 토착민, 식민지 주민들, 하인과 노예들)을 희생하여 구체화된 것이다."(*Ibid.*, p. 302)

을 탈신화하고 해체했다는 장점을 가지고 있더라도, 휴머니즘과 제국주의를 연결하는 관계를 검토하고, 다른 식민지 지배의 형태를 밝혀내는 데는 성공하지 못했다고 주장하는 것은 옳다(Young, 2007).

그러나 영은 만약 식민주의와 후기 식민주의(반식민주의 운동, 대표적으로 마오쩌뚱의 문화혁명)가 '백색 마르크스주의'에 대해 초점을 흐려 놓은 강력한 영향력을 발휘했다면, 후기 식민주의 패러다임은 오늘날 20세기에서 가장 중요한 해방의 정치적 경험들에 대한 비판을 통합해야만 한다는 것을 이해하는 것 같지 않다. 이러한 비판은 소련의 전체주의와 동구권·중국·동남아시아·쿠바, 그리고 아랍과 아프리카 사회주의로 불리던 것에서의 '실재적 사회주의' 체제들에까지 이르렀다.

후기 식민주의의 패러다임은, 오스카 네그트(Oskar Negt)의 표현을 빌면, 마르크스주의가 권력 '정당화의 과학'이 되기 위하여 한 순간 스스로 변신했다는 사실을 염두에 두어야 한다. 그래서 마르크스주의는 서구 제국주의가 '백인의 무거운 짐(Kipling)'이라는 이념, 나치, 식민화된 국가에서 자행된 폭행들에 의해 정당화되었던 것처럼, 구소련의 수많은 수용소를 정당화한다. 후기 식민주의에 대한 의식은 결정적인 단절을 해야 한다고 주장하는 것이 불가능해서, 그 위험은 다양한 형태, 그리고 감춰진 방식, 즉 우리가 이미 척결했다고 주장하는 방식으로 반복되고, 계속해서 존재할 수 있다는 사실을 거부할 수밖에 없는 것 같다(Bouveresse, 1984). 그래서 그 의식은 조지 오웰·아르튀르 쾨슬러·알렉상드르 솔제니친·바크라프 하벨과 같은 작가들과 칼 야스퍼스·한나 아렌트·코르넬리우스 카스토리아디스·츠베탕 토도로프·클로드 르포르와 같은 철학자들이 규범과 피지배자에게 전체주의의 언어가 자행했던 복종의 형태에 대한 교훈을 무시할 수 없을 것 같다. 게다가, 아렌트가 설명하는 것과 같이, 호모 파베르(도구의 인간)의 전형적인 시도인 전체주의적 시도는, 제국주의, 인종차별주의, 대중 사회의 소외, 삶의 모든 영역에서 시장 논리의 확장으로 인해 발생한 근원의 상실, 20세기 '거대 서사'의 위기와 관계된 종교적 근본주의 같은 매우 혼질적인 요소들과 결합하면서, 계속해서 자기 자신을 구체화할 준비를 갖추고 있다.

13.
후기 식민주의와 탈근대

H. 바바(H. Bhabha)와 P. 길로이(P. Gilroy)

P. 길로이가 묘사한 '다문화 민주주의'의 특징에 대해서 더 자세히 검토해보자. 그것은 후기 식민주의 연구 이론가들이 후기 식민주의와 탈근대를 연결하는 대표적 방식이다. 그들이 옹호하는 '다문화 민주주의'는 바바가 강조하는 것처럼 "이민, 디아스포라, 이주, 재정착 등의 문화적 변형의 초국가적인 차원"(Bhabha, 2007, p. 269)이 존재한다는 것을 전제로 한다. 음악의 성격으로 나타나는 민족문화에, 바바는 오늘날까지 근대성이 성립되는 동안 제3세계에서 서구로 이동한 이민들의 삶의 원천이었던 '생존의 문화'를 대립시킨다. 길로이는 그 문화를 우리가 위에서 보았던 것처럼 "근대성의 반문화들"이라고 명명한다. 이 두 저자들은 민족주의자, 토착민들, 본질주의자들의 수사들로부터 탈근대적인 것을 벗어나게 하고, 번역, 디아스포라, '이동의 장소'로 여겨지는 초국가

적인 배경에 그것을 다시 관련시키면서, 그렇게 탈근대적인 것이 후기 식민주의와 관련된 것을 재고하게 해주는 지평이라고 여기고 있다(Ibid., p. 239). 이러한 방법론적인 관점으로 인해 문화공동체의 자유주의 개념은 재검토되어야만 한다. 그러나 자유주의로 이러한 검토가 이루어지기 전에, 문화적 전환의 관점에서 후기 식민주의를 재검토하는 시도가 통일된 공동체인 민족의 자유주의적 주류의 개념과 멀리 떨어져 있는 '다문화 민주주의'를 함의한다는 것을 강조해야 한다.

이 선택적 개념은 탈근대적인 것을 이해하는 새로운 방식에 근거한다. 이는 극단적인 개인주의와 소비주의, 혹은 세계를 재건하고 변형하는 모든 인간 능력의 한계들이 제거되었다고 가정하는 고삐 풀린 자본주의의 논리와 탈근대적인 것이 같다고 보는 방식과는 다른 것이다(Gilroy, 2006, pp. 115~116). 길로이에게 있어서, 사실은 포스트모더니즘에 대립되는 두 형태들이 있다. 이 형태들은 범세계주의와 다문화주의라는 선택적인 두 개념들이 된다. 전자는 '극단적인 개인주의'와 '소비주의'와 깊게 관여되어 있다. 프레드릭 제임슨(Frederic Jameson)은 그것들에 대해 자신의 저서 『Le Postmodernisme ou la logique culturelle du capitalisme tardif』 (Jameson, 2007)에서 완벽하게 묘사한 바 있다. 그는 그 저서에서 현대 자본주의의 전 세계적 차원뿐만 아니라, 무엇보다도 의미와 문화적 상징들의 소비와 직접적으로 연결된 새로운 생산 방식으로 자본주의가 변모하였다는 점을 강조한다. 세계화 시대에 자본주의가 식민지화하는 대상은 단지 본성이나 무의식뿐만 아니라,

이미지, 음악, 민속 전통, 행동 규범의 창조적인 패치워크(조합의 예술)로 여겨지는 문화도 그 대상이 된다. 이러한 상황에서 키워드는 혼융성(hybridité)의 키워드가 된다. 이 혼융성은 진보의 시대를 약속하고, "미학적 생산의 새로운 방식을 제공하게 된다. 이 방식은 오늘날 우리가 알고 있는 방식과는 달리 통일성, 평준화 혹은 유일한 천재의 신화를 바탕으로 만들어지는 것이 아니라, 이미지, 언어들, 소리들, 주체성들을 바탕으로, 전 세계적 민중문화와 우리가 가진 가치들의 괄목할 만한 변화로 우리를 이끌 수 있는 문화의 범람을 더욱 충실하도록 만들어진다".[1] 이러한 관점에서, 여기에는 문화 간의 대화, 차이들의 이해-해석, 그리고 상호 '화학적 영향'을 증진시키려는 목적을 가진 민주적 공생의 계획이라고 생각되는, 다문화주의를 위한 공간이 없다. 이런 형태의 세계화된 자본주의는 사실 마케팅 전략의 대상들인 문화적 차이들의 정치경제학에 의해서만 지배를 받는다. 그것은 다문화주의의 열망을 쓸모없는 것으로 만들기도 한다. 왜냐하면, 새로운 대화적 상상의 패러다임과 문화가 서로 조화하는 상상의 패러다임으로서의 혼융 작용이 성, 계급, 성적 선호, 문화정체성에 따른 구조적 불평등과 폭력적인 인종 차별이 있다는 사실에 조심스런 장막을 던지고 있다(Ibid.).

---

1) Kien Nghi Ha, 2006, 〈www.eipcp.net/transversal/1206/ha/fr〉로 접근 가능.

탈근대의 전환점

길로이가 추천한 탈근대의 전환점도 문화의 한 전환점이다. 이 탈근대의 전환점은 반대로 그가 '일상적이고 민중적'이라고 명명한 다문화주의를 발전하는 데 도움을 준다. 이 다문화주의는 구체적인 대립 행위로부터 유래하는 것 같다. 정치적·미학적·문화적·학문적 대립 말이다(Gilroy, 2006, p. 152). 그리고 다문화주의는 일상적인 관계들에서 외적인 것이 아니라 호의, 공생, 인내, 정의, 상호 협력에 대한 요구들에 의해서 나타나는 다문화주의적인 것을 발전시키는 데 기여하는 것 같다. 바바 역시 후기 식민주의의 입장으로부터 탈근대를 재명명하려고 노력한다(Bhabha, 2007, p. 274). 그는 이러한 목적에서 이중의 임무, 즉 비판적인 임무와 해석학적인 임무를 정의한다. 전자는 성과 인종, 계급에 관한 양자택일의 (차이의(Jameson), 대위법을 쓰는(Saïd), 혹은 단절적(Spivak)) 역사적 시간성들을 지웠던 '거대 서사들'을 비판하면서, 근대성의 역사를 그들의 '여백'으로부터 다시 쓰는 것이다. 이러한 임무는 "점점 더 초국가적으로 변화하는 문화"(Ibid., p. 271)의 관점에서만, 다르게 말하면, 세계적 시민 사회의 현실에 맞춰진 '보편적인 역사'의 관점에서만 성공적으로 수행될 수 있다. 분명히 저자가 지향하는 역사성의 개념은 근대 자본주의의 통일된, 그리고 텅 빈 역사성이 아니다. 그 개념은 아쉴 음벰베가 아프리카 사회를 보면서 제기했던 것과 같이, "개별적이고 때로 지역적인 것이지만, 소위 팽창된 세계의 밖에서 사고될 수는 없는, 다양한 시간들, 리듬

들, 합리성들로 구조화되어 있다."(Mbembe, 2000, p. 21)

이러한 의미에서 그리고 그러한 경향의 복수성과 다양성에도 불구하고, 종속집단 연구, 후기 식민주의 연구와 문화 연구들은, 그들 간에 많은 문제들을 발생시키고, 많은 상호 분쟁을 일으키는 가운데에서도 서로 발전하는 인접한 연구 분야들을 발전시키는, 다문화 민주주의라는 공통된 관점에서 서로 만난다. 그러나 두 번째 임무는 단지 역사 편찬에 관련한 것일 뿐 아니라 철학적이고, 동시에 정치적인 것이다. 이 임무는 작가들과 연구 전통들에 따라 다르게 거부된다. 바바에게 있어, 그것은 문명의 이상들을 가진 식민지 야생의 선조들과 대조적으로, 공동체의식(civitas)과 대도시의 역사들을 다시 쓰는 데만 관계하는 것은 아니다. 그것은 무엇보다도 "문화적, 정치적 정체성이 차이성의 과정에 의해서 형성된다는 것"(Ibid.)을 다시 확인하면서, 문화적 공동체에 대한 합의와 공모가 가지는 '자유주의'적 의미의 심각한 한계를 다시 생각하는 데 관계된 것이다. 바로 이것이 길로이가 추천하고, 바바가 관련된 주체들의 일상적인 생존 전략들로부터 뗄 수 없는 문화적 개념들에 결부시키는 '일상적이고 대중적인' 이 다문화주의를 옹호하는 것이다. 살아남은 모든 문화에 디아스포라의 (초국가적인 동시에 번역적인) 차원을 제시하는 것은, 즉 그 문화가 계속되는 영토의 이동들과 때로 폭력적 문화의 변형에 관계된, 계속된 번역의 움직임 속에 빠져 있는 것은 바로 (생리적일 뿐만 아니라 상징적인 의미에서) 단지 삶의 보존이 문제가 되기 때문이다(Ibid., p. 269).[2]

바바가 강조하는 것처럼 "문화 변형의 초국가적인 차원(이민, 디아스포라, 이동, 재정착)은 문화 번역의 과정으로 의미작용의 복잡한 형태를 만든다. '국가', '민족' 혹은 진정한 '민중'의 전통을 통합하는 자연주의 담론, 문화적 특수성에 단단히 매인 신화들은 즉각적인 기준의 역할을 할 수는 없다. 이러한 입장의 큰 이점은, 그것이 불안하기는 하지만, 그 입장이 문화와 전통의 특성에 대한 우리의 의식을 확대시켜 주는 것이기 때문이다."(Ibid.)

해체의 비판

아마도 '국가', '민속', '민족'의 개념들은 '백색 신화'의 핵심 사고들인 것 같다. 이 신화는 융(2007)에 따르면, (파농부터 사르트르, 레비 스트로스, 알튀세르에 이르는, 바르트로부터 리오타르에 이르는, 푸코로부터 라캉과 데리다에 이르는) 다양한 철학적 계보에 의해서 규범화된 역사의 개념을 정의하고 있다. 이렇게 융은, 적어도 몇몇 구성원들에게 있어서 이 철학적 계보가 장려한 비판적 이론의 비물질화의 효과에 대해서 중요한 비판을 가한다. 그는 여기서 원칙적으로, 단순한 담화의 실천으로 사회적 실천의 물질성을 축소시킨, 언어적 이상주의 쪽으로, 20세기의 언어학적 전환을 해석한 작가들을 목표로 한다. 방법론적 환원주의 때문에, 문화적 차이는 차이에 대한 서사적, "문화적 정치가 폐쇄된 해석의 순환 속에 갇혀 있는" 규율과 관련된 '지독한' 토론 속에서 중화되거나 갇힌다.

---

2) 우리는 파올라 자카리아(Paola Zaccaria)가 『Cormeta』에 쓴 ≪Études sur la diaspora≫의 도입부(2004, pp. 454~463)를 참조한다.

이러한 배경에서 서구의 비판 이론은 종족중심주의를 버리게 된다. 그래서 "타자는 자신이 의미하고, 거부하고, 역사적 욕구를 설정하고, 제도적이고 대립적인 자신의 담화를 구축할 권력을 잃는다."(Bhabha, 2007, p. 73)

바바는 스스로, 어느 정도로 서구 합리주의에 대한 자아비판의 영웅들인 이 저자들이 문화적 실천들을 "위치시키고", "문화적 지배 정치 속에서 또 다른 참여"(Ibid., p. 74)를 장려하게 했을 것으로 보이는, 인용과 관계없고, 비학문적인 상황들 쪽으로 그 실천들을 분산시키는 것에 성공하지 못했는지 지적하고 있다. 서구 비판이론은 언어와 이론의 '저편'을 발견하고 실천을 지향하는 극단적인 문화를 드러내 보이기 위해 빠져들었던 이론주의를 극복하는 것은 반드시 필요하다. 이러한 관점에서, 문화적 차이의 문제는 단지 역사 편찬의 관점에서 혹은 사이드의 『Orientalisme』에서처럼, 근대성이 걸어온 역사 내내 식민화되고 지배당한 민족들에 대한 헤게모니를 가진 계급의 표상들과 담론들의 관점에서 분석되어야 하는 것은 아니다. 이러한 시선은 또한 '시간들', '기호들', 근대 대도시의 새로운 '정체성들'(여성, 흑인, 동성애자, 제3세계로부터 유입된 이민) 쪽으로 향해야 한다.

14.
사회에서 공동체까지

우리가 명명할 수 있는 실천에 대한 탈근대의 철학을 향한 움직임으로 인해 종속집단 연구, 후기 식민주의 연구, 문화 연구의 저자들은 다문화주의의 문제를 명시적으로든 암시적으로든 대면해야 한다. 이 대면은 매우 다른 길로 진행되지만, 모두 자아비판적인 그리고 보다 극단적인 형태들로 유럽 사상의 탈중심화를 겪고 있다. 아프리카와 서구의 관계에 대해서 의문을 던지면서, 그리고 (베버에서 푸코에 이르는, 아날학파로부터 라캉의 정신분석에 이르는) 비판적 사회이론의 범주들을 시험하면서, 음벰베는 후기 식민주의 관점이 반유럽의 관점이 아니라는 것을 강조한다. 반대로 그것은 유럽 문화의 전제들과 근거들을 심도 깊게 고려한다. 이러한 근거의 진정한 대상은 그 전체 속에서의 인간의 미래이기 때문에, 후기 식민주의적 사고는 유럽이, 그 자신, 타인에 대해서 책임을

지고, 타인 앞에서 서면서, 독특한 방식으로 그 미래를 끊임없이 열고, 활력을 주도록 호소하고 있다(Mbembe, 2006).

유럽적인 사고를 이렇게 중심에서 이탈시키는 일을 실현하는 것은, 디페시 차크라바르티(Dipesh Chakrabarty)의 저서의 제목에서도 볼 수 있듯이, 유럽을 지방화하는 것과 같은 가치를 가진다. 그러나 유럽을 지방화하는 일은 단지 경험, 식민화의 희생자들(농민, 여성, 최하층민, 즉 종속집단 계급)에 대한 기억을 되살리려고 하는 역사기술의 작업으로만 되는 것은 아니다. 동시에 그것은 서구 이성에 의해 만들어진 개념적인 세계를 상대화하려는 시도이기도 하다. 이때 이 시도는 내부의 모순이 쓰고 있는 가면을 걷어내고, 변명을 늘어놓는 자기 자신의 표현들을 바로 잡고 있다. 음벰베에게 이러한 시도는 '새로운 어휘체들' 가정하기도 하지만, 특히 아프리카의 주체성에 대한 전형적인 '경험 세계'를 되찾게 해주는 것 같다. 즉, 물질적 실천들, 기호들, 형상들, 미신들, 이미지들, 그리고 가상의 이야기들 전체로 만들어지는 그들의 언어를 다시 되찾게 해준다. 이는 그 자신의 존재와 경험에 대한 복잡하고, 서로 얽혀 있는 시간성과 다시 관계를 맺는 일이다. 음벰베에 따르면, 식민주의 사고는 이렇게 자기정의에 대한 아프리카 식의 탐구와 일치한다(Ibid., p. 273). 그 사고는 서구가 만들어낸 환상의 이미지들을 바로잡고, 이어내려 온 기준과 관련하여 자율적인 언어와 글쓰기를 발견할 것을 제안한다.

바바와 길로이는 보다 더 직접적으로 서구 대도시들 내부에서 저항, 반항, 협상의 정치적 실천으로 정의되는 문화의 개념을 만드는 일에 관심을 가진다. 그들은 후기 식민주의 사회들의, 즉 세계화의 시대에 모든 탈근대 사회들의 역사적 표지라고 할 수 있는 이민과 디아스포라의 영역에서 다문화주의라는 주제를 만난다. 그러나 그들은 마치 틀린 문제에 관계하는 것처럼, 그 문제를 피하고, 적어도 와해시키려고 하는 경향이 보인다는 것은 매우 놀라운 일이다.

찰스 테일러의 철학적 사고를 바탕으로1) 바바는 더 이상 인식론적 형태의 문화가 아니라, (그의 용어들에 따르면) '발화의(énonciatif)' 문화에 대해 연구할 것을 제안한다. 그는 이 용어들을 통한 연구의 차별성을 다음과 같이 해석한다. "인식론은 전체를 구성하는 문화적 요소들을 기술할 때, 해석학의 순환에 갇혀 있다. 발화적인 것은, 문화의 대립과 연결의 효과인 이동들과 재조정들을 검토하려는 보다 대화적인 과정이다. 그리고 이는 헤게모니의 순간과 장소, 즉 문화적 협상을 통한 혼융의 자리를 변경하도록 만드는 양자택일의 논리를 와해시킨다."(Bhabha, 2007, p. 277) 바바는 또한 후기 식민주의 사회의 주체들에게 적용된 문화 개념들을 제안했다. 그 개념들 속에서 문화는 그 주체들의 (언어, 상징, 삶의 형태) '표현' 혹은 '공표와 발화의 장소'와 같다(Ibid.). 그래서 주체들은 '그들의 역사와 그들의 경험'에서 주인공이 될 수 있다(Ibid.). 테일러의 표현에 따르면, 그들은 자기 자신을 잘 정의된 그들의 이상

---

1) 우리가 이후 다시 볼 이 소중한 사고는, 인간의 '문화적'이고 '표현적'인 위상에 관계된 '인간이 가진 다른 세계와 다른 사람에 대한 개입 능력'의 특별한 성격들을 강조하고 있다(Taylor, 1985a 참조).

과 그들의 신념들에 따라 작용하는 강력한 평가자로 인지한다 (Taylor, 1985b, pp. 15~44).

혹인 음악(랩, 더브, 스크래칭)에 의해 만들어진 공동체이며, 또한 소외된 계급들(여성, 혹인, 이민들)의 전형적 문화가 행하는 모든 차이 실천들이 이러한 유형의 문화적 실천의 예이다. 이러한 경우들에서, 출신지 문화는 과거의 연속성을 고양하는 것을 목표로 하는 전통주의자의 본성을 가진 발화 방식에 작용하지 않는다. 문화는 "현재와 단절하기 위하여, 즉 지배문화로는 측정할 수 없는 것으로 만들기 위하여, 현재를 쉽게 이동"(Bhabha, 2007, p. 276)시킬 수 있다. 그래서 그것은 대립적인 성격으로 인해 다문화주의의 다원론적인 배경에서, 그리고 관용의 자유주의를 담고 있는 윤리학이 될 수 없는 문화적 실천과 관련이 있다(Ibid., p. 275). 문화공동체는 이러한 배경에서, 근대성에 도전하고 저항하는 소수자들의 담화와 실천으로 해석되어야만 한다.

그러나 바바의 이론적 관점은, 아렌트의 의미에서 공공정치 공간의 온전한 개념과 같이 그람시 형태의 문화적 혹은 정치 윤리적 헤게모니에 대한 사고에서는 낯선 것이다. 그가 지적하는 것처럼 "공동체는 근대성에 대립하는 보완책이다. 대도시 공간에서 공동체는 문화에 대한 요구를 위협하는 소수자의 영토이다. 초국가적 세계에서 공동체는 디아스포라, 이민, 난민의 경계 문제가 된다."(Ibid., p. 349) 여기서 바바가 자유주의에 가한 무정부주의자의 영향에 대한 비판은 헤게모니에 대한 그람시의 이론에까지 확장될 수 있을 것이다. 왜냐하면 그람시는 종속집단들의 대립을 단순히 (오늘날 우리가 '측정할 수 없는 것'으로 명명할 것) 단절의 사고에 속하는 것으로 인식하는 데 그치지 않는다. 그것은 민주주의의 여러 분절된 제도 전체를 구성하는 것을 통해, 지배자와 피지배자 사이의 관계에 깊게 영향을 미치는 것에 보다 더 관계된 것이다. 바바가, 자유주의가 적어도 지배자들의 생각에서는 차이의 분쟁적 영향력을 무력화하면서 '문화적 차이'보다는 '문화적 다양성'에 대해 말하는 것을 선호한다는 점을 강조하는 것은 옳다. 그러나 그가 문화들 사이에 '측정 불가성'을 신봉할 때, 그는 상대주의의 평범한 형태에 빠지고, 이를 통해 문화의 '혼융성'이 가진 핵심 개념을 위태롭게 만들 위험만 있는 것은 아니다. 또한 그는 공적 공간의 개념 가운데에서 정치의 차원을 잃어버릴 위험을 가지고 있다. 이 공적 공간은 바바가 강조한 것처럼, 정치에 대한 새로운 개념은 불규칙한, 불평등한, 다수의, 잠재적으로 대립하는 정체성들을 바탕으로 건설된 것이다. 그리고 이 정체성들은 문제제기의 방식으로, 그것이 긍정적이든 부정적이든, 유익하든 퇴행적이든 간에, 분쟁의 소지가 있는 방식으로, 때로 측정할 수 없는 방식으로 연결된다(Bhabha, 2006, p. 97).

자유민주주의 정부는 전후의 영국 정부와 같이 "다문화주의를 문화적 차이를 연결하는 역동적인 과정에 대응하고, 문화적 차이를 분산시키는 규범 위에서 만들어지는 동의의 행정을 통해 이 과정을 통제하려는 시도"(Ibid.)로 생각할 수 있다. 하지만 이러한 사실로 '동의'와 '문화적 차이'가 완전히 결합되어 있는 정치적 공공영역 구축의 문제를 규정하지 못한다. 왜냐하면 정체성들과 권력 관계들의 재협상과 재정의에 대해 내부적으로 열려 있는 역사적 과정 속에서 동의와 문화적 차이는 서로를 반영하기 때문이다. 만약 문화공동체가 테일러가 뜻하는 바대로 '강력한 평가자들'이라면 그 필요는, 바바가 말한 것과 같이 초국가적인 것이기도 하지만, 또한 국가 사회들을 분쟁과 대립이 바바가 말하는 대화, 재조직, 번역, 상호문화적 혼융화의 과정을 동반하는 장소들로 변형시킬 수 있는 '제3의 공간'에서 감지된다. 이러한 관점에서 바바는 테일러가 다문화주의를 단순한 '관용의 윤리'로 축소하는 것에 대해 거부한 것이 우연한 일이 아니라는 점을 찾아내는 데 소홀하다.

테일러가 생각하는 다문화주의는 자유주의에 대한 극단적 재해석의 지지점을 마련한다. 이 때문에 그것은 테일러에게 있어서 맹목적인 '통일을 강조하는' 보편주의에 기반을 두고, 모든 주체에게 똑같은 양도할 수 없는 권리를 보장하는 일에 제한을 두는 권리들에 대한 자유주의를 환대하는 자유주의, 즉 지역공동체의 생존과 집단적 혹은 문화적 권리에 대한 보장을 증진하는 데 고심하는 자유주의로 변형하는 일이 중요하다.

이제 우리는 결국 현대 다문화주의 토론의 한가운데에 서 있다. 이 영역을 보다 깊게 탐색하기 위하여, 우리는 후기 식민주의에서 다문화주의로 진행하는 마지막 과정을 수행해야 한다.

제3장

자유주의와
공동체주의를 넘어
: 어떤 다문화 민주주의인가?

15.
후기 식민주의의 문제에서
다문화의 문제까지

　2차 세계대전이 끝난 후, 유럽 사회들은 제국주의와 식민주의로 인해 잊혀지고, 모호해졌던 민족정체성을 다시 만드는 극장이었다. 이러한 배경에서 인종의 문제들은 1960년대와 1970년대를 거쳐 오늘날까지 이민자들에 대한 인종차별적 감정이 나타나는 것으로 표출되고 있다. 그래서 이 문제들은 결국은 획득되었다고 여겨지는 공생의 자유주의적이고 관용적인 개념에 대해 우연하고 일시적인 현상으로 여겨지고 있다. 실제로, 특히 1980~1990년대에, '후기 식민주의의 조건'은 아직 해결되지 않은 문제로 남아 있다. 이로부터 자유민주주의는 인종과 종족성의 문제와 여러 문화적 차이가 엄연히 사회에 존재하는 상황에서 새롭게 조우하게 된다.

　이러한 상황에서 다문화주의는 자유민주주의가 가지는 보편주의에 후기 식민주의 조건들이 붕괴하면서 제기한 문제들에 대한 특별한 대답들을 만들어낸 담화와 실천(우리가 앞에서 강조한 것과 같이, 수사들)의 전체로 읽힐 수 있다. 바르너 헤쓰(Barnor Hesse)가 강조한 것처럼, 1970~1980년대에 영국에서 발전한 다문화주의의 담론은 2차 대전 말에 영국의 옛 식민지에서 온 흑인 노동자들의 이민과 함께 만들어지기 시작한다. 이 이민들은 영국을, 후기 식민주의 국가 그랬던 것처럼 '디아스포라의 공간'으로 변화시켰다 (Hesse, 2000, p. 11). (다니엘 벨과 같은 몇몇 저자들에 따르면, 후기 산업 사회로의 이행과 정확히 일치하는) 같은 기간 동안, 유럽의 국민국가 들은 이와 같은 실험을 거친다. 여기서 문화적 정체성(민족)과 제 도들(정부) 간의 균형은 깨진다. 이러한 정체성을 가진 '민족 사회' 는 경제와 문화, 사회경제적 세계와 상징적 문화적 세계 사이에 보다 더 깊은 단절을 가져 온, 증가하고 있는 이민 물결의 영향으 로 '탈민족화한다'.[1]

'민족 사회들'의 구조 상실의 중심에서 종족성, 인종, 보다 일반 적으로 문화적 정체성에 대해서 후기 식민주의의 담론이 나타난 다. 그래서 지배문화의 서사들과 그 서사들이 통일되고 단일한 민 족을 (다시) 만들어 내는 방식을 비판하는 문화와 정치운동들이 발전한다. 그 운동들은 자유민주주의의 보편주의의 중심으로 설 정된 제도화된 인종차별을 비판한다. 다문화주의의 문제는 그래 서, 식민화, 후기 식민주의 사회들의 제국주의 문화들, 세계화의 소란스러운 과정에 의해서 전복된 전후 사회들의 목적과 함께 물

---

1) Taguieff, 1987; Balibar, Wallerstein, 2007; Balibar, 1999.

려받은 한 벌의 해결되지 않은 불일치일 뿐이다.

바르너 헤쓰는 얼마나 이 '불일치들'이, "지배 담론들이 소외되고 의미 없다고 생각하는 문화적 차이들을 깊게 파고드는 역사적인 대립들과 사회의 불평등들"에 속하는지 강조한다. 그리고 그가 연구하는 것처럼 이러한 불일치들은 많은 '도전, 의문, 표상들'에 민족의 전통적 개념을 대조한다(Hesse, 2000, p. 16). 헤쓰는 이러한 불일치를 '분열을 초월하는 것'이라고 부른다. 헤게모니를 가진 서사들과 표상들과 관계해서 소외되고 별 의미 없는 문화 현상들을 구성하기는 하지만, 이러한 불일치들은 억압되는 것을 '거부하고' 제거하고 중화하려는 모든 시도에 '저항한다'(Ibid., p. 17).

블레어의 '뉴 레이버(New Labour)'와 같은 유럽 사회 민주주의 정체세력들은 민족정체성에 대한 예전의 개념들을 정의할 필요성을 인정했다. 2001년 9·11의 비극적인 사건들이 일어나기 몇 달 전에, 영국의 외무장관 로빈 쿡(Robin Cook)은 다른 인종과 종족들과 혼합에 의해서 위협 받았던 브리티쉬의 정체성을 강조하는, 비관론들에 대한 비판에서 망설임 없이 비켜서 있었다. 그는 영국인들이 "하나의 인종이 아니라, 대부분 그 섬들의 토착민이 아닌 셀 수 없는 종족과 공동체들 전체라는 점을 강조한다."(Cook, 2001) 그는 새로운 영국의 정체성이 다문화적이라는 것을 강조하기 위해 요리법을 예로 든다. 그가 생각한 것처럼 인도 요리인 '치킨 티카(Chicken Tikka)'가 '진정한 영국 민족의 요리'가 되지 않았는가? 그렇게 되기 위해서는, 그 요리는 마살라와 같은 특별한 소스를 첨가하여 영국인들의 입맛에 맞게 만들어져야 한다. 다종족의 요리는 이렇게 완벽하게 민족정체성들이, 민족이 '자기 자신의 정체성이 가진 자부심'을 잃지 않고, 다문화적인 것이 될 수 있는 방식을 밝혀준다.

안토니 기든스(Antony Giddens)는 현대의 개인들이 가지는 정체성이 다양할 수밖에 없다는 사실을 인정하면서, 이런 의미에서 전 세계적 민족의 개념과 전 세계적 민주주의의 두 가지 개념들을 만들어낸다. 그가 설명하기를 "동시에 영국인이고, 브리튼 인이며, 유럽인인 개인들 그리고 전 세계의 시민성의 감정을 느끼는 개인들은 그 세계의 정체성 중 하나가 자신의 지배정체성을 구성하지만, 그 사실이 나머지 정체성들을 받아들이는 데 문제가 되지 않을 것이라는 점에 대해서 생각할 수 있다."(Giddens, 1999, p. 128) 같은 이유로 전 세계적인 민족은 "전 세계적인 차원에서 작용할 수 있는 전 세계적인 민주주의를 의미한다."(Ibid., p. 134) 기든스는 그가 '극단적인 다문화주의'라는 용어로 지적한 것과 거리를 둔다. 그에 따르면, 이러한 극단적 다문화주의의 특징은 '문화 복수주의'의 미덕을 강조하는 무정부적인 것, 좌파의 장식이라는 것이다. 그에 따르면 공유된 가치의 틀이라고 여겨지는 민족정체성으로부터 유래할 수밖에 없는 보다 넓은 연대성은 여기서 희생당한다(Ibid., p. 130).

영국의 사회학자는 다문화주의 토론에서, 특히 자유주의 영향을 받은 이론가들에게 주요한 문제, 즉 전 세계적 보편주의와 종족과 문화의 개별주의와의 관계를 연구한다. 그러나 그는 그 연구를 하면서, 영국, 보다 넓게는 최근 이민을 받아들인 유럽 국가들 전체에서 인종차별주의자들이 행하는 탄압의 영향을 강하게 평가 절하한다. 기든스가 제시하는 관용적 다문화주의는 자원의 분배 와 모든 서구 민주주의들, 특히 미국의 민주주의에서 시민권의 접 근에서 결정적인 요인을 구성하는 '성, 인종, 종족성, 계급'이라는 네 가지는 실제로 지우는 것처럼 보인다(Ostendorf, 1992, pp. 847~ 862). 하지만 기든스는 우리가 앞서 제기했던 "분열을 초월하는 것"으로 인해, 국민국가의 후원 아래 전통적으로 통일되었다고 여 겨졌던 모든 민족 사회들은 "디아스포라의 공간이 된다는 것을 이해하고 있다. 그런데 지역적인 것과 세계적인 것이 서로 뒤섞이 고, 서로 영향을 미치기 때문에, 인종과 종족성의 범주들이 민족 과 민족성의 범주에 영향을 미치는 것은 피할 수 없는 일이 다."(Hall, 2008g, pp. 389~394) 그래서 다문화주의의 목적은, 강화할 시간과 함께, 심각한 '민족정체성의 위기'를 만드는 데 있다. 왜냐 하면 다문화주의는 항상 보다 더 민족문화들의 통일성에 문제를 제기하고, 그 문화들에게 인종과 종족의 '차이'들이 가지는 위상 에 대해 의문시할 것을 강요하기 때문이다.[2] 또한 테일러가 '정체 성의 정치들'이라고 명명한 것이, 그 정치들을 통해 종족집단과 소수자들이 그들의 공동체를 인정해 줄 것에 대해서 중앙정부에 요구하고 있다. 이때, 이 정체성의 정치들은 매번 특별한 방법으 로 결합되는 생물학적 인종차별주의와 문화적 차별주의의 논리들 의 영향을 받은 반응들에서 계속해서 드러난다.

---

2) 그래서 생리적인 인종차별(자연의 질서와 관련된 차이)에도, 차이에 대한 인종차별(문화 적 질서와 관련된 차이)에도 귀결될 수 없는 차원을 자세히 설명해야 한다.

사회들이 "점점 다문화적인 동시에, 진입 가능한 성격을 갖게 된다는 사실"과 "그 두 가지 변화가 서로 보조를 맞추어 진행되고 있다"(Taylor, 2007a, p. 86)[3]는 사실은 돌이킬 수 없는 역사적 조류를 형성한다. 그런데 이러한 역사적 흐름은 자유주의에게 심한 논쟁을 일으켰던 두 가지 형태의 문제를 제기한다. 첫 번째 문제는, 철학적 성격의 것인데, 주어진 한 사회에 속한 다양한 종족집단 혹은 공동체들이 가진 문화들의 동등한 가치 인정과 관계한 것이다. "동등한 가치의 인정"이라는 말을 통해서 인류학적이고 종족 내부의 존엄성 때문에, 그 문화들을 살아남도록 내버려 두는 것만 이해해서는 안 된다. 그것은 "그 문화들의 장점을 인정하고"(Ibid., p. 87) 그 문화들이 인간성의 유일한 형태들, 그들의 다양함과 풍부함만으로도 보존할 가치가 있는 세계 내 존재의 전형적인 양태들을 표현한다는 것을 인정하는 일과 관계된 것이다. 만약 '평등한 존엄성에 대한 정치'가 모든 인간이 존중받을 가치가 있다는, 칸트의 영향하에 있는 사고를 바탕으로 구축되는 것이라면, '차이의 정치'는 특별하고 보편적으로 공유되지 않은 어떤 것이 각 개인에게 있다는 것, 즉 개인으로서, 그리고 문화로서 자기 자신의 고유한 정체성을 만들고 정의할 수 있는 능력을 가지고 있다는 사실을 가정한다(Ibid., p. 61).

---

3) ≪진입 가능한≫이 의미하는 것은 여기서 사회들이 다국적인 이민에 개방되어 있다는 것과 점점 더 디아스포라의 경험을 하는 사람들의 수가 많아지고 있다는 것을 의미한다. 이 주제에 관해서는 Henry & Pimi(2006)를 참조할 것.

차이에 대한 거부

두 번째 문제는 역사·정치적 성격을 띤다. 이 문제는 다문화주의의 도전에 대응하고 있는 서구 사회의 많은 실패를 의미하는 것이다. 그 실패는 타문화들을 인정하는 영역, 특히 자원을 재분배하는 것과 관련해서 종족 소수자들에게 사회, 시민, 경제 권리들을 확장해주는 영역에서 저질러졌다. 민족주의자의 종주주의와 종교적 근본주의의 폭발[4]은 서구 자유주의가 가진 "문화적 차이에 대한 실명(失明)"이라고 명명한 것에 대해 격하게 반응하는 대응으로 해석될 수 있다. 남반구와 북반구 사이의 거대한 사회적, 경제적 불균형[5] 외에도, 테일러가 1992년 시론에서 예견했던 것을 상기해야 한다. 테일러는 "한 집단이 다른 집단의 관점에서 인정이 부족하다는 것을 인지하기 때문에 '다문화' 사회들이 언제든지 다수 출현할 수 있다"(Taylor, 2007a, p. 87)고 언급하였다. 서구 민주주의는 다문화주의의 문제가 자유민주주의 정부의 근간들을 흔들고 있다는 것과 자유주의 정부의 정치를 재정의할 것을 강제하고 있다는 것을 (적어도 테일러가 생각한 것처럼, 문화적 차이들에 대해 호의적인 자유주의의 의미에서) 이해하지 못하고 있다. 서구 민주주의들은 종족집단과 소수자들에게, 그들의 정체성을 과도하

---

4) 이는 2001년 9·11테러에 이른다. 이후 2004년 3월 11일의 마드리드 대참사와 2005년 7월 7일의 런던 대참사에 이른다.

5) 아마르티아 센(Amartya Sen)은 그래서 글로벌화된 전 세계가 가장 기본적인 권리, 즉 '굶어 죽지 않을 권리'조차도 보장하지 않는다는 것을 비판하게 된다(Sen, 1987 참조).

게, 나르시스적으로, 즉 적대적으로 방어하면서, 자기 스스로 후퇴하기를 강요하고 있다. 한편으로 다수 문화들에 의해 민족정체성이 재창조될 때 발생하는 역효과와, 다른 한편으로 인종차별주의와 인종혐오의 역효과는 이 정체성을 재확립하는 작업이 그것들을 서로 연결하는 데 실패했다는 것으로 드러났다. 9·11에 이은 테러 근본주의의 발전과 서구 민주주의들에 의한 다문화주의 문제에 대한 몰이해는 바르너 헤쓰가 제기한 '분열을 초월하는 것' 혹은 '불일치'를 심화하게 하는 악순환을 만들고 말았다.

또한 서구 민주주의는 후기 식민주의 문제를 회피하면서, 20세기 정치의 (푸코의 용어에 따르면) '지배합리성'에 대해 스스로 의문을 가지기를 거부한다는 뜻을 분명히 하고 있다. 전후에 시작된 정치·경제의 순환 과정에서, 그것은 케인즈와 포드의 복지국가를 기반으로 만들어졌지만, 세기말에 신자유주의 혁명에 이를 때까지, 대처주의와 레이건주의의 승리에 의해 1980년대에 부서지고 말았다. 서구 민주주의는 다양한 문화의 발견에 테일러가 말한 "법 절차에 관한" 자유주의의 전형적 전략을 통해서만, 즉 '차이를 무시'하고, 개인과 문화에 대한 존중을 확실히 하기 위해서는 예외 없이 적용되는 기본권을 보장하는 것으로 충분하다는 (허상이라는 것이 밝혀질) 신념을 바탕으로 한 정치들로만 대응한다.

테일러에게 있어서, 그것은 자유주의 사회의 기준을 구성하는 대응이 아니다. 그 대응은 선(善)에 대한 온전한 개념을 인정하지 않으려고 한다. 반대로 정확한 대응은 지배형태와 다른 선의 개념들을 따르는 사람들을 인정하는 것이다. 테일러는 그래서 존 롤스

(John Rawls)의 자유주의 정치가 가지는 전형적 중립주의와 동화주의의 태도를 대립시키고 있다. 존 롤스는 세계의 개념, 철학적 견해들, 다양한 사회집단과 다양한 종족공동체가 가진 선의 형태가 분쟁을 야기할 수 있는 영향력을 잃어버렸고, 어떤 측면에서는 모두가 공유한 평등의 원칙을 중심으로 한 '중복된 동의'로 인해 '속이 빈'(경원시되고 중화된) 것일 수 있다는 굳은 신념을 가지고 있다.[6] 그만큼 1960~1970년대부터 수많은 서구 사회의 대중정치에 영향을 준 통합 중심의 태도가 미국에서와 마찬가지로 유럽에서도 소수자 집단의 소외와 사회적 불평등을 강조하고 있다.

다문화주의의 초기 이론들은 1980년대 미국에서 출현하지 않았는가. 이때 이 이론들은, 이민들에게 제2의 본성을 강요하고, 소위 보편적이고, 자연적인 규칙의 체계에 바탕을 두고 만들어진 사회통합 모델인 멜팅 팟의 오류를 인정하고 있다(Young, 1999; Henry, 2007, pp. 188~205). '이민 사회들'(Walzer, 1998)에 적용된 이러한 모델은 사실 소수자들에게 어떤 가치들을 내화시키라고, 즉 보다 잘 같아지기 위해서 그 이민들 사이에서 경쟁을 하라고 강요하고 있다. 이렇듯 그 가치들이 내화되면, 그것들은 어쩔 수 없이 그들의 정체성을 변형하게 된다. 그러한 사실은 우선 경제적으로 불이익을 받는 집단들과 같이, 높은 사회적 위치를 차지하고 있는 그 구성들에게도 관계 된다. 문화적 측면에서, 그 구성원들은 종족 혹은 정신적 소수자에 속해 있지만, 그들은 낙인찍혀 있고, 배제되

---

6) Rawls(1995); Galeotti(1999) 1장과 이 책의 부록을 참조할 것.

어 있고, 차별을 받고 있다. 한마디로 그들은 그들의 차이와 다양성에 대해서 인정받지 못하고 있는 것이다. 그들이 공공영역의 가운데에서 혹은 대중정치의 수혜자로서 평등한 존엄성과 평등한 존중을 받고 있는데도 말이다.

이러한 사회통합의 모델에서, 즉 다름 아닌 미국식 삶의 방식의 모델에서 공동체주의 이론가들은 롤스의 '법 절차에 관한' 자유주의7)에 대해서 토론하면서 '강력한' 혹은, 세일라 벤하법의 표현인 '모자이크 식의' 다문화주의를 반박했다. 이 다문화주의는 그녀가 생각하기에 공동체와 문화를 움직일 수 없는 형이상학의 핵심, 모자이크의 격자무늬처럼 나란히 놓여, 통일되고 엄격하게 제한된 전체들로 여기는 개념들을 바탕으로 형성될 수 있다(Benhabib, 2005, p. 27). 바로 이와 동일한 관점에서 스튜어트 홀(Stuart Hall)은 영국적인 것(Englishness)을 재정의할 때—대처의 '투사'의 의미, 블래어에게는 좀 더 관용적인 의미로 쓰이지만—흑인 소수자들이 그들의 문화적 근원의 '본질'과 원래의 상태에 대한 조사에 대해 반대하는 것을 보여준다(Hall, 2008d, pp. 287~297).

인식론적인 본질주의, 즉 초문화적으로 초역사적으로 지속되는 것들이 존재한다는 믿음은 사실 '강력한' 그리고 '모자이크식의' 다문화주의의 이면을 구성한다. 우리는 아래에서 '우리'와 '타인들' 사이의 경계를 축소하고, 우리 속의 타인과 '우리 사이의 한 사람으로서의' 타인을 포착하게 해주려고 하는 목적을 가진 '복잡

---

7) 자유주의와 공동체주의의 대립에 대해서는 Fistetti(2003, pp. 158~163)를 참조할 것.

한 대화'의 은유를 통해, 벤하빕이 지적한 문화를 해석할 필요가 있다는 것을 상기할 것이다. 지금은 단지 그의 분석에 존재하는 신념을 밝혀보자. 그녀는 그 신념을 다음과 같은 말로 형식화하고 있다. "민주적 평등의 임무는, 공공영역과 시민 사회 한가운데에서, 문화들 사이의 차이에 대한 인정을 위한 투쟁, 그리고 문화적 서사들 간의 분쟁이 누구도 헤게모니를 차지하지 못한 채 일어날 수 있는 장소인 제국주의 제도들을 사용하는 것이다."(Benhabib, 2005, p. 27)

그렇다고 해서, 인정을 위한 투쟁이 테일러와 벤하빕이 생각하는 것과 같이 피를 흘리게 하고, 폭력적인 분쟁이 없이 수행될 수 있을 것인가? 그람시가 말한 헤게모니의 개념과 실천들을 괄호 안에 묶는 것이 가능한 것인가? 이러한 질문에 대답하기 전에, 간단하게 문화의 개념을 살펴볼 필요가 있다.

16.
문화에서 다문화주의와 법

C. 테일러(C. Taylor)와 W. 킴리카(W. Kymlicka)

조슈아 코헨(Joshua Cohen), 메튜 호워드(Matthew Howard), 마르타 C. 누스바움(Martha C. Nussbaum)이 제안한 다문화주의의 정의로부터 시작해보자. 이 저자들에 있어서 다문화주의는 "자기 나라 혹은 외국에서 거주하는 사람들이 다른 문화에 속해 있을 때, 그 사람들은 다음과 같은 사람이라고 말하는 극단적인 생각을 가리킨다. 그들은 정서적으로는 우리와 같고, 같은 존중과 같은 배려를 받을 권리가 있다. 그들의 삶은 우리의 삶과 같은 의미 있는 것이고, 그들은 종속된 집단들로 취급되어서는 안 된다"(Okin, 2007, p. XVIII). 이 정의는 다문화주의의 쟁점의 한가운데 있는 다음과 같은 것을 분명하게 보여준다. 그것은 바로 다양성/차이와 평등 사이의 관계이다. 하지만 이 저자들이 제안하듯이 정서적 평등의 인정에 멈추는 것은, 그들이 속해 있는 그리고 그들이 그들의 정체성과 삶의 의미를 이끌어 내는 상징 세계를 중화하고 중립화하는 태도로 이어진다.

아마도 예외 없이 다른 문화들에 속해 있는 사람들을 정서적으로 평등하다고 여기는 것은 칸트의 관점에서 정서적 '진보'라고 할 수 있다. 스텐리 카벨(Stanley Cavell)은 최근에 비트겐슈타인의 이론을 바탕으로 해서 이에 대해 재구성한 내용을 제시했다. 인간을 인간으로 보는 것은 각 개인과 인종 사이의 내적 관계를 구축하는 것을 의미한다(Cavell, 2001, pp. 360~361). 이탈리아 한 철학자는 "무엇보다 어떤 인간이 되고자 하는 것은 그 자체로 인정받는 것, 즉 인간으로서 환영받는 것이라는 점"을 상기시킨다. 그리고 이 철학자는 다음과 같은 점을 덧붙여 말한다. 그런 타인과 맺는 관계의 소중한 규칙은 가장 첫 번째 초월적 규정이고, 가장 효율적인 것이다. 왜냐하면, 그 규정은 복수주의를 보존하는 동시에 극복하는 것이기 때문이다(Vigna, 2002, pp. 17~18).

우리가 앞서 간단히 테일러에 대해서 살펴보았던 것처럼, 모든 인간이 같은 존중과 같은 배려를 받을 가치가 있다는 칸트의 가설은 근대성의 역사 속에서 '평등한 존엄성의 정치'에 영향을 끼친다. 그러나 그러한 가설은 또한 개인과 문화의 정체성을 엄격하게 특징짓는 것을 인정하고 높게 평가할 수 있게 해주는 '차이의 정치'에 대한 필요를 감춰버렸다.

이러한 관점으로부터 테일러가 대중적으로 참여했던 독립에 있어서, 퀘벡의 경우는 전통적 자유 중립주의와 그것의 차이에 대한 몰지각에 대한 비판을 명백히 보여주는 예이다. 그것은 동시에 민족의 역사적 전통들에 따라 다문화주의의 다른 형태들을 제시하는 것이 가능하다는 것을 보여준다. 그것은 1970년대 초에 매우 활발히 다문화 정치를 추구했던 호주, 1960년대 말에 중동의 유태인과 지중해 연안의 유태인들이 그때까지 지배적 민족문화의 다문화적 재정의를 요구했던 이스라엘 정부, 다문화 정치의 아젠다가 동화를 거부하던 터키 공동체를 통합하는 과정에서 필요했던 독일을 생각하는 것으로 충분하다(Parekh, 2000, p. 5). 최근 에콰도르는 1998년 승인받은 새로운 헌법에서 스스로를 분명하게 "복수 문화와 다종족" 정부라고 규정했으며, 문화에 대한 권리가 "헌법의 원칙", "최상의 권리"라는 것을 단정하는 데까지 이르렀다. 프랑스어를 사용하는 캐나다 인으로 구성된 퀘벡은 1971년 트뤼도 정부에 의해 캐나다에서 발표된 다문화 정치에도, 1982년의 '권리와 자유에 대한 캐나다 헌장'[1]에도 만족하지 않았다. 퀘벡은 다른 다문화주의의 길, 즉 1980년과 1995년에 소수의 표 때문에 실패했던 분리의 방법을 택하려고 하는 데까지 "프랑스적인 사실에 의해 구성된 기본적 핵심 요체"[2]를 보존하려는 목적을 가진 길을 열고자 했다.

테일러는 언어의 문제가 문화의 '생존'을 위해, 그리고 결과적으로 문화를 증진하고자 하는 대중 정치들의 정의를 위해 얼마나

---

1) 이 헌장은 27조에서 분명히 '다문화적 구성의 정부'가 된 캐나다의 다문화적 성격을 인정하고 있다("Diversité canadienne: respecter nos différences", 〈www.patrimoinecanadien.gc.ca/progs/multi/respect_f.cfm〉 참조).

2) "Le Québec: société multiculturelle", 〈www.canadianhistory.ca/iv/1971~1991/quebec2.html〉 참조.

근본적인 것인지 완벽히 강조했다. 이 문제에 대해서 그는, 가다머의 해석학에서 비트겐슈타인의 언어 놀이의 이론에 이르는 현대 철학에서 '언어적 전환점'의 중요한 기여를 다시 형식화할 수 있었다. 한 문화는 문화를 전파하는 한 언어를 말하는 사람들에 의해 보존된다. 왜냐하면, 언어는 개별적 삶의 형태와 좋은 삶으로 규정된 형태를 구체화하기 때문이다. 그는 다음과 같이 쓰고 있다. "어떤 현대 사회가 공식적인 언어, 즉 보다 보편적인 용어의 의미에서, 정부에 의해서 후원받는 한 언어와 문화를 가졌을 때, 그 정부는 분명히 그 문화와 그 언어에 속해 있는 사람들을 위해 매우 큰 특혜를 다시 제시할 것이다. 반대로 다른 언어를 말하는 사람들은 분명한 불이익을 받게 된다."(Taylor, 1997, p. 34) 그래서 소수자들의 문화에 보장되어야 하는 보호와 우선권은 그 문화들이 언어와 문화의 계획 위에서 경험된 그런 세계의 다양한 개념들을 인정하는 데 반드시 필요한 것이다.

테일러는 이로부터 자유주의의 관점에서 받아들일 수 없는 결론을 이끌어낸다. 이 결론은 단일어주의를 퀘벡의 경우에 옹호해야만 하고, 영어를 쓰는 소수자와 다른 소수자들의 희생을 통해 프랑스어를 유일한 공식 언어로 지정해야 한다는 것이다. 테일러는 이렇게 문화(혹은 언어)와 영토를 기계적으로 동일시하려는 민족주의의 형태를 합법화했다. 그런데 1969년의 이중 언어에 대한 캐나다 법의 목적은 프랑스어 사용자들의 언어적 요구들에서 '영토적 특성을 없애는' 것이었다. 동시에 그 법은 '다문화' 연방정부에 그 요구들을 아우르는 것이었다(Sabbagh, 2004). 만약 우리가 이

무모한 결론을 민족의식으로부터 분리한다면, 테일러의 직관은 항상 유효한 것이다. 물려받은 조직으로서 그리고 의미들로 짜인 문화는 정신적으로 자율적인 개인이 가진 주체성의 발전에 반드시 필요한 조건이다. 그 조건들에 있어서 말하는 능력과 행동하는 능력은 기본적인 것들이다.

문화에 대한 권리: W. 킴리카(W. Kymlicka)의 도구주의를 넘어서

의미의 지평으로서 문화라는 이 영역에서 다문화주의에 대한 다양한 입장들이 발전하고 있다. 중요한 문제는 '문화에 대한 권리'를 해석하는 문제이다. 아비샤이 마르갈리트(Avishai Margalit)와 모슈 할베르탈(Moshe Halbertal)에 의해 검토된 테일러의 입장에 따르면, 인간은 문화에 대한 권리가 있다. 그것은 어떤 문화에 대한 권리가 아니라 '자신의 문화'(Margalit, Halbertal, 2004, p. 529)에 대한 권리이다. 문화들은 비어 있는 용기처럼, 혹은 구성원들이 자신의 계획들과 바람직한 삶의 개념들을 실현하기 위해서 자유롭게 선택하는, 여러 선택사항들을 자신의 구성원들에게 제시하는 것을 제한할 수 있는 형태적 문맥들처럼, 여겨질 수는 없을 것이다.

그런데 이러한—주관적인 목표들을 실현하는, 개인의 자율성에 접근하는 단순한 방식으로써—도구적인 문화 개념은 킴리카가 발전시킨 이론의 핵심에 있는 것이다. 그에게 있어 문화에 대한 권리는 자유에 대한 권리, 즉 자신의 관심사와 자신의 목적들을 평가하고, 그것들을 그가 시의적절한 것이라고 믿을 때, 그것들을 변형할 개인의 능력을 인정하는 것에 내적으로 연결되어 있다. 이러한 관점에서 어떤 문화에 소속되어 있다는 사실의 중요성은 그 문화가 선택과 평가의 기준들의 단순한 범위로서의 자유를 가능하게 할 수 있다는 사실로부터 나온 것이다. 킴리카는 문화적 소속이 주체에게 개인적인 자율성과 자신에 대한 존중을 보장한다는 것을 더욱 강조하기 위해서 자신의 '문화주의'적 자유주의에 대한 해석을 정의한다. 그가 확신한 것과 같이, 문화적 관점을 가진 자유주의자들은 소수자들의 권리가 개인의 자유와 평등을 제한하기보다는 그것을 통합하며, 적법하지 않다면 종족문화의 중립성에 대해 강하게 완고하게 내세우는 정부에서 불완전한 상태일 것 같은 적법한 관심사들에 응답하는 데 기여한다는 것을 보여주려고 '노력'한다(Kymlicka, 2006, p. 60).

자유주의 정부에 대한 이러한 확대된 해석은 고전적 자유주의의 엄격한 중립성을 극복하면서, 물론 진전된 중요성을 가진다. 그러나 킴리카는 어쨌든 문화에 대한 도구적 개념과 단절하지는 않는다. 그는 문화와 정체성의 형성 간의 유기적 관계를 포착하지 않았다. 그로 인해 그는 테일러의 언어-서사적 관점과 종족에 대한 헤겔의 관점에 관심을 가지면서 개인적 통일성의 보존, 자아와의 긍정적 관계가 인류학적·사회적·정치적 조건 전체에 어느 정도로 근거하고 있는지 보여주는 악셀 호네트(Axel Honneth)의 관점3)도 무시한다(Honneth, 2000).

---

3) 호네트의 이론에 대한 풍부한 논의에 대해서는 Renault(2004)와 인정의 문제에 대해서는 특별호 *Revue du Mauss*, No. 23, 2004를 참조할 것.

그런데 만약 우리가 인간들의 통합과 타인들의 동의 사이에 해결할 수 없는 관계가 존재한다는 호네트의 근거를 받아들인다면, 다시 말해 개인화와 인정 사이의 내부적 관계, 각기 자기 자신이 가지고 있는 규범적 표상이 타인에 의해 계속적으로 확인받을 수 있다는 가능성과 분리가 불가능하다는 결론을 내려야만 한다.

우리는 이제 문화 소수자들에게 얼마나 문화에 대한 권리가 중요한지 이해한다. 그것은 각 개인의 정체성을 보존하는 것, 혹은 타인의 동의에 의해서 가능한 자기 자신과의 긍정적인 관계의 가능성의 보존과 같은 가치가 있다. 이러한 관점에서 인정의 정치는 단지 법적인 차원에만 속하지 않는다. 그 정치는 하이데거의 용어들에서 볼 수 있는 것처럼, 인류학적 차원, 어떤 결정주의도 상정하지 않고 원리 문화에 주체를 편입시키는 세계 내 존재의 차원과 분리할 수 없는 것이다. 마르갈리트와 할베르탈이 강조한 것과 같이, 킴리카에게 소수자의 문화 권리는 그것이 가진 전통적 내용을 포함한 개별적 문화를 보존하는 권리가 아니라, 단순히 어떤 소수 집단의 각 구성원이 어떤 문화에 스스로 가입할 수 있는 권리이다. 그리고 그것은 원래 자기가 속해 있던 문화일 필요는 없다.

킴리카는 이를 위해 캐나다 원주민의 예를 제시한다. 그 예는 이 관점에 대해 매우 교훈적이다. 그 예는 자유주의와 다문화주의 사이에 구축된 관계—같은 말이지만—그의 다문화주의의 개념을 명확히 설명해준다. 캐나다 원주민 소수자는 사실 백인들의 권리에 가해진 제한에 비해서 특수한 권리를 누렸다. 그들은 그들만의 영토를 소유할 수 있었고, 그 영토 내부에서 다수 인구를 유지할 수 있었다. 그러나 그러한 특별한 권리는 원주민들의 문화가 없어지는 것을 막기 위해서 부여된 것은 아니었다. 킴리카에 따르면, 이는 단순히 그 원주민들이 '서구 문화에 동화될 수 없는' 소수자를 구성하고 있었기 때문이다. 결국 특별한 권리 없이도 이 소수자들은 다른 문화에 가입하지 않고 살 수 있을 것이다(Ibid., pp. 541~542).

킴리카에게 있어서, 이러한 예가 의미한 것은 캐나다 원주민의 문화가 백인 다수의 문화에 의해 파괴되었다면, 그리고 만약 이 원주민들이 그들 자신이 원주민임에도 불구하고 그 다수문화에 통합될 수 있었다면, 아무 문제도 없었을 것이라는 사실이다. 그들은 어쨌든—다수문화에 의해서 주어진—삶에 대한 여러 선택지들 사이에서 평가하고 선택할 기회를 얻었다. 이러한 해석에 따르면, 문화에 대한 권리는 개별 문화의 구성원들의 관점에서 외부적인 권리로 여겨진다. 언어가 가지는 중요성은 부차적인 것일 뿐이다. 왜냐하면 언어는 단순히 도구적인 어떤 것으로 여겨지고, 자신을 통합하는 과정에서 자신의 삶에 어떤 의미를 부여할 수 있는 의미 주체들이 가지는 요소들을 만드는 것으로서 여겨지지는 않기 때문이다(Taylor). 이것이 킴리카의 문화주의적 자유주의의 한계이다. 그는 "자신의 삶의 방식을 검증하고 바꿀 수 있는 능력을 최고의 선"이라고 생각한다. 물론 최고라고 하는 것은 아무 것이라도 선택할 수 있는 완전한 문화에 의해서 보장 받을 수 있다(Margalit, Halbertal, 2004, p. 543).

17.
소수자의 국가 형성과 소수자들의 권리

: 킴리카에 대한 비판

 정체성의 권리, 자유에 대한 권리와 같은 문화에 대한 권리의 개념이 킴리카가 다문화주의를 연구하는 방식에 대해 영향이 끼치지 않은 것은 아니다. 개인(혹은 집단) 정체성 형성에 있어서 한 문화의 '가치'에 대해서 별로 의문을 갖지 않았기 때문에, 캐나다의 철학자는 강하게 그것이 가지는 문화적 자유주의의 개념을 제한한다.

 아마르티아 센(Amartya Sen)에게 있어서, 문화적 자유는 보다 폭넓은 의미로, 그것이 개인에게 준 사회적·정치적·경제적 기회들을 넘어서서 고려되어야 한다. 문화적 자유는 그에 따르면, 인간이 가진 자유의 가장 중심에 있는 측면을 가리킨다. 그리고 가능성으로 말하자면, 그가 원하는 대로 삶을 영위하고, 그가 가지고 있고, 사용할 수 있는 다양한 선택 사항들 중에서 선택할 수 있는 기회를

가지는 인간들을 위해 그 자유는 가장 근본적인 측면이기도 하다
(Sen, 2004, p. 31; cf. Sen, 2007, Chap. II). 이러한 관점에서 센은 문화적
자유와 문화적 다양성의 구조적 관계를 정확히 설정한다. 이러한
관계는 하지만 마치 그들의 문화 보따리를 내세우며, 그들의 삶의
방식을 완벽히 변화하는 일을 거절하라고 권고 받은 것처럼, 선험
적으로 전통 문화를 보호하는 것은 아니다. 자유민주주의 사회에
서 수많은 이민 집단의 존재로 특징져진, 문화 다양성의 문제는
킴리가가 생각하는 것보다 더욱 복잡하다. 우선 문화에 대한 권리
는 소수자가 문화적 편입을 하지 않은 상황에 있을 위험이 있을
때 적용되는 것만은 아니다. 그 권리는 한 소수집단의 구성원들이
자신의 문화를 잃고 동화를 하는 데 제한을 받을 위험이 있을 때도
적용된다(Margalit, Halbertal, 2004, pp. 543~544).

그래서 한 문화가 문화에 대한 권리와 문화적 자유를 보호받지
못했을 때, 사라질 위협을 받고 있을 때만, 우리가 그 문화적 권리
와 자유를 상기한다는 것은 잘못된 일일 것이다. 이 권리와 이 자
유는 어떤 소수자에게 특별한 권리, 그리고 면제 받을 권리를 양
도하지 않고, 자신의 문화가 가진 특별한 측면을 유지하는 것이
어려울 때, 그리고 "그 소수자가 자신의 문화를 보호하기 위해서
과도한 자원의 양을 소비해야 할 때"(Ibid., p. 544) 합법적으로 요구
될 수 있는 것이다.

킴리카는 사실 정체성의 문맥으로서의 문화보다는 선택의 문맥
으로서의 문화에 더욱 집중한다. 그리고 이러한 사실이, 그가 문
화적 다양성을 언어행위, 신념, 정신과 종교적 가치, 삶의 형태,

예술 작품, 기술적 도구 등의 현상으로 이해하지 않은 이유를 설명해준다. 앞서 말한 현상들을 통해, 인간의 거대한 가족의 복수성이 표현되고, 그리고 그 현상에서 각 인간 집단(민족, 국가 등)은 한나 아렌트가 제시한 것처럼, 아무도 "그것을 즉시 재생산할 수 없는 세계 속에서의 위치"와 "그 집단만이 표현할 수 있는 세계에 대한 개념"을 나타낸다(Arendt, 2001, Fragment 3c). 아렌트는 세일라 벤하빕이 그 후에 인용하고 발전시킨 언급을 덧붙인다. 문화는 혼질적인 의미작용을 겪은 세계이다. 이 세계는 차별화되고 분쟁이 있으며, 대립되고 대조된 독서와 해석에 열려 있다(Benhabib, 2005, p. 68). 아렌트는 다음과 같이 쓰고 있다. "한 민족 안에 모든 사람들이 평등하게 사는 세상을 고려하는 것이 가능하다고 하는 보다 많은 관점이 존재할수록, 민족은 더욱 크고, 열려 있다."(Arendt, op. cit.) 문화 전체는, 그래서 기본적인 문제들, 공유된 삶 혹은 공통의 상징들의 형태 문제들에 대한 해석을 놓고 다양한 분쟁이 벌어지는 극장이다.

킴리카가 옹호하는 입장의 한계들은 이때 보다 분명하게 나타난다. 한 민족과 한 인간 집단의 문화가 그에게 있어 세계 내 존재의 특별하고 치환할 수 없는 형태, 즉 매우 다른 상호적 관점들과 표현에 따라 세계를 보는 특별한 방식을 표현할 수 없다. 그것은 '사교계 문화', 가능한 한 넓은 선택의 범위를 구성원들에게 보장하는 것을 목표로 하는 사회화의 형태에 관계하는 것이다. '민족 소수자들'의 권리와 '이민자 출신의 소수자들'의 권리 사이의 구분은 킴리카에게는 기본적인 것인데, 그의 입장을 분명히 밝혀주는 것이다. 민족 집단은 그들의 편에서 자기규정의 권리를 요구하고, 어떤 분야에서 결정권을 획득하려고 하고 있다. 이는 특히 연방정부 형태의 정치적·제도적 체계들의 덕을 보고 있는 것이다. 특히 퀘벡의 경우에는 민족 집단들은 어떤 다른 지역도 갖고 있지 않은 특별한 권리를 요구하고 있다(Kymlicka, 1995a, pp. 59~56).

민족 소수자와는 달리, 자율적인 민족을 건설하겠다는 모든 주장을 포기했었던 이민 출신의 소수자들은 자기규정의 권리를 옹호하지 않았다. 그들은 '다종족적인 권리들'을 요구한다. 이 권리는 다시 말하면 그 민족들이, 예를 들어 교육·협회·축제·신문 등을 위한 재정지원에서 겪고 있는 편견과 차별들에 싸울 수 있는 권리 전체를 말한다. 즉, 이러한 차별과 편견들은 "지배 사회에서 경제적·정치적인 성공에 대한 편견 없이 종족 집단을 돕고, 종교 소수자들이 자신의 특수성과 자신들의 문화적 가치를 표현하도록 도우려는 목적을 가진 조치들을 말한다."(Ibid., p. 58)

이러한 민족 소수자들과 이민 출신의 소수자들의 구분으로, 킴리카가 선택의 맥락으로서의 문화를 통해 이해한 것을 분명히 밝힐 수 있다. 그는 문화가 고정된 중심도 정확한 한계도 없다고 확신하고 있었기 때문에, 각 문화의 가치가 그 문화가 그 구성원들에게 제공할 수 있는 의미로부터 부여된 선택의 폭을 통해, 즉 그 문화가 '사교문화'로 평가될 수 있는가에 따라 측정될 수 있다고 생각했다. 이러한 관점에서 이민자들의 집단에게 유리하게 차별화된 조치들의 목적은—권리와 자원의 차원에서—사라질 수도 있는 문화적 다양성을 보존하기 위한 것이 아니라 "의미를 통해 선택할 가능성을 제공하고", "정보에 접근하고 그 정보를 상대적으로 평가할 수 있는 능력을 가지고, 표현과 협력의 자유를 누리도록 하려는 것이다."(Ibid., pp. 147~148) 킴리카의 중심적인 논점이 여기서 자세히 드러난다. 우선시 되는 문화적 소속이 민족의 소속과 다르지 않다는 것이다. 그가 강조하는 것처럼 "사람들이 높이 평가하는 그리고 사람들이 잘 사용할 수 있는 문화와 평등의 종류는 자신의 사교문화 내부에 있는 자유와 평등이다. 그래서 그들은 자기 민족의 영속성을 보장하기 위해서 보다 확대된 자유와 평등을 거부할 수 있다."(Ibid., p. 162) 만약 민족에 대한 충성심이 정치적 이익에 부합한다면, 킴리카는 민족적 숭고함에 대한 개념을 옹호하고, 모든 형태의 후기 민족적 또는 전 세계적 시민성이 유토피아에 속한다고 생각하는 선택을 하지 않을 수 없다(Kymlicka, 2004).

민족국가로서가 아니라 시민국가로서의 국가는 자유민주주의 정부의 비중립적인 개념의 핵심이 되었다. 이 자유민주주의 정부에서 다수결에 의한 국가건설은 이민들과 모든 종족문화 소수자들에게 정당성을 부여해야 한다. 현대 사회들을 위해 철학 혹은 보다 신중하게 다문화정치들을 선택할 필요로 인해 서로 다른 종족 집단들이 다수 존재한다는 사실을 접할 수 있게 된다. 따라서 킴리카는 그 필요가 다수와 소수의 변증법이 조셉 라즈가 생각한 것처럼 분쟁 없이 복수주의에 자리를 마련해주기 위해 사라질 수 있다는 것을 의미하는 것이라고 말한다. 킴리카에 있어서 '다문화정부'라는 이름을 가질 만한 그런 정부는 '후기 민족정부'일 수는 없다. 그 정부는 민족의 원칙에 따라 조직되어야 하고, 민족집단을 위해서 자치정부에 대한 권리를 옹호해야만 한다(Kymlicka, 2003, p. 71). 이민자들과 다른 종족문화 소수자들에게 있어서 정부는 '약한' 사회문화적 통합의 형태를 사용해야만 한다. 이 약한 사회문화적 통합의 형태는 제도들에 진입과 공식어에 대한 학습을 장려한다. 이때 이 형태는 공적인 분야와 사적인 분야에 개인적이고 집단적인 차이들에 대한 표현에 최대한의 공간을 마련해 준다(Ibid.).

킴리카는 서구 정부들의 일반적인 경향을 지적한다. 그 경향은 국가건설과 소수자들의 권리 사이, 즉 소수자들에 대한 정부의 요구와 정부에 대한 소수자들의 요구들 사이의 복잡한 변증법에 의해 드러난다. 그리고 이 변증법을 통해서만 어떠한 종류의 '거류 외국인', 어떤 인종 집단도 배제하거나 소외시키지 않을 수 있다(Ibid., pp. 106~112). 킴리카에게는 다문화정부의 모델을 통해 마이클 월져에 의해 최근 다시 재조명되고, 가장 발전된 서구 민주주의 속에서 세력을 확장 중인 전통적인 자유주의 패러다임을 극복할 수 있다. 이러한 중립적 정부의 모델은 '정부와 종족성의 구분을 극복하는 것'을 바탕으로 구축된다.[1]

---

1) Walzer(2001). 이 점에 대해서는 킴리카(Kymlicka)의 『비판』(1995b, pp. 9~13)을 볼 것.

18.
다문화주의, 상호문화성, 초문화성

브라이언 배리(B. Barry), 세일라 벤하빕(S. Benhabib) 등

킴리카가 생각하는 다문화 사회에 대한 이론은 선택의 문맥으로서 문화의 개념에 관계된 모든 한계를 드러낸다. 파레크(Parekh, 2000)가 해석학적 인류학적 차원에서 강조한 것처럼, 인간의 본성이 항상 어떤 문화에 의해 모델화된 것이라면, 그리고 개인의 인성이 정착된 역사적 문화의 모델 내부에서 발전하고 있다면, 다문화주의자들은 반대로 문화 다양성을 "생명을 유지하기 위한 정신적인 자산으로 생각한다. 실제로 인간은 인간이 발전을 누릴 수 있는 풍요롭고 강한 문화뿐만 아니라, 타인들에게 접근할 수 있도록 해주는 문화를 필요로 한다."(Ibid., p. 350) 이러한 정체성과 문화의 공존성에 대한 가설은 현대 해석학적 인류학의 근본적인 사고 중의 하나이다.[1] 통속적인 해석을 통해 생각하는 것과는 반대로, 다문화주의는 서구의 몇몇 이민자 공동체에서 그리고 오늘날

이슬람 민족에 널리 퍼져 있는 할례나—혹은 여성들의 신체 손상과는 전혀 다른—강제 결혼과 같은 윤리적으로 혐오스러운 어떤 관습적 실천으로 축소될 수는 없을 것이다. 게다가 파레크가 제시한 의견처럼 무슬림들은 그들이 합법적으로 처벌한 폭넓은 범위의 현상을 사회에서 발견하게 된다. 미성년자 학대, 성폭행, 성매매와 같은 것들이 그 예이다(Ibid., p. 351).

바로 이러한 상황에서 세일라 벤하빕(Seyla Benhabib)은 정확히 '복잡한 문화의 대화'에 대한 관점을 옹호한다. 이 대화는 우리가 의견불일치의 상황에 있을 수 있고, 또한 그 문화나 그 문화 속에서 구체화된 세계를 무시하지는 않지만, 여성의 복종과 같은 다른 문화가 가진 여러 측면의 관습과 관행을 거부할 수도 있다는 것을 가정한다(Benhabib, 2005, p. 67). 모든 문화들은 존경받을 가치가 있고, 그들 중 어떤 문화도 낮은 문화로 취급당해서는 안 된다. 그 문화가 풍요롭다 할지라도, "어떤 문화도 단독으로 인간의 삶에서 높이 평가할 만한 완전한 것을 나타낼 수는 없다. 그리고 인간이 가진 가능성의 모든 범위를 발전시킬 수도 없다."(Parekh, 2000, p. 167) 이러한 관점에서 문화들은 서로를 완성시켜 주며, 서로를 교정한다(혹은 완성시킬 수 있으며, 교정할 수 있다). 벤하빕에 따르면 "그 문화들은 상대 문화가 가진 사고의 지평을 상호 이해하고, 인간이 이루어낸 새로운 형태의 성과에 관심을 갖도록 해준다."(Ibid.)

하이데거가 '증여'라고 명명한 현상학적 목록을 문화에 적용하

---

1) 우리는 특히 Geertz(1988; 1999)를 참조할 것이다.

는 것은 매력 있는 일이다. 아렌트는 다음과 같은 말로 그것을 재해석한다. 각 문화는 인간의 자발성·복수성·다양성에 대해서 대치할 수 없는 어떤 것을 표상하고 있다. 증여에 대한 이론가들은 각 문화의 가치가 인류의 세계 내 존재의 수많은 방식이라는 시각에서 특별하고 완전히 독특한 어떤 것을 제시할 능력으로 측정되어야만 한다고 말할지도 모른다. 각 문화 속에서 증여가 무료라는 인정하는 것은 어떤 면에서 그에 대한 부채를 인정하는 것과 같다. 그것은, 마르셀 모스가 그의 유명한 『Essai sur le don』(1924)에서 보여준 것과 같이, 우리가 예전에 적으로 생각했던 민족들과의 연합을 확인하게 만든다(Caillé, 2007; Hénaff, 2002; Dewitte, 2007). 파레크는 자신의 입장에서 문화들 사이의 "두 초점의 대화"(Parek, 2000, p. 271) 개념을 제시한다. 이러한 대화는 저자에 의하면 다수가 비판하고 혹은 억압하는 관행들의 하나를 옹호하는 소수자들에 대해서 다수가 '자신의 구성적 가치들'을 옹호할 때 시작된다. 부분들 간에 때로 과도한 불신이 있음에도 불구하고, 공통된 가치와 이해관계들은 더 강해지고 "문제가 되는 관행과 관련하여 모두가 받아들일 수 있는 해답은 발견될 수 있다."(Ibid., p. 267) 벤하빕 생각하는 것과 같이, 만약 상호문화적 대화가 복잡하다면, 마치 그것이 하나로 통제되고 대립된 장벽들에 관계된 것처럼, 그것은 단지 그 대화가 전체론자와 근본주의자의 관점에서 이해된 문화들 사이에 진행되지 않기 때문이다. 그 대화는 특별한 관점과 관행의 평가에 더 적용된다.

프랑수와 줄리앙(François Jullien)은 정확히 진정한 문화 사이의 의사소통은 인식론적인 의미에서 '대화'라는 용어 자체를 문자 그대로 이해할 것을 요구한다는 것을 강조했다. 로고스는 사실 공동의 이해 가능성을 가리킨다. 반면 『dia』는 대화 상대자들의 관점 사이의 편차와 그들이 가진 많은 (사회적·언어적·정치적·종교적)[2] 차이를 가리킨다. 이러한 이유에서, 마치 문화들이 온전한 교환에 대해 통과할 수 없는, 그리고 완고한 본성적인 실체인 것과 같이, 강한 형태를 가진 문화들이 더 이상 나누어지지 않는다는 가설을 옹호하는 것은 실수일 것이다. 이러한 약분 불가능성에 대한 강력한 가설은 철학적 상대주의의 위험을 활개 치게 한다. 왜냐하면 그러한 가설은 문화들을 그 자체로 모든 의사소통에 닫혀 있고 낯설어 하는, 그들의 가진 인식적이고 정신적인 합리성의 기준이라는 교도소에 갇힌 세상으로 축소하게 되기 때문이다. 이러한 개념에서 문화들이 평등하다는 가정은 다기능의 혹은 그렇게 말할 수 있다면, 박물관식으로 한 문화 옆에 다른 문화를 놓는 (혹은 한 문화 뒤에 다른 문화를 놓는) 줄 세우기에 도달한다. 수세기 동안 그리고 민족들의 역사에서—혹은 오늘날에도—상호 간의 교환이나 차용, 영향을 주고받는 일이 없는 것과 같이, 지배문화들과 피지배문화들이 항상 그들의 역학관계를 끊임없이 재형상화하는 일에 개입되지 않는 것과 같이 말이다.

브라이언 배리가 문화들의 가치평등에 대한 인정이 단지 약분

---

2) 그래서 Jullien(2008)의 두 가지 비판은, 한편으로 다른 세계관에 서구 자신의 세계관을 투영하는 교조적이고 거만한 '보편주의'이고, 다른 한편으로, 고정된 가치들에 다른 문화를 가두어 놓으면서, 다른 문화에 정체성의 징역형을 내리는 게으른 '상대주의'에 대한 것이다.

불가능성의 강한 가설의 다른 측면이고, 그것이 우리가 자유 사회를 다른 사회보다 우월하다고 확신하는 것을 막을 수도 있다고 주장할 때, 그는 비판받아 마땅하다(Barry, 2002, p. 265). 사실 문제는 지구 역사상 어떤 문명도 지난 세기 동안 서구 사회만큼 굶주렸던 적은 없었다는 종족 중심의 단정으로부터 문화 사이의 계층을 복원하는 것이 아니다. 평등한 가치에 대한 가정은 문화들 사이의 상보성, 상호 간의 상대적(절대적이 아닌) 해석적 이해 가능성, 그리고 살아 있는 역사적 형태로 인해 발생하는 끊임없는 문화들 사이의 갈등관계의 역동성 덕분에 끊임없이 문화들이 변형된다는 것을 의식하는 일을, 문화들의 계층관계로 대치하게 만든다. 마찬가지로 "몇몇 사회들이 다른 사회보다 더 높이 평가받을 만하다는 생각들과 인위구조들을 만들었는지 밝히는 일은 그다지 중요하지 않다."(Ibid.) 오히려 더 중요한 것은 각 문화가 단지 인간의 복수성에 대한 표현일 뿐만 아니라, 자신에 대한 존중의 조건이라는 것을 인정하는 법을 아는 것이다. 그때 그 문화는 대중적으로 그것을 공유한 사람에 의해서도, 그것을 공유하지 않은 사람에 의해서도 인정받고 확인받는다. 이러한 관점에서 문화에 대한 베버식의 정의를 상기하는 것이 중요하다. 베버는 실제로 의미작용의 생산과 그 문화에 관계된 의미의 배분에 대한 개인과 집단의 삶에서 문화의 가치를 강조한다. 베버에 따르면 "문화의 개념은 가치의 개념이다. (…중략…) '문화'는 인간의 관점에서, 세계를 만드는 의미가 부족한 유한성의 한정된 조각이다. 여기에 우리는 의미와 의미작용을 부여한다."(1992, p. 154·160, trad. modifiée)

초문화성에 대해

이러한 관점에서, 이제부터는 초문화성의 개념에 대해 더 잘 이해할 수 있다. 이 개념은 "한스 요르그 산드퀼러(Hans Jörg Sandkühler)가 보여준 것처럼, 반대로 상호문화성의 개념과는 반대로, 문화들이 안정된 국경 안에서 통일되고, 외적 형태가 분명한 단위들이라는 확신에 근거하고 있지는 않다." 그에 따르면 "국경은 사실 더 이상 국가들, 종교들, 종족들 혹은 전통들로 인해 설정되는 것이 아니라 유동적이고 동시에 발생한 인간 조직의 역동성과 복잡함 속에서 그들의 기원을 찾고 변형된다."(Sandkühler, 2004, p. 156) 이러한 대립은 다문화성·상호문화성·초문화성, 동일한 복수주의의 세 가지 순간—혹은 이 세 가지 돌출지점—사이의 변증법적 관계를 강조하면서 섬세하게 다듬질 수는 없다. 다문화성은 매우 단순히 동일한 지정학적 공간에서 여러 문화의 공존을 가리킨다. 상호문화성은 다문화 '모자이크' 집단들 사이에 상호 교환과 관계들을 활성화시키면서 종족중심주의와 그 편견들을 깨버린다. 초문화성의 개념은 결국, 사람들이 타인과 관계를 설정한다는 것뿐만 아니라, 칼 로저스(Carl Rogers)의 의미에서 타인에게 '동감하는 수용의 태도'를 선택한다는 것을 가리킨다.

정신적인 본성의 흐름이 변화하는 것을 넘어서 '초문화성'의 개념은 '상호문화성'의 개념과 매우 가깝다. 상호문화성의 개념은 다문화주의와 멀지는 않지만, 불충분함들을 비판하고, 다문화주의가 갖는 개념의 한계들을 극복하기 위해 여러 연구자들에 의해 확산되었다. 사실 문화들의 권리와 상호 존중의 필요를 인정하기는 하지만, 다문화주의는 상호문화주의자들의 접근법과는 달리, 문화들 사이의 갈등과 그리고 다양성 속에서 통합을 구축할 필요 그 이상이 아닌 그 평화적 해결의 필요에 대한 문제에 크게 관심을 두지 않는다(Romero, 2003, pp. 11~20; Grupo de Trabajo Flape Colombia, 2005).

이러한 이유로 순수하고 단순하게 지오바니 사르토리(Giovanni Sartori, 2005)처럼 다문화주의의 개념을 포기하기보다 몇몇 저자들은 '건설적인 비판'을 선택하고 싶어 한다. 이러한 비판은 다문화성과 상호문화성의 개념들 사이에 극단적인 대립을 반박한다. 이러한 관점에서 다문화주의는 어떤 일로도 '발칸화' 혹은 사회 질서의 세분화와 동의어는 아니다. 다시 말해서 열린 사회의 가장 나쁜 적들 중 하나가 아니라는 것이다(Cacciatore, 2007; Gessa Kurotschka, Cacciatore, 2007). 다문화주의에 대한 부정적인 해석은 단순히 차별을 근절하고, 문화다양성을 인정하는 다문화주의와 상호문화성이 가진 공통된 특징들을 제거하도록 유도하는 것만은 아니다. 그와 더불어 그 해석은 유럽의 근대성이 가진 두 가지 역사적·문화적 핵심 기반을 숨기게 한다. 그 첫 번째는 서구 정체성이 형성될 때 식민지 역사의 근본적인 역할이고, 두 번째는 다른 문화들의 구성적 특성으로의 복수성과 다문화성에 대한 몰이해이다(Romero, 2003). 문화들이 서로 접촉할 때, 한정된 관행과 신앙들이 문제가 되지, 엄격하게 제한되고 통일된 전체성은 문제가 아니다. 벤하빕이 설명하는 것처럼 "예를 들어, 우리는 중국문화의 서예, 도자기, 정직한 노동의 가치에 대한 애착을 존경하면서도, 여성들이 전족을 하는 오래된 전통을 비판할 수 있다. 우리는 이와 마찬가지로, 인도의 연애에 대한 전통, 복수주의, 미에 대한 선의를 존중하면서도, 사티(죽은 남편을 따라 그 부인이 같이 화장되는 것)라는 논란이 많은 관습을 다시 재조명할 수 있다."(Benhabib, 2005, p. 67)

미세한 구멍이 많은 성격과 내부의 복수성 때문에, 문화들은 서로 침투하고, 끊임없이 변모한다. 상호영향, 해석, 혼융의 과정에서 있는 문화들은 그 문화들이 누그러뜨릴 수 없는 갈등을 겪고 있는 것 같을 때도, 서로 작용을 주고받고, 서로 영향을 끼친다. 그러나 상호문화적 대화는 단지 합의점만 도출해내야 하는 것만은 아니다. 그 대화는 "문제가 되고, 비판을 받을 수도 있지만, 타인이 자신의 정체성을 밝히는 데 도움을 주기 위해서"(Zamagni, 2002, p. 259) 구분 점들과 대립 점들도 밝혀내야 한다. 문화의 형태에서 약분 불가능성에 대한 가설은 그래서 멀리해야만 한다. 왜냐하면 그러한 가설은 문화들 사이에 화해할 수 없는 대립—장-프랑수와 리오타르의 용어에 따르면 갈등(différend)—을 조장하기 때문이다. 마치 문화들이 서로 전혀 이해할 수 없다고 치부해 버리는, 완전한 공동의 평가기준이 없는 담화 장르에 관계하는 것처럼 말이다.

이사이아 베를린(Isaiah Berlin) 혹은 리차드 로티(Richard Rorty)에 의해 옹호된 것과 같은 약분 불가능성의 '약한' 형태들은 더 이상 충분하지 않다. 매우 거리가 먼 철학적 영향들로부터 출발하여, 이러한 형태들은 '복잡한 문화의 대화' 내부의 잠재성들을 단합하여 저평가하고 있다. 그래서 베를린은 '다문화 사회'가 19세기의 큰 이상이었다는 것을 고려한다. 왜냐하면 "우리는 다양성은 자산이고, 서로 다른 민족들이 평화롭게 살 수 있다는 것을 생각하는 데 익숙했기 때문이다." 그런데 프랑스계 캐나다 인, 벨기에의 플라망들, 스페인의 바스크들, 팔레스타인의 유태인과 아랍 인들의 분리 요구가 발전함에 따라 '다양성 속에서의 통일의 이상'은 산산 조각난 것 같다(Berlin, 1994a, p. 82). 그래서 베를린에 있어 우리에게 남은 모든 것은 가치들 사이에 치명적인 충격은 피하고, 갈등을 약화하고, 마차에 차린 상점에서 우리가 균형이라고 부르는 것을 설정하려고 노력하는 것이다. 요약하면 규칙·가치·원칙들이 어떤 상황에서 상호 양보에 이어질 수 있도록 노력하는 것이다(Berlin, 1994b, p. 39).

넓게는 기능주의적이고 보다 자세하게는 존재론적인 이러한 해법은—가치와 문화는—최고의 존재론적 선택에 속한다. 그러나 가치와 문화들이 문화들과 민족들이 가진 역사의 구성적 특징인 서로 간의 상호행위, 해석, 변형의 과정을 겪지 않은 통일된 전체성들이라고 가정하고 있다. 로티는 이러한 입장에서, 우리가 "자리 잡고 우연한 우리라는 실체"에 속해 있다는 것을 재발견할 수 있게 해주는 '절제된 종족중심주의'의 기호 아래 자유주의 문명의 가치를 탈이론화하는 것에서 충분하다고 생각한다(Rorty, 1991, pp. 203~210). 그런데 이러한 반기반적 방식이 혼자서 서구 합리성에 대한 자아비판을 시작하고 다문화적 공생의 문제들에 대한 새로운 접근에 이르게 하는 데 충분한 것인가?[3]

대화 다문화주의를 위해서

잘 이해된 다문화주의는 한 사회 내부에서 다수의 유해한 공동체주의들에 자양분을 제공하면서, 일종의 문화 분열을 초래하는, 차이들을 인정하는 정치를 증진할 수 없을 것이다. 그 정치는 반대로, 가능한 선에서, 공공영역 내부에서, 특히 다수 문화와 소수 문화 사이의 변증법적 연결을 중심으로 문화적 공동체들의 정체성에 대한 비판적 숙고와 대화를 증진해야 한다. 이러한 대중의 대화만이 문화들 간의 교환이나 뒤섞임을 장려할 수 있다. 또한 그것은 필요할 때 서사들 사이의 열린 갈등을 야기할 수 있다. 그러나 이러한 갈등들은 시민 사회 한가운데에서 의사소통, 대화의 과정들과 이해 형태들의 강력함으로 인해, 소수집단과 다수 민족 공동체의 '문화유산'의 재사유화와 변형을 초래할 수 있다. 이러한 종류의 계속된 접촉은 단지 소외되고 배제된 집단에 가해진 불공정한 처우와 부당함을 밝히는 데 기여할 수 있다(Benhabib, 2005, p. 111).

복잡한 문화적 대화에 의해 설정된 공간에서, 자유민주주의 사회들에 정착한 다수의 이민 집단의 후기 식민주의적 조건을 접해야 하는 일이 발생한다. 파리 외곽 지역의 최근의 폭동이 비극적

---

3) 이러한 관점에서, 우리가 미국에서 문화적 좌파(Cultural Left)로 부르는 것에 대한 완전히 정당한 그의 비판을 이해해야 한다. 로티(Rorty)에 따르면, 이 학문 사회에서 추방된 '문화적 좌파'는 종족적이고 문화적인 문제에 대해서만 관심을 집중하기 위해서 미국 노동자 계급의 구체적인 문제들에 관심을 갖지 않고 있다(Rorty, 1998, 2002; Fistetti 2004).

으로 드러냈던 것처럼, 이 집단들은 사실—그들의 출신 지역에서 겪은 식민지의 억압 이외에도—그들을 받아들인 사회에서 진정한 사회적·경제적·문화적 아파르트헤이트의 희생자가 될 위험에 처해 있다. 이러한 유형의 문화적 대화는 다수의 국가건설 과정에서 소수자들에게 가해진 불공정성을 수정하는 것에 그친 킴리카에 의해 옹호된 '종족문화적 정당성의 개념'을 확대하게 할 수 있다 (Kymlicka, 2006, pp. 68~69). '같은 수의 대표로 구성된' 상호문화적 대화—다시 말해서 메인 스트림의 문화를 장려하지 않는 그런 대화—는, 공식적인 역사기술과 수사에 의해 널리 알려진 민족정체성을 건설했던 다수의 국민건설의 제국주의 역사를 다시 생각하게 하는 데 도움을 줄 수 있다. 그리고 이미 단단히 구축된 다수의 국가건설을 희생하여 억압받고 식민화된 민족들의 기억에 피난처를 제공할 수 있을 것이다.

장-마크 페리(Jean-Marc Ferry)는 이러한 관점에서 유럽 국가들의 '재구성' 체계에 대한 가설을 옹호한다. 그 체계의 특징은 지배 문화의 폭력을 경험한 민족들에게 국가의 기억을 열어주고, 그 민족들의 문화를 인정한다는 것이다. 이러한 체계는 유럽 사회들이 자신의 과거와 상위 민족적, 그리고 후기 민족적인 정치 조직을 건설했던 것에 대해 민족들의 화해에 첫걸음이 될 '자아비판의' 관계를 설정하라고 요구하고 있다(Ferry, 2000).

철학적인 개념으로서의 다문화주의는 대화와 관용처럼 계몽시대의 고전적 가치들을 단순히 옹호하는 데 그칠 수밖에 없을 것이다. 다양한 담론 모델이 아렌트가 대화자들이 의사소통에서 가지는 역할의 교환성, 상호성, 완전한 평등 속에서 "권리들을 가질 권리"라고 부른 것에 대한 인정하도록 만들었다. 다문화주의는 이 다양한 담론 모델에 의해 옹호된 인권의 정당화를 넘어서 나아가야 한다(Benhabib, 2007, pp. 58~64). 상호문화적인 대화는 단지, 서구의 정신적이고 정치적인 유산인 보편적인 가치들이 역사적으로 한정된 문맥 속에서, 벤하빕이 '상호행위적 보편주의'[4]라고 명명한 '해석학적' 작용에 의해서 재정립되고 재구축된다는 사실만을 가정하는 것은 아니다. 그것은 또한 기억의 화해를 요구한다. 이러한 요구는 식민주의에 의해 다른 민족들에게 가해진 상처를 치료하기 위한 것이다. 이러면서, 또한 아무런 반감 없이, 다른 국가들에게 만들었던 고통들을 인정하는 국가적 기억의 형성은 여러 고통스런 사건들이 더 이상 미래에 재발하지 않도록 만들기 위한 것이다.

민주주의 권리의 불충분함

그러나 벤하빕이 생각하는 민주주의 권리의 모델이 법적인 측면과 제도적인 측면에서도, 문화들 간의 실제 변증법을 밝히기 위해 충분한 것인지 생각해보아야 한다.[5] 분명히 그렇지는 않다. 우

---

4) 혹은 동일과 차이, 추상적인 것과 구체적인 것, 도덕적 원칙과 법적 형태 사이의 중재의 성격을 표시하기 위한 '민주적 반복'을 이야기한다. 벤하빕의 방식에 대해서는 이 책의 부록을 참조할 것.

5) 벤하빕(2005, Chap. IV)을 참조할 것. 그의 새로운 형태의 지역적 색깔이 없는 시민성에 대해서, 그리고 범세계적인 연방제에 대한 사고에 대해서는 벤하빕(2006, Chap. 5)과

리가 스튜어트 홀(Stuart Hall)의 이론 다음에 강조했던 것처럼, 후기 식민주의와 다문화 사회의 시대에, 근대의 모든 정치적 범주들은—국민국가와 같이 종교와, 종교와 관계없는 영역을 분리하는 하는 원칙—그것을 폐기하려고 했던 과정들을 되살려야만, 다시 말해서 오늘날 우리의 새로운 도전으로 얻은 성과 아래서 그것들을 재정의할 필요와 그들의 우연한 역사적 특징들을 의식했을 때만 사용될 수 있다.

이러한 의미에서 문화에 대한 권리를 둘러싼 토론을 지금까지도 유효한 매우 좁은 한계들을 넘어서 밀고 가야하고, 어떤 지점까지 어느 정도에서 개인이 자신의 문화로부터 빠져나올 권리가 있는지 확인하는 것이 중요하다는 그런 생각을 극복해야 한다. 문화에 대한 권리가 매우 엄격한 비판을 통해서도, 자신이 물려받은 문화를 변형하고 검토하며 풍성하게 하는 권리, 즉 소속집단에 의해 혹은 자신의 가족을 통해 받은 교육에 대립하는 권리를 의미한다는 것은 분명하다. 왜냐하면 그 문화가 읽을 수 있는 것이 되기 위해서는 문화공동체에 속하는 것은 반성적인 것이 되어야 한다. 즉, 자율적이고 이성적인 반성의 결과여야 한다(Benhabib, 2005; Habermas, 2008; Sen, 2000b).

이러한 관점에서 수잔 오킨(Susan Okin)이, 어떤 공동체가 가진 문화에 대한 인정을 요구하는 일 뒤로 몸을 숨기면서, 가부장제와

세일라 벤하빕(Seyla Benhabib)과 제레미 왈드론(Jeremy Waldron)사이의 토론, 보니 호이그(Bonnie Honig)와 윌 킴리카(Will Kymlicka)가 『Post』(2006)에서 행한 토론의 요소들을 참조할 것.

가장 비열한 형태의 여성에 대한 압력을 행사하려는 매우 강력한 형태의 다문화주의에 반대하는 입장을 견지했다는 것은 옳다(Okin, 2006; cf. Pievatolo, 2006, pp. 115~118; Pasquinelli, 2007). 그러나 다시 한 번 이브 자르카(Yves Zarkja, 2004)와 같은 수많은 자유주의 저자들이 그렇게 생각하듯이, 그러한 사실이 다문화주의가 집단들에 대한 문화 권리에 대해 말하는 것이 불법적이라는 것을 의미하지는 않는다. 이브 자르카는 킴리카와의 논쟁에서 '다문화주의적 시민성'이라는 그의 개념을 "실제로 부정하게 다시 들여온 모티브라고 치부해 버렸다. 그것이 자유와 헌법에 의한 민주주의가 가지는 근본적인 원칙에 반대되는 긍정적인 차별의 방식, 차별하는 사회, 그리고 결정적으로 후퇴하는 사회에 대한 것이라도 말이다."(Ibid., p. 137) 요약하면 자르카에 따르면, 문화적 차이들의 합법성은 집단적 권리에 대한 사고가 아니라, 주관적 권리에 대한 고전적인 사고에만 기반을 둘 수 있다. 그런데 소수문화가 어떤 상황에서 살아남기 위해서는 특별한 권리를 그들에게 부여해야 하지 않을까?[6]

스튜어트 홀이 그것에 대해 거론했던 것처럼, 다문화주의에 대한 대화의 중심은 자유민주정부에서 문화들 사이에 구축된 관계에 근거한다. 그런데 이러한 관계는 단지 대화적이지만은 않다. 그 관계는 단지 조화로운 대화의 형태 아래서만 나타나지는 않는다. 그 관계도 그람시가 말한 헤게모니를 위한 투쟁의 과정, 즉

---

6) 권리의 행사가 그 공동체 엘리트들의 지배와 그 공동체 구성원들의 개인적인 권리의 제한 혹은 침해를 정당화할 수는 없을 것이지만 말이다.

특별한 문화들이 지배공동체에게 말하는 인정 요구의 확산과 이동의 움직임인 것이다(Hall, 2008g, pp. 403~408). 헤게모니를 위한 투쟁은 이렇게 문화공동체와, 패렉이 강조한 것처럼 '구성적 가치'에 대해 고유한 유산을 부여받은 수용 사회 사이의 대립을 표현한다. 근본적인 문제는 보편적인 것과 특수한 것, 평등과 차이 혹은 낸시 프레저(Nancy Fraser)가 제시한 것처럼 자원의 배분과 차이의 인정 사이를 연결하는 데 있다.

벤하빕에 따르면, 다문화주의는 특히 현대 유럽에서 재분배의 문제와 인정의 문제들, 종족문화의 차원과 사회계급의 현실을 연결할 수 있어야 한다. 왜냐하면 유럽의 '타인들'은 우선 남 혹은 북아메리카 인, 캐나다 인, 혹은 호주인이 아니기 때문이다. "그들은 대부분 제3세계 국가, 아프리카·아시아·중동, 그리고 옛 유고에서 왔고, 그들은 그 중에 능력 있는 샐러리맨과 비즈니스맨이 가끔 있기는 하지만, 일종의 유럽 '룸펜 프롤레타리아'이다. 그런데 구유럽의 강대국이 최근까지 그들에게 가했던 억압과 착취에 대해서, 그 강대국들은 그 '타인'들에게 지불해야 할 빚을 가지고 있다. 파리 '외곽'의 폭동과 '이슬람 여성의 두건 사건'은 계급의 불평등, 사회적 불공정성, 시민권에 대한 위반, 문화적 차이에 대한 몰이해들이 결합하는 것이 얼마나 해로운지 예로써 보여주는 사건들이다."(Benhabib, 2006a)

자유민주주의 사회에서 헤게모니 투쟁은 시민권에 대한 요구[7]

---

7) 정치적 권리뿐만 아니라, 경제적·시민적·사회적 권리도 역시 그러하다.

를 통해 사회적 불평등이나 권력의 불균형을 축소하기 위한 것이 거나, 어떠한 세계관도 타인에 대해서 미리 판단해서는 안 되는 진정 혼질적인 공간으로서의 열린 민주주의를 유지하기 위한 목적을 가진다.[8] 그러나 이러한 공간에서 다양성들은 차연(différance)으로서 기입되어야 한다(Hall, 2008g, p. 408). 이 차연은 자족적이고 닫힌 단일체를 의미하는 것이 아니라, 반대로 협상과 화해, 그리고 그람시의 이론에서 개별적인 그들의 언어를 '해석할 수 있는 가능성'에 열린 투쟁적인 관행과 담론을 의미하는 것이다.

인정 이론의 관점에서 몇몇 주체(사회계급 혹은 문화 소수자들)가 행한 인정 투쟁의 목표는 지배자들의 인정에 대한 규칙을 문제시 삼는 데 있다. 이때의 규칙은 마치 평가절하, 폄하, 사회적 무시의 원인으로 인지된다. 그러한 의미에서 자유민주주의 사회에서 헤게모니 투쟁의 관건은 대개 정당하지 못한 권력의 불균형에 대한 합법화와 사회적 불공정이 띠는 분명한 형태로서 여겨지는 규칙과 체계를 뒤엎거나 폐지하거나 개선하는 데 있다(Pourtois, 2002; Manfredi, 2004). 그 때문에 헤겔의 영향을 받은 엠마누엘 르노가 제안한 것과 같이 '인정을 위한 투쟁'과 '인정의 투쟁'은 구분되는 것이 정당하다. 전자의 목적은 상호성의 단절에 의해 파괴된 인정 관계를 회복하면서 사회적·제도적 질서 내부에 합의된 통합과 화해를 보장하는 것이다. 후자는 투쟁적인 성격을 가지는데, 그 자체로 수많은 과실과 억압을 통해 경험한, 인정에 대한 명백한 거

---

8) 근대화 역사의 과정에서 오늘날에 이르기까지 민족정체성의 건설과 함께 일어났던 것과는 다르게 말이다.

부에서 기인하는 것이다. 그리고 이 후자의 목적은 기존의 사회적·정치적 서열을 문제 삼고자 하는 데 있다. 대부분 현대의 사회적·정치적 투쟁은 이 두 가지 형태에 고유한 요소들을 제시한다 (Renault, 2007).

현대 민주주의 사회에서 헤겔과 그람시의 교훈은 다음과 같은 말로 재형식화될 수 있다. 그 어느 때보다 사회적 투쟁은 문화 투쟁과 윤리적·종교적 세계관 사이의 갈등 형태로 발전해 오고 있다. 그 투쟁들의 관건은 단순한 헤게모니 쟁취로 환원되지 않는다. 아비샤이 마르갈리트(Avishai Margalit)가 제기한 것과 같이, 역사적으로 지배적이었던 문화가 그들의 품 안에, 사회제도를 통해 체계적인 방법으로 사용될 수 있는 복종문화들의 집단적인 표상들을 끌어안지 않으려고 노력한다는 것이 더욱 중요한 사실이다 (Margalit, 1999, trad. modifiée, p. 162).

마르갈리트가 '온당한 사회'를 제도가 사람들을 무시하지 않는 사회의 형태로 규정한 것은 상기하는 일은 여기서 중요하다. 이러한 관점에서 어떤 문화는 (혹은 그 문화의 특별한 형태) 긍정적인 의미에서 헤게모니를 가진 것으로 여겨질 수 있다. 그러한 경우에 해당하는 문화들은 다른 문화에 한 위치를 제공하고 다른 문화보다 더 두드러져 보이는 것이 아니라, 그 문화들 간의 의사소통과 경쟁을 받아들이고 장려하는 문화들이다. 그러나 이러한 사실은 모든 비판을 막아버리자는 것은 아니다. 오히려 다양성에 대한 무시와 배제를 초래하지 않고 그것들에 근거하지 않는 비판의 형태들을 발전시킨다. 예를 들어, 종교와 관계없는 삶의 형태들은 지적이고 형이상학적인 이성들 전체를 위해서 종교적 삶의 형태에 대립한다는 것은 분명한 사실이다. 그러나 여기서 비판이 원칙의 거부 형태를 띤다는 것과 위에서 제시한 삶의 방식, 각각 속한 사람들이 개인들의 삶의 계획에 비추어 보았을 때, 그리고 대중정치와 제도들의 공간에서 그들이 대립하고 있는 형태들의 가치를 인정하기를 거부한다는 것은 받아들일 수 없다. 2006년 덴마크 일간지『Jyllands-Posten』에서 출간된 모하메드에 대한 캐리커처 사건에서 보여주었듯이, 아직 합법적인 비판과 원칙의 거부, 즉 타인에 대한 아이러니한 비방 사이에 분명한 경계선을 설정한다는 것은 어려운 일로 남아 있다. 그 캐리커처들을 '이슬람에 대한 모욕'으로 해석한 아랍 국가들의 격렬한 반응은 얼마나 타인의 가치에 대한 비판과 무시 사이의 경계가 좁고 예민한 것인지 보여준다. 하물며, 지배문화에 차별대우를 받았다고 느끼는 약한 집단과의 관계들이 문제라면 이는 더욱 더 그렇다.

19.
지역 특유의 다문화주의를 위하여

    다문화주의자들의 관점에서 '좋은' 사회는 다양성을 증진하고 그 사회가 보호하는 다양한 문화와 다양한 개념들 사이에 창조적인 대화를 장려하는 사회이다. 그 점에 관해서 패레크가 제안한 하위문화적 다양성과 공동체적 다양성 사이의 구분은 매우 분명하고 적절하다. 후자의 범주, 즉 공동체적 다양성의 범주에 패레크는 우리가 두 가지 형태의 공동체로 환원할 수 있는 문화적 차이를 포함시키고 있다. 첫 번째 공동체는 스스로 국가로 구성될 것을 주창한다. 이러한 공동체는 자율적인 원주민공동체인데, 예를 들어 카탈란 인·바스크 인·스코틀랜드 인·퀘벡 인들이 그렇다. 한정된 지역에 오랫동안 정착해서 살고 있는 공동체도 이 예에 해당한다. 헤브루 인·지탄 인·아미쉬 등이 그러한 예에 속한다. 두 번째 공동체는 세계화로 인한 이민의 물결로 인해 새로운 이민자들로 구성된 종족문화적 공동체이다(Parekh, 2000, pp. 3~4).

하위문화의 다양성과 미래의 다양성은 현대 사회의 도덕적 복수성, 즉 대립과 갈등을 가진 무거운 가치의 복수성에서 나타난다. 하위문화의 다양성은 지배적이고 문화적으로 코드화된 가치체계에 대립하는 개인적 삶의 스타일의 매우 거대한 분야를 감당하고 있다. 게이들과 레즈비언들, 그리고 규약적이지 못한 존재로서 삶을 살고 있는 모든 사람들이 이러한 범주에 속한다. 패레크가 단정한 것처럼 "그들은 선택적인 문화를 대표하는 것이 아니라 기존 문화를 복수화하려고 노력한다."(Ibid., p. 3) 패레크의 입장에서는 "미래의 다양성도 지배문화의 원칙과 가치에 대해 매우 비판적이다."(Ibid) 페미니스트들은 가부장적인 편견과 싸우고 있고, 전통주의 종교운동은 비종교적 삶의 방식과 논쟁을 벌이고 있다. 환경보호주의자들은 자연과 지구에 대한 인류중심적이고 기술주의적인 개념들에 대해 비판한다. 이 모든 것들은 각기 자신의 방식으로 지배문화가 재정의하는 데 필요한 지적 관점들을 대표하고 있다(Ibid.).

다문화주의 사회와 다문화주의의 개념들이 다양성의 세 가지 형태들의 공존과 뒤얽힘을 지적하기 위해서 사용될 수 있지만, 그 개념들은 공통적으로 세 번째 유형의 다양성, 즉 공동체적 다양성을 통해 나타난다. 고유한 국가건설을 열망하는 집단들 혹은 비교적 최근의 이민들 출신의 집단들에 관계되어 있다고 할지라도, 이러한 개념은 우선 구분된 문화집단으로 구성된 사회를 가리킨다. 그러나 만약 이러한 개념이 역사적이고 이론적인 중요성을 띠게 된다면, 그 이유는 그 개념들이—국민국가의 존엄성에 집중된—현대의 통치 성격이 새로운 형태의 통치 성격으로 전환되는 국면을 기술하기 때문이다. 통치 성격은 그 안에서 현대의 정치 개념들이 점점 지연되고 이동되고, 혹은 데리다의 이론을 기반으로 스튜어트 홀이 주목했던 것처럼 폐기하려고 했지만 아직 살아 있다. 즉, 다시 말해서 오랫동안 계속되어 온 해체와 재건의 대립적 과정에 잡혀 있는 것이다.[1]

이러한 관점에서 이러한 문화들 중 '미래의 다양성'을 요구하는 몇몇 문화들은, 패레크에 따르면 마치 그들이 잘 정의된 사회집단에 특별한 위상을 구성해주었던 것과 같이 '구역화'될 수는 없을 것이다. 이 문화들은 오히려 보다 정확한 사회질서 구축을 목표로 한다. 그 질서 안에서, 예를 들면, 부의 사회적 재분배는 더 이상 성별의 구분에 따라 이루어지지 않는다. 그러한 가운데 '같은 수의 대표자들이 정한 조항'들은 모든 시민들이 공공생활에 참여하도록 장려할 뿐만 아니라, 도덕적·종교적·사회문화적인 다양한 가치들 각각의 평등을 증진할 수 있을 것이다(Fraser, 2001; 2007). 예를 들어, 어떤 페미니스트 문화가 1970년대부터 성의 계층과 경제와 가정 구조들이 하는 역할, 그리고 가부장적인 전통이 그것이 재생산되면서 가지게 된 많은 함축적 의미의 역할을 문제시했다는 것을 생각해보는 것으로 충분하다. 페미니스트 메리 오브라이언(Mary O'Brian)이 매우 성공한 언어유희로 설명한 것처럼,

---

1) 이에 대해서는 데리다(2007)의 마지막 강연을 볼 것.

mainstream(주류) 사고는 malestream(남성류), 즉 서구 문화에서 백인 남성의 사고인 것이다. 분명한 것은 여기서 추구하는 목적이 서구 문명에서 헤게모니가 된 삶의 형태들을 지지하고 정당화한, 천 년 이상 된 이론적 범주들의—그리고 상식의 범주들도—구조를 근본적으로 변형하는 데 있다는 것이다. 지난 수십 년 동안 여성들이 제기했던 문제들은 사실 서로 다른 생애의 문화와 과정들에서 나온 것이다. 그리고 두 명의 여성이 최근 단정했던 것처럼, 이 문제들은 더 나은 사회, 여성들의 사회를 위해서 문화 변형의 운동에 대해 열려 있다(Garavaso, Vassallo, 2007, p. 115). 이와 동일하게 특히 미국과 영국에서 블랙 페미니즘의 정치적 경험과 이론적 기여는, 현대 사회의 성차별주의 지배와 인종차별주의의 지배 사이의 교류를 강조하면서, 이러한 문화들이 사회적 계층과 지배문화에 접해 감추고 있었던 잠재적인 비판들을 적극적으로 표명하고 있다(Fougeyrollas-Schwebel, Lépinard & Varikas, 2005).

우리가 여기서 보고 있는 페미니즘은, 다시 말해 그 목적이 '여성 사회'의 구축인 문화 변형의 운동으로, 청년 '하위문화'와 같은 범주로 분류될 수는 없다. 이 하위문화들, 특히 음악과 관련된 하위문화들은 그것이, 예를 들어 헤비메탈, 사이키델릭한 록, 테크노, 하우스, 레이브 등이든 상관없이, 우선 소외, 위반, 즉 밀교의 형태들을 강조하고, 현대 소비 사회의 물질화된 성격과 피상성에 언더그라운드의 진정성을 대립시킬 필요를 표현하고 있다. 이 청년 하위문화들은 우선 전통적인 종교들로부터 세속화된 등가물이다. 삶의 형태와 특별히 의례적인 관행들 옆에, 그 하위문화들은 사실 자신의 고유한 세계관들로부터 분리할 수 없다. 그러나 그 문화들은—페미니즘의 경우와 같이—그렇다고 해서 내부로부터 정치와 사회의 지배적 질서를 혁명하고, 변형하고자 하는 목표를 가진 것은 아니다(Gauthier, 출간예정).

동화를 넘어서

다문화주의라는 용어가 철학적 차원과 대중정치를 통해 받아들일 수 있었던 다양한 의미가 어떤 것이든지 간에, 우리가 다문화적 성격으로 규정한 사회는 오랫동안 어떤 사람이든 모든 시민들이 스스로 동화해야 했던 민족문화를 성장시켰고 강요했다. 그런데 이 사회들은 이러한 길, 동화의 길을 더 이상 계속 갈 수 없다. 이 사회들은 이중의 도전에 직면해 있다. 그 첫 번째는 우리 자신에서부터 발생한 것이고, 윤리적(종교적이든 비종교적이든) 문화와 가치들의 많아지면서 나타난다. 두 번째는 정부들의 경계를 점점 더 구멍이 많은 것으로 만들었고, 문화들을 점점 더 디아스포라적이고 혼융과 상호 혼합에 열린 성격을 띠게 만든 떠들썩한 세계화의 과정에서 발생한다. 그렇지만 혼융과 혼합이 그 자체로 긍정적인 가치를 구성한다. 그들은 반대로 깊은 양면적 성격을 띤다. 제임스 클리포드(James Clifford)가 강조한 것처럼 "혼융은 정치가 경제상황에 따라 변하는 성격을 가지고 있고, 이론적인 원칙으로 연역될 수 없다."(Clifford, 1999, p. 20) 단순한 부정의 이분법적 도식주의에 따라 우리가 사용할 수 있고, 우리의 합리성을 형성하는 개넘들과 관행들을 강조하고 바꾸고, 쓰기에 편리한 것으로 만들려고 노력하는 대신, 이 시도가 개념과 개념을 대립시키고 혹은 관행과 관행을 대립시킬 만큼 대단한 것이다. 그 이유는 바로 근대성의 범주들이 없어지지 않고 남아 있기 때문이고, 우리는 그 범주들을 다른 것으로 바꾸기[2] 위한 다른 범주들을 가지고 있지 않기 때문이다. 예를 들어, 오늘날 세계화의 과정에 의해 구조적으로 침식된 정치적 근대성의 역사적 지주인 손익을 통해 국민국가를 만들자고 요청하는 사람들은 이런 종류의 시도를 양보한다. 이로부터 그들의 전 세계적이고 지구적인 담화와 망명자·이민·추방자들에 의해 대표되는 '소수자의 근대성'에 대한 애착이 생긴다(Mellino, 2005, p. 186). 보다 강한 이유에서 클리포드의 방법론적 조언에 주의를 기울여야 한다.

가장 자주 정치적 관점으로부터 계획하는 것은 누가 권력을 갖고 있고, 헤게모니를 지지할 능력이 있는 누구에 반대해서 민족성 혹은 초민족성, 혼융성을 무대 전면에 등장시키느냐를 아는 것이다.

(Clifford, 1999, p. 20)

이러한 관점에서 문화적 근대화에 의해 위협받는다는 느낌을 갖는 정체성을 강화할 의지에 의해서 활성화되기도 하지만, 근본주의도 초민족성을 전면에 드러내는 한 방식이다.

---

2) 적어도 만약 대칭적인 치환 혹은 전복을 수행하는 것이 중요하다면 말이다.

칸트의 이성주의의 영향에 따라 세계 시민의 근대적 이상을 추
구하는 전 세계주의만 존재하는 것이 아니라, 또한 이안 부루마
(Ian Buruma)와 아비샤이 마르갈리트(Avishai Margalit)에 따르면 우
리가 '반서구주의자'라고 명명할 수 있는 전 세계주의도 존재한
다. 세계적 문화 망에 기반을 두고 형성된 이러한 전 세계주의는
근본주의와 전체주의 정치를 옹호한다. 국제적 문화 망에 근거하
여 이 전 세계주의는 자신들의 출신을 보호하는 근본주의와 전체
주의적 정치를 옹호한다. 이러한 정치는 서구 문화의 한가운데에
서 근대 자유주의와 과학, 문화를 향한 많은 비판의 근거를 끌어
온다(Buruma, Margarlit, 2004).

그렇지만 가미카제들의 근본주의 '성전'의 병사들은, 단지 서구
의 비인간화된 환경에 의해 중독된 결과만은 아니다. 그것은 발전
의 경쟁 속에서 "왜 유럽 사람들은 우리가 뒤쳐졌을 때 발전하고
있는가?"(Dupuy, 2002, p. 44)라고 생각하는 지구에 존재하는 악한
들의 유사한 경쟁에 책임을 전가하는 반감의 영향이기도 하다. 모
든 민족 사회들은, 인간 역사가 세계화되고 있는 상황에서, 어느
정도는 디아스포라 공동체가 되었다. 그 속에서 로컬과 글로벌은
'종족의 파노라마'와 '글로벌한 외쿠메네(Ökumene)들'을 형성하기
위해서 서로 뒤섞이고 있다. 이 사회들은 다수문화와 (그리고 우선,
그 사회 내부에서) 소수문화 사이의 헤게모니를 위한 투쟁의 극장
이다. 그것은 이민 사회건, 국가건설을 열망하는 종족문화 집단들
혹은 정신적으로 매우 다양한 삶의 방식을 인정해 달라고 하는
또는 가족관계, 성 관계 속에서 정의를 위해 투쟁하는 집단들이

건, 다 마찬가지로 적용된다.

지역 특유의 다문화주의

살펴본 관점에서 현대문화주의는 '지역 특유의 다문화주의'라는 용어로 지칭할 수 있다. 이 개념은 이 과정을 계속된 변화로 이를 지칭할 수 있도록 만든다. 이 변화를 통해 지속적인 힘의 관계, 그리고 법치국가의 다양한 형태에만 있는 역사에서 주목해서 볼 수 있는 민족적 상황 한가운데에서, 정체성들은 그람시의 용어에서 권력관계 혹은 종족정치적 헤게모니의 형태들이 재정의되는 상호문화적 대화에서 만들어진다. 서구 민주주의의 시공간 속에서 문화들 간의 혼융이라는 흐름의 역사성을 더 잘 강조하기 위해서 다문화주의라는 용어 자체는 단수보다는 오히려 복수로 사용되어야 한다.

게다가 '지역 특유의 다문화주의'라는 표현은 그것이 다양한 형태로 나타날 수 있다는 것을 말한다. 그 형태들에 의해서 다문화의 조건은 그것이 발생한 역사적 맥락과 문화적 전통에 따라 거부될 수 있다. 헤게모니를 위한 투쟁 과정에서 보편적인 것, 예를 들면 법치국가의 방식과 체계 전체와 같은 것은, 매번 슬라보예 지젝(Slavoj Žižek)이 우려한 것과 같이, 문화적 인종차별주의는, 식민 지배하에서와 같이 타인을 거부하는 것에 의해서가 아니라 타인을 포괄하는 것으로 이후 진행될 수 있는 백인 우월주의를 재생산하는 특수주의의 내용들로 채워질 수도 있는 텅 빈 보편주의자의 입장으로 요약되는 것은 아니다. 모르긴 몰라도, 자유민주주의 사회들의 보편주의는 특색을 없애버리고, 모든 것을 하나의 형태로 만들어버리는 특징을 가지고 있다. 이러한 특징은 지배문화와 그 문화의 가치가 가지는 코드를 일종의 '신-동방주의'로 변화시키는 경향이 있다. 그것은 순수하고 단순한 배제의 기록에 의해서가 아니라, 그 가장 높은 자리가 부당하게 '보통'3)이라고 자칭하는 문화에 의해서 채워져 상하계층을 형성하는 '차이들의 계층'으로 여겨지는, 동화주의의 본성이 가진 통합의 논리를 보여준다. 그러나 이러한 획일주의와 통일화의 경향은 우리 사회에서 현재 존재하는 경향들 중 하나이다. 이 경향은 물론 만약 그것이 적절한 방식으로 제재되지 않고, 그것이 어떠한 경우에도 피할 수 없는 과정이라면, 우세할 수 있다.

그것은 안토니오 네그리(Antonio Negri)와 마이클 하트(Michael Hardt)가 생각하는 것은 아니다. 이 두 저자들은 사실 '제국'을 마치 "계속해서 확장하고 있는 열린 그 경계들의 내부에서 세계적 공간 전체를 점진적으로 구체화하는 분산되고 지역적 특성을 잃어버린 권력의 도구로 여기고 있다. 이 지점에서 민족문화는 제국적이고 전 세계적인 무지개를 구실로 지워지고 있다."(Hardt, Negri, 2000, p. 14) 문화가 다른 문화에 영향을 끼치는 과정은 여기서 제임슨의 포스트모던 도식에 따라 해석된다. 즉, 언어와 지역적 전

---

3) 그것은 다양성이나 타인의 정체성에 대한 우려와 일종의 문화적 히스테리를 불러일으켰던 2005년 이슬람 원칙주의자들의 테러 이후에 일부 영국 여론에서 표명되었던 유형의 논리가 아닌가?(Sharma, 2006)

통을, 문화 소비와 대중 여행 산업으로 전환되면서 현지 문화에 적응하는 전 세계적 자본주의 논리의 몽환적 영향을 통해 해석하는 것이다.

그러나 혼융의 과정은 하트와 네그리가 생각하는 것보다 보다 복잡한 것이 아닐까? 세계화된 지구에서 정체성들(민족들, 계급들, 종족들)은 초민족적인·상호민족적인·초계급적인 과정들에 따라 재정의되고 재구조화되고 있다. 칸클리니가 보여준 것처럼 각 집단은 다른 방식으로 초국가적인 순환 속에서 순환되고 있는 재산들과 메시지들의 목록을 사유화하고 있다. 그런데 하트와 네그리의 형이상학적인 개념은 문화들과 문화들 사이에 변증법에 어떠한 자리도 부여하지 않는다. '저항'과 '생산 체계와 공동체 형성'(Hardt, Negri, 2000, p. 381) 임무를 부여받은 제국을 반대하는 '대중'은 모든 민족문화·계급·성·집단으로부터 벗어난 주관성일 뿐이다. 그 대중들을 특징짓는 차이들과 혼융성들은 한편으로 생산자/소배자의 제국 권력의 보편적 망의 확장과 재생산을 위한 기능적 주관화들일 뿐이다(Ibid., p. 299). 그러나 다른 한편으로, 그것들은 대중이 '사랑의 계획'(Ibid., pp. 380~381)이 가능한 관행들을 '기쁘게' 실험하는 지역을 구성한다.

네그리와 하트에서 읽은 것과는 반대로, 중요한 문제는 문화들의 차별적 특성을 없애는 것이 아니라, 그들의 허무주의와 자기파괴적 변화를 활용하는 것이다. 그런데 이러한 변화는 단지 그 특징들이 상호 적대성을 가진 근본주의들로 변형될 때, 살아남을 수 있다. 종교를 종교와 상관없는 전 아랍, 호메이니 혁명 때까지 중동에서 우월한 사회주의 이데올로기로 치환했던 이슬람 문화의 반서구적 해석의 발전과 함께 일어난 것이 바로 그렇다. 그러나 비교할 만한 과정은 서구에서 미국이라는 국가의 '분명한 운명', 즉 신성한 섭리가 그에게 부여한 문명화의 임무를 부르짖는 미국의 신보수주의자들의 제국주의 이데올로기 확산과 함께 일어났다(Losurdo, 2007; Ali, 2006).

이러한 변화들에 직면하여 자유민주주의 사회가 대면하고 있는 근본적인 문제는 스튜어트 홀이 강조했던 것처럼, 그 사회를 특징 짓는 다문화적 성격에 비추어, 자유주의의, 복수주의의의, 전 세계적이고 민주적인 담론들의 유산들을 다시 묘사하는 것이다(Hall, 2008g, p. 409). 이러한 도전은 지속적인 협상과 상호적인 이해(Giraud, 1995)의 투쟁 과정에서 보편주의와 상황주의, 평등과 차이, 자원의 재분배와 다양성의 인정, (혼질적이고 복수적인 공간으로 리모델된) 국민국가와 초민족적인 제도들의 전 세계주의, 정치공동체의 정체성과 문화적 복수주의를 연결할 수 있는 새로운 다문화 정치의 논리에 도움을 청한다.4) 이러한 정치적 논리는 서구 해방원리의 차원과 반식민주의 투쟁에 자양분을 제공했던 인간성·자유·평등의 보편적 사고들을 연결하는 일을 가정한다. 바로 그러한 사고들이 오늘날 민주 사회의 새로운 통치 성격이 가진

---

4) 세바스티아노 마페톤느(Sebastiano Maffettone, 2006)가 제안한 것은, 진정 다문화적인 복수주의에 개방하기 위한 민족정치공동체의 경계들을 넘어서 철학적 자유주의의 규범적 핵심을 이해하면서 자유민주주의 패러다임을 재정의 하자는 매우 흥미로운 시도이다. 그러기 위해서는 그러한 패러다임은 전 세계적 정의의 원칙들이 정치적 가치를 통해 서로 다른 정체성과 문화들의 일종의 수렴 영역을 구성한다는 가정 위에 구축된다.

관점에서 다문화주의 전략에 영향을 주고 있음이 틀림없다. 종족·인종·문화·종교 혹은 최근에 나타난 경제에 대한 절대적인 것들과 같은, 모든 절대적인 것들의 거만함을 극복하고, 일상생활의 언어들을 말하려고 노력하는 지역 특색이 강한 다문화주의의 관건이 그렇다. 사실 우리는 21세기 초반 10년에, 자발적인 역동성에 놓인 시장이 민주주의, 상호문화적 대화, 민족들의 평화적 공존을 끝없이 황폐화시키고 있는, 즉 인간 존재의 모든 영역을 침범하는 과정에서 내부적으로 발생하는 경향을 발전시키고 있다는 것을 확인하고 있지 않은가?(Caillé, 2006a, pp. 39~44; Godbout, 2007)

이러한 관점에서 잘 이해된 다문화주의는 절대, 사뮤엘, p. 헌팅턴이 자신의 유명한 저서에서 연결하고자 했던, 그리고 서구 문명을 강타할, 저주는 아니다. 이 저자에게 서구 문화에 동화되고 있는 이민들을 거부하는 것은 서구 가치들이 겪고 있는 몰락의 징조이며—특히 미국의 신조에서—, '문명 충격'의 전조일 것이다. 이민자들과 다른 문화를 갖고 이는 자들에 의한 서구 종족중심주의와 동화에 대한 거부는 분명히 서구 사회들이 맞닥뜨린 중요한 도전이다. 그러나 다문화주의는 이제부터 문화들 사이의 대화와 헤게모니를 위한 투쟁의 영역이 아닐까? 그 투쟁이 그들의 철학과 과학적 언어들의 해석-영향-혼융을 향해 발전할지 전 세계적 전쟁과 문명 충격의 방향으로 발전할지는 무엇보다 서구 사회에 달려 있다.[5]

---

5) 사실 문명의 충격에 대한 헌팅턴의 가설은 일종의 자기 발생적인 국제적인 다문화주의를 전제로 한다. 이 '다문화적인' 국제질서에 대한 생각 안에서, 엄격히 '단일문화적인'

자크 오디네(Jacques Audinet)는 정확히 혼혈이 없이는 다문화성
도 없다는 것과, 현대 민주주의가 인간의 차이들을 인정하고 강조
하는 일이라는 것을 확인해준다. 그런데 혼혈은 차이들과 그 차이
들이 서로 뒤섞이는 방식을 명확히 보여주어서, 무엇보다도 인정
의 장소가 된다. 그것은 혼혈이 소속들에서 하는 역할을 도입하기
때문이다(Audinet, 1999, p. 100). 우리가 사용하는 말에서 혼혈은 지
역 특유의 다문화주의로 발생한 결과, 즉 다종족, 다수문화 사회
들의 일상생활이 가진 간격들에서 일어나는 문화들 사이의 빈번
한 만남의 결과이다. 그래서 오늘날 세계화와 글로벌화를 연구한
다는 것은 무엇보다도—자발적으로 혹은 계획된 전략에 따라—경
제적·기술적·상업적·의사소통적·상징적인 차원에서 발생하는 혼
융의 과정들을 분석하는 일을 의미한다. 가장 다양하고 모순된 상
호문화적 교차를 발생시키는 이러한 과정들은 헤게모니를 가진
분야와 대중적인 계층들에도 관계된다. 그래서 이 과정들은 그 과
정이 '순수하고' '진정한'6) 정체성들을 구축하겠다고 주장하는 것
이 얼마나 허상인지 드러내고 있다.

문명들은 자신들이 상호 대화가 없다는 사실에 맞닥뜨리게 된다. 그리고 그 생각 안에서,
'희망에 찬 생각(wishful thinking)'이라는 고전적인 체계에 따라, 우리는 이란과 같은
반서구신성정치국가들과 사우디아라비아, 이집트, 터키와 같은 친서구국가들이 서로
함께 살아가기를 원하고 있다. Nafissi(2008, pp. 87~105)를 볼 것.

6) 이 주제에 대해서는 Canclini(1992, 2006)를 볼 것.

다문화 민주주의를 향하여

지금까지 진행되어 온 분석들에 대해 일단 결론을 짓자. 현대 사회들과 글로벌한 세계가 가진 체계에서 항상 더욱더 발전하는 문화적 혼혈의 경향으로 정의되는 다문화주의는 역사적으로 우리 시대에 새롭게 발생한 사실이다. 분명히 이러한 과정은 그 과정의 잠재적 변모·변형, 즉 전복을 끝까지 이용하는 것과는 거리가 멀다. 그렇다고 우리가 조화로운 유토피아의 기록에 대해 혼혈로 가는 경향이라고 해석하는 것은 잘못된 일일 것이다. 마치 문명들 간의 전쟁이 가진 수사의 기계적 전복에 의해서, 문화들 사이의 만남과 혼혈이 역사의 숨겨진 의미를 드러내게 되는 것처럼 말이다.

이후 우리가 머물 글로벌한 시대는 어떤 관점에서는 위대한 역사학자 조안 드로이센(Johann Droysen)이 기술한 것과 같이 헬레니즘과 비슷하다. 오래전 고전 시대의 세계에 비해서 철학적·문학적·예술적 산물 덕분에 기독교의 전환점을 준비할 새로운 시대로서 헬레니즘은, 드로이센에 따르면 "서구와 동양의 삶이 혼합되었다는 사실"로 특징지을 수 있다.[1] 드로이센은 물론 정부를 물신화하는 것, 그것을 통해 역사적인 것과 그렇지 않은 것을 규정하게 하는 기준을 만드는 것, 그리고 그 안에서 많은 종족의 형성과 상호 관계의 다양한 색깔의 역할을 억제하는 것에 대해 경계한다 (Droysen, 1987, pp. 104~144). 그러나 그는 형이상학적—매우 강한 유럽 중심의—환상을 키운다. 거기에 문명들의 역사, 즉 그 주체가 위대한 인류의 자아인 발전의 움직임(Ibid., p. 128)으로써 특별한 '역사들' 위에서 자라난 대문자 'H'의 역사(Histoires)가 있을 것이다.

어떤 시각에서 현대 다문화주의는 '세계적인 종족 시대'가 후퇴하는 모습을 표상한다. 모든 문명은 세계화의 압력하에 데리다가 칸트의 용어를 빌어 "일반화된 분노"로 기술했던 언어의 커다란 다음성(多音性)을 형성하는 상호적 관계의 거대한 조직 속으로 들어갔다. 이런 다음성은 우리가 익숙해지는 것, 그 반대로 우리에게 익숙해지는 것을 낯설게 만든다. 가까운 것과 먼 것, 내부와 외부, 공동체의 구성원과 이방인들을 구분하는 일은 이후 전 지구적인 공동체의 망 속에서 증발되어 버렸다. 그러나 여기서 상기해야 하는 것은, 그러한 다음성이 계속해서 장벽 혹은 군사적 수단으로 보호된 지리적·정신적 경계와 종족의 소속을 지속시키는 동

---

[1] Canfora(1987)을 참조할 것. 드로이센은 기독교주의 안에서 '전 세계의 윤리적 시대'의 극복을 보고 있다.

시에 부양하고 있다는 것이다. 드로이젠이 제기한 것을 따라 우리는 (정부, 교회, 가족, 민족, 법, 특성 등) 상호 갈등과 경쟁 속으로 들어가는 초개인적 종족 '형태들'과 '공동체' 한가운데에서 모든 자신의 교육적 힘(formgebende Kraft) 속에서 '인간의 종족적 본성'이 발전되어 간다고 말할 수 있을 것이다.

만약 우리가 때로 '세계적인 종족 시대'로의 후퇴에 대해서 느끼고 있다면, 그것은 아마도 우리가 영토와 인구의 개념을 통해, 시민성을 구성하는 특별한 부의 소유와 분배를 기반으로 하는 현대 국민국가의 되돌릴 수 없는 위기[2]를 공식적으로 인정했기 때문일 것이다. 현대 국민국가는 칼 슈미트(Carl Schmitt)가 지구의 법칙들(nomos)이라고 불렀던 것(Schmitt, 1999)의 골격을 구성하는 국제적인 관계들의 베스트팔렌 체계[3]에—그 기둥이 되면서—편입되었다. 칼 슈미트의 Jus Publicum Europaeum의 쇠락에 대한 논거의 한 부분을 상기하는 것이 필요하다. 저자에 있어서 이 쇠락은 콩고의 독립인정이 미국의 개입과 함께 유럽 열강들에 의해서 논의되었던 1885년 베를린 회의로 거슬러 올라간다. 슈미트는 그때까지 국제법의 근본적인 핵심을 구성하고 있던 법적·정치적 질서(Ordnung)와 영토 질서(Ortung) 사이의 결합이 무너져 가고 있었다는 신호를 거기서 보았다.

---

2) 하지만 이것은 그 국민국가가 끝났다는 것을 의미하는 것은 아니다.
3) 이 체계는 존속하고 있고, 1648년 베스트팔렌의 평화 이후에 공고해졌다.

슈미트의 가설은 다음과 같다. Jus Publicum Europaeum[4]의 분해가 '비판받지 않은 보편주의'가 자본주의 경제와 일반적인 '지역편중 해소'[5]라는 당연한 경향이 세계화에 반영된 분화되지 않은 권리를 나타나게 하리라는 것이다. 이러한 가설은 오늘날 다음과 같은 말로 재형식화될 수 있다. 국민국가들의 베스트팔렌 체제는 소련 공산주의 (그리고 동구권) 몰락과 (슈미트의 말로) '가장 강한 전체적 이동의 역동성'들, 즉 세계화로 발생한 역동성들의 결합한 효과 때문에 위기에 처하게 된다.

근대 정부와 베스트팔렌 체제가 가진 존엄성의 약화[6]는 20세기 정치의 특징이고, 거기에서 아렌트가 주의를 환기시켰던 역사적 현상의 강화와 함께 발생했다. 그 역사적 현상은 지구의 찌꺼기가 가진 형태들, '소수자들의 국가로 나타난' 바라지 않던 것들의 출현, 국민국가들이 제1차 세계대전 이후 가장 기본적인 인권을 보장해주지 못한 무국적자들의 민족이 발생한 것을 말한다(Arendt, 2002, pp. 254~255). 1970년대 중반에서 오늘날까지 이민자들의 수는 1억 7천 8백만에 근접하면서 두 배가 되었다. 개발도상국으로부터—혹은 전쟁을 겪고 있거나 박해를 받고 있는 국가들로부터—온 이민들의 물결은 특히 가장 가까운 국가에서 엄청나게 증가했다. 이 현상 때문에 이민들은 그들의 시민적 참여, 건강과 교육

---

4) 이것은 식민지들의 공간과 대륙의 공간을 구분하는 데 기여했고, 결국 '야만, 반문명화, 문명화된 민족들'의 민족적 계층을 정당화한다(*Ibid.*, p. 297).

5) *Ibid.*, p. 302. 이에 대해서는 Fistetti(1992:103~113)을 참조할 것.

6) 이 베스트 발렌 체계로, 국민국가들로부터 전례 없는 영향력을 부여받은 경제 관련 '국제 활동가들'이 출현했다는 사실을 다시 한 번 반드시 상기해야 한다.

에 대한 그들의 접근, 요약하면 인권에 대한 그들의 소유권에 대해 '법적으로 불확실한 위상'에 위치할 수밖에 없다(Sen, 2004).

이민의 형상은 가장 잘 분배된 사회, 특히 자유민주주의 사회들에서 결정적인 역할을 했다. 문화적 배제 혹은 삶의 방식에 기반을 둔 배제에만 적용되는 방법들에 대한 의문은 전에 없이 날카롭게 제기되고 있다. 이 유형의 배제는 아마르티아 센에 따르면 "사람들이—종족, 인종 혹은 종교집단이든 상관없이—한 집단의 문화를 인정하고 존중하는 것을 거부하려고 할 때 발전한다". 그런데 "사회적·경제적·정치적 배제보다 문화적 배제를 내부적으로 더욱 측정하기 어렵다"는 것을 그는 상기하고 있다(Ibid.). 이러한 이유로 이민의 현상은 아렌트가 그렇게 강조하던 근대성의 정치적 역설을 드러내 보여주고 있다. 인간은 그들이 국민국가의 시민 지위를 상실할 때, 모든 인간의 권리를 상실했다는 것을 알게 되고, 동물의 지위로 후퇴하게 된다(Fisetti, 2008). 결과적으로 이민들은 인종말살의 캠프의 생존자들과 수감자들과 같이 "결국은 짐승과 같은 취급을 받게 될까 봐 자신의 국적, 잃어버린 자신들의 시민성의 자취, 인간에 의해 인정되고 현존하는 유일한 관계에 대해 강조하는 경향이 있다."(Arendt, 2002, p. 303)

아렌트에 의해 분석된 현실과 관련해서 이민의 현상은 그 현상이 이제부터 세계의 모든 지역들에 영향을 미치는 전체 규모에서 일정한 비율을 차지했다(Sen, 2004, p. 48). 이러한 이유로 국적과 정치적 표상이 체계적으로 일치할 수 있도록, 종족문화의 관점에서 통일된 정치적 체제를 만들어서, 문화정체성의 인정문제를 해결할 수 있으리라 생각하는 것은 어렵고 심지어 위험하기까지 하다. 마이클 월저가 옹호한 분리주의의 가설이 바로 그런 것이다. 그러나 이민의 물결이 현대 사회와 전 지구 사회를 다문화와 다종족의 모자이크로 변형했던 시대에, 통일된 새로운 공동체로 영토의 구분을 계속해서 정당화하는 일이 가능할까?

보다 더 자세하게 에티엔느 발리바(Etienne Balibar)에 따라서 우리가 '민족 사회적 정부'라고 명명할 수 있는 국민국가의 위기의 문제는 바로 시민성의 문제이다. 세계화가 진행되는 현재의 상황에서 시민성은 사실 우리가 이미 가지고 있었고, 그리고 타인들에게 배분해야 하는 자산이다. 최초 자산들을 배분할 때 시민성은 이렇게 근본적인 분쟁의 장소가 된다. 왜냐하면 이는 단지 '우리'와 '타인들' 사이에 표시선이 문제가 되는 것이 보이기 때문이다(Ricoeur, 2006, pp. 8~18). 월저는 『Sphères de justice』(1997a, Chap. II)에서 정확히 국민성의 역설에 대해서 강조했다. 국민성은 근대 정부가 자신의 구성원들에게 배분했던 자산이 아니라 비구성원들, 즉 외국인들에게 나누어준 자산이다. 한정된 공동체에 소속되는 일은 사실 참가자들이 자신들의 문화정체성과 그들의 역사를 창조하고 재생산할 수 있는 공유된 삶의 형태를 옹호할 권리를 부여하는 일이다. "허용과 배제가 공동체 독립의 중심에 있고, 자기 규정의 가장 깊은 의미작용을 가리키는 만큼"(Ibid., p. 101) 소속과 시민성 개념의 문맥적 의미에 관심을 기울여야 한다. 월저가 보여주는 것처럼 배제와 허용의 기준 없이 "역사적으로 안정된 성격의 공동체, 공통적으로 그들 삶의 특별한 의미를 가지고 있고 한쪽이 다른 한쪽에 특별히 참여하는 남성과 여성의 지속적 결합은 여기에 있을 수 없을 것이다."(Ibid.) 그러나 다른 국적들 옆에서 살기를 거부하는 각 종족과 각 지역 출신들을 위한 국민국가의 형태를 다양화하는 것은 불가능할 것 같아서, 우리가 분리주의적 사실을 멀리한다면, 우리의 다문화 조건과 세계화에 관계된 이민들의 극한 이동성은 월저의 상황주의 논거를 약화시킨다. 이러한 조건은 복수주의의 관점에서 민족정체성을 재모델화하고, 결국 문화적 차이들을 인정하려는 다문화정치를 사용할 것을 요구한다. 이 다문화정치들의 근본적인 목적은 인간의 발전, 즉 자신의 삶을 자유롭게 선택하고 꾸려갈 개인들의 능력, 개인들의 구체적인 자유에 대한 심화에 있다. 요약하면 여기서 관계하는 다문화주의는 그 자체로 하나의 목적이 된다. 그것은 뼈와 살로 된 주체들을 인정할 필요를 고려하지 않는 단순한 문화적 다양성에 대한 존중으로 축소되지 않는다. 센이 관찰한 것과 같이 "인류 발전의 관점에서, 다문화주의는 관련된 주체들의 삶과 자유에 대한 기여의 관점에서 정의되어야 한다."(Sen, 2004, p. 43) 만약 우리가 마르타 누스바움(Martha Nussbaum)과 함께 모든 인권이 경제적이고 사회적인 차원을 가진다는 것을 인정한다면, 그것들을 사용하는 일이 오직 정부가 맡을 수 있는 긍정적 행동들(actions positives)을 가정하는 일이며(Nussbaum, 2007, p. 11), 그래서 이 원칙은 모든 문화를 위해 보다 강력한 이유에서 가치가 있다. 세계화가 진행되고 있는 상황에서, 현대 정치의—정치철학과 정치, 사회과학의—근본적인 문제는 민주주의가 다문화, 다인종적·다종교적이 된 세계의 구조를 전복했던 역사적 변형에 대면할 수 있도록 민주주의의 새로운 패러다임을 정의하고자 노력하는 것이다.

하지만 우리는 새롭게 이러한 사실이—민족, 정부, 권리들 등의—근대성의 범주들이 어떠한 존재 이유도 없으리라는 것, 그러나 오히려 그 범주들이 계속해서 다시 만들어지고, 전혀 예기치 않은 상황에서 검증을 받고, 결과적으로 적절한 깊이와 능력으로 쇄신되어야 한다는 것을 의미하지 않는다는 사실을 우리가 상기해야 할 필요가 있다.

그래서 문화에 대한 인정의 정치들은, 이민공동체들의 소수자들에게 적용된 정치들은, 계급의 불평등을 축소하고, 교육에서 진정 평등한 기회를 만들고, 모든 종족문화 집단들의 시민적 참여를 증진하려는 사회정의와 관련된 구체적인 정치들로부터 분리될 수는 없을 것이다. 전문가들 대부분은 오늘날 다문화성과 사회정의 사이의 관계를 강조하고 있다. 이러한 경로를 따라가야 하는 것은 잘 배분된 민주주의들(cf. Fraser, 1997; Elliott, Lemert, 2007, Chap. V)을 위해서뿐만 아니라, 빈곤국 혹은 개발도상국, 특히 라틴아메리카의 국가들을 위해서 그러하다. 레옹 올리베(2004)는 멕시코에 있어서 '복수 정부', 즉 개인과 집단의 권리를 존중하고, 다양한 문화를 가진 다양한 민족들이 참여하는 정부의 관점을, 그들이 겪을 수도 있는 갈등의 평화적인 해결을 위해서 옹호하고 있다. 안토니 엘리엇(Anthony Elliot)과 찰스 레머트(Charles Lemert)는 문화들과 경제 사이의 관계를 강조하고, 그만큼 후자가 전자에 대해서 실재 효과를 낳는다는 사실을 강조하면서, 실제 삶에서의 다문화주의에 관심을 가지도록 유도하고 있다(Elliott, Lemert, 2007, p. 164). 같은 의미에서 프레저는 그 한가운데 세계 내 존재, 혼질적인 정신적 가치들과 다양한 삶의 형태들이 높이 평가될 수 있고, 공개적으로 소통할 수 있는 대중적 다문화의 형태들을 만들 것을 제안하고 있다.

분배의 정치들과 인정의 다문화 정치들이 서로를 지지해야 한다는 것은 분명한 사실이다. 만약 그렇지 못했을 경우에, 이러한 정치들 중 한 편이 부재한다는 사실은 다른 한편을 실패하게 만들수도 있다. 그리고 그것은 양쪽 모두 마찬가지이다. 센이 강조한 것처럼 근대 정부들은 '민주주의, 균형 발전, 정부의 일관성'이 하나가 되지 않는다면, 보다 더 포괄적인 성격을 갖지 못할 것이다. 그러나 그 정부들은 동시에 "문화적 차이들을 분명히 인정하는"(Sen, 2004, p. 65) 다문화정치들을 증진해야 한다. 철학과 사회과학들이 교차하는 가운데 중요한 것은 분배와 인정 사이의 관계를 다시 생각하는 일이다.7)

이러한 관점에서 내가 보기에, 알랭 까이에(Alain Caillé)의 연구 결과들로부터 출발한 모스(MAUSS: mouvement anti-utilitariste dans les sciences sociales)의 대표자들에 의해 20년 전부터 발전되어 왔던, 그런 기여의 패러다임 한가운데에서 그런 연구 프로그램이 가장

---

7) 의미 있는 것은 이에 대해서, 센이 "그가 '민족국가(nation-État)'라고 부른 것을 (다른 종교적, 언어적 정체성들 혹은 토착민들에 근거하고 있는) 다른 민족들이 공동 정부의 정치에 협조하고 평화적으로 공존할 수 있는 '국민국가(État-nation)'로 바꾸어 이해한다는 것이다."(Ibid., p. 67) '민족국가'와 같은 개념은 국제화·세계화의 시대에 현대 정치적 실천과 사회과학 안에서, 패러다임의 변화를 필요로 한다. 즉 기존의 이론적 범주들에서 자유롭고, 그것들을 잠재적으로 비판할 수 있는 실험을 할 필요가 있다는 것이다.

적절한 자신의 위치를 찾는다. 왜냐하면 보다 가까이서 보면, 인정과 차이와 문화적 다양성을 존중하는 정치들에 대한 모든 철학적 이론들의 중심은 마르셀 모스가 자신의 유명한 『Essai sur le don』8)에서 밝힌, 주어야 할, 받아야 할, 되돌려 주어야 할 세 가지 의무와 다른 것이 아니다. 이 텍스트에서 그가 쓰고 있는 것처럼 "사회들은 그 사회들 자체, 그들의 하위 집단들 그리고 마지막으로 그 사회들에 속해 있는 개인들이 그들의 관계, 즉 주고, 받고, 결국 되돌려 주는 그런 관계가 안정화될 수 있었기 때문에 발전한 것이다. 시작을 위해서 창들을 놓는 방법을 알아야 했다. 그래서 사람들은 재화와 인간을 교환하는 데 성공했다. 이는 단지 씨족들에서 씨족들로의 교환뿐만 아니라, 종족에서 종족, 그리고 민족들에서 민족들로, 그리고 특히 개인들에서 개인들로의 교환도 여기에 해당한다. 바로 이어서 사람들은 서로 간에 이익을 만들고 충족하며, 결국 그 이익들을 무력에 도움을 받지 않고 보호할 수 있게 되었다. 그래서 씨족·종족·민족들은—그래서 미래에 이른바 문명화된 우리 세계에서 반드시 알아야 할—서로를 말살하지 않고 대립하고, 한쪽이 다른 한쪽에게 희생하지 않고 교환하는 방식을 알게 되었다. 그것이 바로 그들의 현명함과 그들의 연대가 가지는 영원한 비밀들 중 하나이다."(Ibid., p. 279)

현대 사회에서, 잘 이해된 우리의 다문화와 관련된 조건들은, 격렬한 분쟁과 전쟁의 이유와는 거리가 먼 차이와 갈등이 서로

---

8) 이 주제에 대해서는 특히 까이에(Caillé, 2000), 샤니알(Chanial, 2008), 쟈미라(Dzimira, 2007), 고드부(Godbout, 2007)을 볼 것.

기여하고 서로 인정하는 자유에 기반을 두고, 모두와 각자의 재산이 서로를 상보적 관계를 맺고, 서로 강화할 수 있는 도덕성이 높은 태엽에 밥을 주게 되는 공생의 형태를 만들지는 못할까? 주고, 받고, 되돌려 주기라는 세 가지 의무는—영원한 도덕적 반석은—상호문화적 해석과 혼융의 문법이 가진 기본적인 규칙들을 포함하고 있지는 않을까? 그리고 이러한 문법은 모스가 1차 세계대전 말에 그가 "인터-네이션"(Mauss, 1969a)이라고 명명한 새로운 전 지구적 문명이 출현할 때, 어렴풋이 보았던 것이 아닐까?

사회적 정의, 세계적 정의, 그리고 주어야 할 의무

par 프란체스코 피스테티(Francesco Fistetti)

『Théorie de la justice』(1971)부터 『Libéralisme politique』(1993)와 『Droit des gens』(1996)에 이르는 저서를 쓴 존 롤스의 경로를—이 경로는 그의 출발 상태에서 근본적으로 점진 개정되었다—일종의 과학적 연구 프로그램이 후퇴하면서 변화하는 형태로 따르는 것이 가능하다. 1989년 이후 전 세계의 비판적 상황—기아, 가난, 환경재앙, 국제적 테러리즘, 신민족주의, 종주의, 인종청소를 위한 전쟁 등—에 대한 롤스의 대답은 역설적이었다. 국민국가의 경계들을 넘어 정의에 대한 이론의 원칙을 다시 연구하고 확장하는 대신에, 그는 두 가지로 자신의 입장을 변화한다.

1. 그는 민족 정부들의 지대 안에서 '차이의 원리'를—불평등이 최악의 분배를 장려하는 방식으로 조직되었다는 사실을 기술하는 정의에 대한 자신의 원래 이론의 주축(Rawls, 1987, §11)—규범화한다. 그

리고 그는 자신의 범위를 부자 나라와 가난한 나라 사이의 국제적 관계에까지 확장되는 것은—그리고 자신의 반희생적인 조항의 확장을[1]—막는다.

2. 그는 사적인 공간에 문화적(이데올로기, 종교, 종족, 성, 일반적인 세계관) 차이들을 가두어 버림으로써 그것들을 무력화한다. 왜냐하면 그는 그것들이 '비공공적 이성들'이며, 법치 민주주의들의 '공공적 이성'의 보편적이고 '합리적인' 정치적 가치들과 별로 상관없다고 생각했기 때문이다.

(Rawls, 1995, Chap. VI)

첫 번째의 경우, 그가 국제적인 관계와 제도의 수준에서 분배의 정의에 대한 이론을 만드는 도전에 대응하는 것은 자유민주주의 정부들에 속한 시민들의 동의를 바탕으로 분배의 정의를 축소시킬 뿐이다.

두 번째 경우, 그가—소수 민족들의 문화들, 사회적 이동, 여성, 환경론자들에 의해서 만들어진 문화들이든 어떤 것이든—문화의 복수성에 대한 도전에 대응하는 것은 공공영역에서 그들의 정당성을 거부하는 일일 뿐이다. '중복된 동의'는 그가 말한 것처럼 '회피', 다시 말해서 '이해의 폭이 넓은 견해들'을 제거하는 전략이다. 그는 그 견해들의 내용을 상호적으로 무한한 것으로 여기고 결국은 법치 민주주의에서 사회 질서의 평화가 안정성을 위해 위

---

1) 장-피에르 뒤퓌(Jean-Pierre Dupuy, 1986, 1988)는 지라르의 관점에서 롤스의 차이에 대한 원칙이 보여주는 '자기희생의 조항'을 강조하고 있다.

험한 것으로 여긴다.

경제학자 아마르티아 센(Amartya Sen)의 철학적 고찰의 중요성은 '국제적 정의'의 문제를 포함하여, 그가 정의에 대한 롤스 이론의 '내부적' 비판을 가했던 사실과 관련이 있다. 나는 간략히 이 비판을 우선 소개할 것이다. 그리고 그 비판을 바탕으로 해서, 나는 이후 어떻게 국제적 정의의 문제가 기여의 이론에 연결될 수 있고, 연결될 만한 것인지 보이려고 노력할 것이다.

아마르티아 센에 의한 존 롤스의 정치적 자유주의에 대한 비판

아마르티아 센의 장점 중 하나는 이미 오래된 일이지만, 지난 롤스의 '정치적 자유주의'가 균등성으로의 정의 개념에 강제한 제한들을 비판했던 것이다. 그는 다음과 같이 쓰고 있다. "세계에 있는 명백한 많은 불공정함은 '정치적 자유주의'와 '관용의 원칙'을 바라는 것이 쉽지 않을 수도 있고, 특히 유용하지 않을 수도 있는 사회적 상황에 기인한다. 하지만 '정의에 대한 정치적 개념'에 대한 활동 분야 외부에 그러한 문제들을 남겨두는 것은 그 분야를 엄격하게 제한하는 일일 것이다. 정의와 불공정에 대한 완전히 가시적인 수많은 문제들은 전 세계 사회제도들의 정치적 선택에서 문제가 되고 있다. 그리고 법치민주주의의 이데올로기와 거리가 멀다는 이유로 법정으로부터 그것들의 대부분을 배제하는 정의에 대한 정치적 개념 정의는 받아들이기 어렵다. 아무 것도 그렇게 가까이서 정치의 한계들을 보게 한 것은 없다! 세계 곳곳에 존재하는 불평등과 불공정의 문제는 편협하지 않은 접근을 요구한다."(Sen, 2000a, p. 119)

센과 롤스를 대조하는 가운데 중요한 것은 이 전체 문제점들을 철저하게 재구성하는 것이다. 나는 단지 센의 이론적 형식이 차이의 원칙에 담겨 있는 '최우선적 자산'에 대한 기회와 분배의 평등이라는 주제가 복잡하다는 것을 깊숙이 연구하려는 목표를 가지고 있다는 사실을 드러내는 것으로 만족할 것이다. 그가 선택한 보다 폭넓은 접근은 달성한 결과로 평등과 정의에 대한 분석을 한정하는 대신에 "개인들이 누리는 국제적인 자유"에 우선권을 부여하게 만든다(Ibid., p. 120). 이러한 목표에서 그는, 주체들이 사용할 수 있는 '자유의 방식들'—롤스의 용어로는 '최우선적 자산'—을 강조하는 것이 아니라 그 주체들이 실제로 혜택을 볼 수 있는 '자유의 확대'를 강조하면서, 정치적 정의의 원칙들을 재형식화하고 있다. 사실 센에게 있어서 "최우선적 자산과 그 자원들이 존재하고 행동하는 방식들과 그것들을 실현하는 방식들을 선택하는 자유로 전환되는 것은 사람마다 다양할 수 있기 때문에, 최우선적 자산들과 자원들을 소유할 때 적용되는 평등은 서로 다른 개인이 누리는 실제 자유들에서 심각한 불평등과 짝을 이룬다. 이러한 상황에서 중요한 문제는 이러한 자유에 대한 불평등이 정의의 정치적 개념을 함의하는 생각을 구체화하는 것이 어렵다는 사실과 함께 양립할 수 있는지 아는 것이다."[2]

만약 우리가 간략하게 살펴본 센의 접근을 심각하게 들여다본다면, 우리는 국제 관계의 분야에서 차이의 원칙을 확장하는 일이 롤스가 그것을 정의한 것과 같이 정의의 정치적 개념을 넘어선다는 것을 알아차리게 된다. 그 접근은 정치제도와 원칙을 표현하는 반희생적인 분배의 패러다임 사이에 상호 독립의 관계를 설정하는 자유민주주의 사회들의 범주만을 극복할 것을 강제하고 있다. 그러나 바로 여기서 제일 문제가 되는 이론적 지점이 나타난다. 몇몇 국민국가에서 자유민주주의 제도들의 부재, 즉 롤스가 생각한 '원래의 위치'는 국제적인 상황에서 차이의 이론에 도움을 받으면서 실현된다는 것이 거의 불가능한 정신적 경험이 된다. 그것의 주체들은 무엇인가? 어떻게 정부들과 사람들을, 그들 중 어떤 이들은 상당한 불평등과 불이익에 고통받고 있는데도, 균형과 평등의 이상적 상황에 자리 잡게 할 수 있을까? 차이의 원칙을 적용하기 위하여, 우선권이 주어진 위치를 나타내는 것들이 최우선적 자산들의 가용성뿐이라고 생각하면서, "예를 들어 요구의 차이와 같은 다른 요인들로부터 온 차이들"을 제거하는 롤스와는 반대로, 센은 국제 정치 분석에서 최우선적 자산들을 강조하는 것이 아니라 '능력들'[3]에 대해서 강조하면서 이 원칙을 다시 형식화한다.

---

2) 센은 다음과 같이 계속 말하고 있다. "이러한 능력들에게 기반을 두고 정의가 발전할 때, 개인들의 요구는 그들이 각각 가지고 있는 자원과 자산들이 아니라, 그들이 합리적으로 평가할 수 있는 삶을 선택하는 자유를 실제 누리고 있는가에 따라 판단된다. 이러한 실제 자유를 우리는 기능들의 가능한 한 다양한 조합들을 달성할 능력이라고 부른다." (*Ibid*., p. 122; 번역을 통해, 변형된 부분이 있음)

3) Sen(1984, p. 94). "국제 정세에서, 1차 자산보다는 기본적인 능력을 분석하면서 적용된 차이는 꽤 의미 있다. 칼로리와 영양분의 필요와 주거와 의복과 관련된 필요는 기후

결론적으로 센은 '국제적인 균등'과 '세계적인 균등'을 구분하자고 제안한다. 사실 정의의 분야에서 국가 간의 관계를 넘어서는, 그리고 그 주역들이 비정부적 연합들, 연대한 조직들, 종교집단들, 회사들, 개인들인 행동과 사고가 있다(Sen, 1998, p. 38). 결국 센에 따르면 유엔조차도 "세계적인 정의를 위해 나설 준비가 된 조직이 될 수 없다. 왜냐하면 유엔은 적절한 권리도, 자원들도 가지지 못하고 있기 때문이다."(Ibid., p. 39) 그는 세계적 정의의 이론 ─어떠한 지구상의 국가에서라도 개인들의 효과적인 자유, 즉 그들이 가진 능력을 실현하는 것을 목표로 하는─이 롤스가 각 자유민주주의 정부에서 '무지의 장막' 아래에서 일어났다고 생각하는 조약과 동일시될 수는 없다. 센은 이렇게 어떤 측면에서는 롤스의 여정과 반대의 여정을 수행하고 있다. 그는 차이의 원칙을 살리고 있지만, 롤스의 제안을 거절하고 있다. 그 제안은 '국제법'의 깃발 아래서 민주 사회들과, 롤스가 명명한 '계층화된 사회들'이 공유한 기본적인 정치적 가치들의 최소 공통분모들로부터 사람들 사이에 공통된 삶의 환경을 조성하는 것에 주된 관심을 두고 있는, 자신이 주장한 정의의 정치적 개념을 확장하자는 것이다.[4]

조건에 따라 다양하다. 도시화와 같은 사회 발전은 새로운 필요를 낳는다. 그래서 이는 1차 자산들을 사용할 수 있는 능력이 같은 상황에서 기본적인 능력은 감소하게 만들 수밖에 없다. 이러한 차이는 수입에 대한 국제적인 배분을 도덕적으로 판단하는 상황에서 주의 깊게 분석되어야 한다. 왜냐하면, 잘 사는 국가에게 보다 높은 수입을 받은 한 사람은 반드시 가난한 국가에서 더 낮은 임금을 받는 개인보다 더 운이 좋은 것이 당연하다는 생각은 명백하지 않기 때문이다."(Ibid., p. 109)

4) '잘 질서 잡힌 계층 사회'의 특징에 관해서는 롤스(1998, pp. 74~77)를 참조할 것. 그는 그가 말하는 '계층 사회'가 원칙적으로 루이 뒤몽(Louis Dumont)이 사용한 용어와 같은, '전체주의에 속하는' 사회들이 아니라는 것을 의심하지는 않는 것 같다. 왜냐하면, 그

그러나 센이 제기한 관점은 아직도 세계적 정의의 문제를 모호한 상태로 남겨두고 있다. 그가 그것에 대해서 정치적일 뿐만 아니라 윤리적인 차원까지 명백하게 지적하고 있는데도 불구하고 말이다. 그는 인권이 법적인 것이라기보다 얼마나 윤리적인 것인지 강조하고 있다. 그는 인간의 권리와 세계 정의 사이에, 그들의 각 이론적 영역과 그 두 개념들을 동일시 할 정도로, 밀접한 관계를 설정하고 있다. 그는 자신이 롤스에게 동의하고 있지 않다는 사실을 롤스가 국제적 환경에서 제한하는 인권의 향유에 가하는 제한들을 통해서 나타내고 있다. 존 롤스가 강조한 것처럼 "사회적 혹은 정치적 윤리의 객관성은 '합리적인 주체들 간의 동의를 정당화할 수 있는 공공의 기본적인 구조'의 지지를 획득할 수 있는" 능력의 관점에서 평가될 수 있다. 이것은 인권을 위한 좋은 출발점이지만, 롤스의 의견에 동의하지 않는 것은 타인들을 전체적이 아닌 차별적으로 수용하는 각 사회 혹은 민족의 내부에 예외적인 변증법적 시험을 적용하자고 하는 롤스의 주장과 관련이 있다(Sen, 2007). 그런데 센이 "변증법적 시험이라고 부른 것을 (각 민족뿐 아니라) 전 세계적 사회에 적용하는 것은 단지 인권에 대한 존중을 의미하는 것뿐만 아니라 어떤 의미에서는 '원래 자리'의 조건들이 부재하는 가운데에서조차 차이의 원칙을 세계화하는 일을 가정하는 것이다."

사회 속에서는 현대 사회에서 전형적이고, 롤스의 정치적 구성주의에 의해 내화된 '도덕적으로 자유로운 개인성의 개념'이 아직 효과적인 역사적 현실이 아니기 때문이다. 이 대립적 목록들이 존재한다는 사실이 '계층 사회'에서 발생시킨 갈등으로 인한 긴장에 대해 그는 어떠한 생각도 없는 것 같다.

하지만, 센과 정의에 대한 이론가들이 이해하지 못한 것은, 국제적 차원으로 차이의 원칙을 전달하는 것이 요구된 분야의 변화에 맞는 극단적인 인식론적인 변형을 의미한다는 것이다. 다르게 말하면, 정부들 사이에 관계에서 그리고 민족들 사이에서 경제적 정의를 설정할 목적으로 적용된 차이의 원칙은 『Théorie de la justice』에 기술된 자유민주주의 사회의 '원래 자리'에 내재한 상호성의 논리에 따를 수 없다. 엄격하게 말해서, 상호성의 논리가 국제 관계 속에서 차이의 원리를 조정할 수 있다면, 그렇다면 장-피에르 뒤퓌(Jean-Pierre Dupuy)가 다시 한 번 강조했던 것과 같이, 9·11테러를 저지른 테러리스트의 대답은 정당화될 수도 있을 것이다. 만약 사회관계를 기반으로 하는 인간의 법이 교환의 상호성으로 환원될 수 있다면 반감·폭력·살인은 서구에 의해 계속되어 온 인권(건전한 삶의 기준에 주어지는 인권) 침해5)에 대한 피할 수 없는 복사판일 것이다. '원래 자리'에서 사용되는 상호성의 개념은 사실 정의의 원칙들을 선택하는 일이 타인이 투영하는 관점의 상호적 채택에서 기인한다는 것을 가정한다. 그런데 이러한 관점은 출발선상의 극복할 수 없는 부조화, 경제적 위치, 관련된 파트너 각각의 능력 때문에, 국제 관계에서 적용할 수 없는 것이다. 그래서

---

5) 9·11 이후에 수행된 특별 인터뷰에서 기자는 다음과 같이 질문하였다. "당신이 우리에게 말하는 것이, 상호성의 형태와 관계되어 있다는 것입니다. 그들(서구 사회를 불신하는 이들)이 우리의 죄 없는 사람들을 죽이고 있습니다. 그래서 우리는 당신들의 죄 없는 사람들을 죽이고 있다. 이것을 말하시는 건가요?" 오사마 빈 라덴(Oussama Ben Len)은 이에 대해서 다음과 같이 대답했다. "그래서 우리는 당신들의 죄 없는 사람들을 죽이고 있습니다. 그리고 나는 우리가 법적으로 그리고 이슬람의 율법으로 또한 논리적으로 당당하다고 그것에 대해서 반복적으로 말하고 있지요."(Dupuy, 2002, pp. 50~51에서 인용)

최악의 분배로 유사하게 모방될 위험을 방지하기 위해서, 상호성의 논리는 제일 잘 분배된 민족들을 위해 일방적인 자기 복종으로 변형되어야 한다.

이러한 이유에서 자원들의 재분배에 대한 걱정스러운 세계 정의 이론의 중심축으로 제기된 차이의 원리는 상호성의 논리가 가진 규범들에 따라 언급될 수 없다. 담론에 대한 하버마스의 윤리가 가진 변수들을 포함하여, 낸시 프레저(2001)가 '분배의 평등에 대한 조항'이라고 명명한 것 혹은 '보편적 존중'의 원칙들, 그리고 세일라 벤하빕이 강조한 인간 상호행위의 참여자들이 가진 '평등한 상호성'이든 어떤 것이든, 그 이론이 쇠퇴하고 있는 가운데에서도 이는 언급될 수 없다. 국제 관계의 맥락에서 모든 자신의 영향력을 유지하기 위해서, 차이의 원리는 불균형한 원리, 다시 말해서 맹목적인 정의의 단계, 인간성—세계적 차원에서 정의의 원칙들에 동의할 수 있는 조건들에는 전혀 있을 수 없는, 약하고 억압받고 제 몫을 차지하지 못한 인간성의 측면—의 장소에 대한 의무로서 재형상화되어야만 한다.

차이의 원리와 그 원리와 기여의 이론과의 연결

이렇게 재해석된 차이의 원리는 지구상의 희생양과 '지구의 버림받은 사람들'에 대한 최선의 분배를 받은 민족들의 일방적인 의무가 되었다. 이 원리는 인권이 속한 경계 없는 혹은 전 지구의 윤리에 해당된다. 이 원리는 현재의 비판 이론들이 처해 있는 상황에서 기여의 인류학이 전체적으로 수정되어야 한다고 주장하는 반희생적 조항을 포함한다.6) 그래서 정부 기부자와 경제활동 주체들이 가져야 하는 의무를 구체적으로 규정하고, 재분배의 정의에 대한 정치들을 정착시키는 제도들의 망을 생각하는 것이 중요하다. 또한 동원된 자원들이 빈곤한 사람들에게 혜택을 주지 못하고, 부패한 정치 관료 계급이나 독재자에게 이득을 가져다는 것을 피하기 위해서 연대의 정치를 효율적으로 사용하도록 통제하는 조건들을 정의할 필요가 있다. 국제 관계의 차원에서, 이런 종류의 '반희생적 조항'은 차이의 원칙과 일치하지 않는데, 그것은 그 원칙이 모방의 그리고 그래서 자기 파괴적인 논리인 상호성의 대칭적 논리를 피할 수 없는, 자유민주주의 사회의 중심에 적용될 수 있는 것과 같다. 시혜는 합리적인 선택의 패러다임에서 자리 잡을 수는 없다. 그것은 엠마누엘 레비나스(Emmanuel Levinas, 1961)의 무한한 정의 혹은 기여의 의무를 의미하는 개념으로부터 온 것이다. 그리고 이러한 시혜의 행위는 마르셀 모스(Marcel Mauss)에게는 매번 인간의 역사에서 '평화의 의지'를 강제하고, "연합, 기여, 그리고 상업을 전쟁, 고립, 정체로 바꾸기"7) 위해 반드시 필요한 것이었다. 마르셀 모스의 이러한 인식론적 제안은 시장과

---

6) 나는 이러한 시도에 대해서 나의 시론에 기술하였다. 『르네상스의 패러다임: 새로운 사회 비판이론?(Le paradigme de la reconnaissance: une nouvelle théorie critique de la société?)』(2005).

7) Mauss(1989, p. 278). 그는 다음과 같이 계속 말하고 있다. "사회들은 계속해서 발전하고 있다. 왜냐하면, 그 사회 자체, 그 사회의 하위 집단들과 결국 마지막으로 개인들은 그들의 관계, 즉 주고, 받고, 그리고 종국에는 되돌려 주는 관계를 안정화하는 법을 알고 있었다."

미디어가 확실히 국제적인 사회, 그러나 합법적인 정치적 기반과 렉스 메르카토리아(lex mercatoria, 상인들 간의 규칙 전체)의 힘을 거부하거나 적어도 약화시킬 수 있는 권리가 없는 사회를 만들었다. 국제적 차원에서 분배 정의의 전환에 방해가 되는 원칙이 정치적 복수주의, 다르게 말하면 숭고한 정부들의 복수성이 존재한다는 것이라고 말하는 반대 의견을 수용하지 않을 수도 있어서, 정부들의 상호적 관계에서 우리가 요구할 수 있는 최대한 것은 평화로운 공존과 사회성을 보장하는 조건들에 순응하라는 것이다(Chauvier, 2002, p. 136). 렉스 메르카토리아가 세계화된 경제, 노동의 국제적 구분, '기본적인 자산'의 분배의 규칙들이 강제적 관계에 의지하고 있는 일종의 홉스주의의 성격을 가진 정부를 발생시키기 때문에, 그것이 국가들 간에 관계를 변질시키는 것은 사실이기 때문이다.

메리 더글라스(Mary Douglas, 1989)가 지적한 것과 같이, 만약 공짜 기부가 없다는 것이 사실이라면, 그리고 알랭 까이에(2000)가 보여주었던 것처럼 기부는 이익이 없는 것으로 정의되는 것이 아니라 이익에 반하는 것으로 정의된다면, 우리는 조건성과 무조건성, 이익과 무익, 믿음과 계산의 교차로 세계의 정의를 받아들여야 한다. 국가 관계에 적용된 '반희생적 조항'은 도덕적으로 평등하다고 스스로 인정하는 대화자들 간의 교환에서 수행되는 제안 혹은 명령이다. 만약 상호관계에 평등과 대칭밖에 없다면 기부도, 연대도 없을 것이다. 기부자들이 도움을 주는 프로그램의 효율성을 보장하기 위하여 약속해야 하는 모든 조건들에도 불구하고, 연대는 비대칭적인 의무이다. 그리고 연대는 그것을 하면서 자기 부정 속에 빠지는 형벌에 처해지는 그런 것이다. (풍요로운 사람들의 지구의 가난한 자들에 대한 상호성 없는 의무와, 재분배정치의 효율성에 관한 조건 전체를 연결하기 위해 필요한) 정의에 대한 세계적인 이론 속에서 조건화된 무조건성의 차원을 고려하는 방향으로 나아가는 것은 롤스의 정치적 자유주의에 있어서는 사실 불가능하다. 그러나 찰스 베이츠(Charles Beitz), 토마스 포그(Thomas Pogge), 오노라 오닐(Onora O'Neill), 아마르티아 센(Amartya Sen)과 같은 정의에 대한 전 세계적인 개념을 만들어낸 많은 저자들에게 있어서도 마찬가지이다.

세계의 정의와 민주적 이기주의

나는 지금 간단하게, 자산의 국제적인 재분배에 대한 민주적 자치에 그녀가 부여한 우선권으로 인해 국제적인 재분배의 원칙에 적대적인 원칙을 통해 세일라 벤하빕의 입장을 분석하고자 한다. 그녀가 논하는 것은 "민족들 사이에 경제적 정의를 설정하기 위해서, 반드시 민주적인 자치와 이 원칙의 양립 가능성을 검토해야 하리라는 것이다."(Benhabib, 2004, Chap. 3) 그러나 세계적인 정의의 기준들과 엄격한 민주주의의 형태들 간의 상관관계를 상정하는 것은 마지막에는, 롤스가 『Le Droit des gens』에서 언급한 것과 완전히 유사한 모호한 참여의 의무에 빠지게 만든다. 게다가 전 세계적 '재분배주의'에 반대하는 벤하빕의 세 가지 거부—인식론적 거부, 해석학적 거부, 민주적인 거부—는, 어떤 측면에서는 이해가 가기는 하지만, 같은 논거를 공유하고 있다. 그 논거를 보면, 참여자들의 동의의 기준, 다시 말해서 엄격한 민주주의와 여기서 구체화된 담론의 윤리가 가지는 기본적 규범의 기준이 부국과 빈국의 사이의 국제적인 관계의 단계에 적용될 만한 가치가 있으리라는 것이다.[8] 세계경제에서 차이 원칙의 확장은 다른 상황에서는 알프레드 N. 화이트헤드(Alfred N. Whitehead)의 철학이 "잘못 자리 잡은 현실주의의 오류"[9]라고 명명한 것이 된다.

사실 국제 경제만큼이나 복잡한 인식론적이고 도덕적인 대상에 관하여, 벤하빕은 "우리가 민주적 동의를 모을 수 있는 일반적인 세계적 목적을 정하는 것이 바람직하다."(Ibid.)고 쓰고 있다. 이는 마치 세계에서 기아, 유아사망, 문맹, 영양실조 혹은 의료의 손길이 닿지 않아 발생하는 죽음을 축소하려는 목적들이 세계적 차원의 자산 재분배, 즉 정치적 개혁과 국제은행, IMF와 같은 초국가적인 조직의 거버넌스를 민주화하는 것을 의미하는 것이 아닌 것과 같다.[10] 우리는 물론 차이의 원칙이 '판단 기준'이지, '제도 개혁의 길잡이'로 간주해야 하는 '정치적 지침서'가 아니라고 하는 벤하빕의 생각에 동의할 수 있다. 그러나 그것은 우리가 단순히 경제적 제도들의 정의를 평가할 때 파레토 최적을 개선할 목적을 가진 이론적 도구의 역할로 축소할 없는 규범적 기준과 관련한

---

8) 대화 윤리와 토의 민주주의 사이의 관계에 대해서는, 벤하빕(2002, Chap. 4)을 참조할 것.
9) 혹은 그들이 기술한 구체적 사례들과 개념을 혼동하는 데에서 오는 오류(*ndir*)를 말한다.
10) 워싱턴 합의(Consensus de Washington)와 시장에 대한 근본주의적 사상의 영향을 받은 제도들에 대해서는 J. E. Stiglitz(2002)를 참조할 것.

것이다(Benhabib, Ibid.). 대칭적 평등의 입장에서 그리고 동일한 단계에서 사회적 활동가들이 자리 잡는 무지의 장막이 가진 인식론적 허구의 범주에서, 차이의 원칙은 그것이 가장 가난한 자들의 희생을 금지함에 따라, 무조건성에 대한 반실용론자의 요소를 포함한다.

틀림없이, 이 원칙을 국경들 밖에 적용하는 것은 매우 어려운 일일 것이다. 왜냐하면 "가장 가난하다고 여겨져야만 하는 자들"을 규정할 수 있도록 만들어주는 단일하고, 보편적으로 공유된 기준이 존재하지 않기 때문이다. 그러나 우리는 세계정의의 이론에 대한 이해가능성에 반대해서, 누가 "가장 가난한 사람"(Ibid., Chap. 3, n. 14)인가라는 것에 대한 공동의 동의를 정의하는 것이 가능한 자유민주주의 사회들의 전형적 대중 영역의 등가물이 국제적인 차원에서 존재하지 않는다고 거부하는 것을 강조할 수는 없다. 놀라운 일은 세일라 벤하빕이 세계화의 하위 산물 중 하나, 즉 세계적인 시민 사회의 강화와 사회운동과 초국가적인 의견에 대한 운동의 탄생을 잊고 있다는 사실이다. 그러한 이유로 재분배의 정치 변화에 대해 평가할 때, 공공의 책임 형태들을 규정할 수 있게 해주는 자유민주주의 사회들이 공통된 통치방식들을 채택하는 것이 보다 쉽더라도, 동일한 시도는 국제적인 차원에서 고려될 수 있는 것이다. 여기서 벤하빕이 제안한 것처럼 "재분배정치들과 함께 민주적 결정과정을 절충하려고" 노력하면서 IMF·세계은행·세계무역기구·국제개발처와 같은 조직을 '민주적 제제'(Ibid.)에 따르게 하는 것이 중요할 것이다. 하지만 벤하빕은 유엔의 보호 아래, 유사한 다른 국제적 제도들을 만들거나 위의 조직들의 민주화에 참여한 강국들의 어려움을 가치절하했다. 이러한 차원에서 권력과 힘의 관계들은 우세하고, 우리는—민주적 동의의 역할에 따르는—무조건적인 결정들이, 자유민주주의 사회와 초국가적인 조직들에 의해서 재분배에 관련한 연대의 정치들을 규정하고 수행할 목적으로, 내려질 때까지 그것들이 반대가 될 것을 희망할 수는 없다. 벤하빕이 '민주적 반복의 형태들'—다시 말해서, 연방적인 전 세계주의의 신호 아래 거버넌스가 처한 서로 다르고 층위가 정해진 상황들 사이에 상호적인 협력과 상호행위의 복잡한 과정—을 만들자고 제안한 것은 정치적 제도들, 문화공동체들, 시민권과 인권들 간의 독립을 고려할 때, 민주적 차이와 정치적 통합의 영역에 재분배의 정의와 관련한 문제의 쟁점을 옮겨놓는다. 그러나 이 이동에서 세계 정의의 문제는 사라진다. 적어도 그 문제는 그 주된 근거가 '가장 가난한' 사람들을 위해서 자신의 재분배에 대한 도덕적 의무인 시민성에 대한 새로운 윤리가 처한 상황이라기보다 자유민주 사회의 절차 내부의 단순한 변수가 된다. 세일라 벤하빕(2004, Chap. 5)은 세계화의 시대에 시민성을 고찰하려고 하는 민주주의 이론들을 세계 정의에 대한 이론들을 만드는 인식론적이고 비판적인 작업으로 대치하고 있다. 그녀는 두 가지 서로 다르지만 상보적인 측면들이 관계된다는 것과 차이의 원칙에 내재한 비대칭적 도덕의 조항을 명백히 하는 일만이 '민주적 이기주의'와 '희생양'들을 찾는 자유민주주의 원래 경향을 거부할 수 있다는 사실을 아마도 이해하지 못했던 것 같다.

기여의 패러다임과 인정 이론 간의 세계 정의

알랭 까이에(Alain Caillé, 2006b)와 마르셀 헤나프(Marcel Hénaff, 2002, 2005[11])가 각자 쓴 최근의 중요한 작업들에 대해서 논하면서, 나는 세계 사회와 지구 문명의 도래가 눈에 띠는 현대 역사의 지평 속에서, 단지 기부의 패러다임이 문제가 되는 질문들의 복잡함에 알맞은 새로운 분석도구들을 만들도록 해줄 수 있다는 가설을 옹호하려고 한다. 기부의 패러다임은 까이에에 따르면, 1980~1990년대 사회과학과 서구 문화에서 인정되었던, 그리고 이론의 정점에서 세계화에 의한 진정한 세계의 변형을 예견했던 경제 담론의 헤게모니에 대한 대응이다. 만약 까이에(2006b, p. 63)가 단정한 것처럼 세계화의 근본적인 진실이 사회 활동의 모든 영역을 시장의 법칙들에 예속시키는 상황에서 "모든 것은 특정한 경향을 지니고 상업화되어 간다". 그러한 일반화된 상업화의 과정은 마르셀 모스가 제시한 "이론적인 자원들, 특히 그가 『Essai sur le don』에서 제시한 발견"(Ibid., p. 64)을 강조할 때만이 정지될 수 있다. 그러나 이 분야는 계속해서 변화해야 한다. 이 이론적 작업을 적용하는 지평은 사회―세계와 전 지구의 문화―이어야 한다. 이러한 관점에서 모스의 발견을 재형식화해야 한다. 그 발견에 따르면 "모든 사회는 아니지만, 몇몇 사회에서 암시된 것은, 근본적인 사

---

11) 이는 아직 미출간된 시론에 관한 것이다. 이 시론은 이탈리아철학연구소(l'Institut italien des études philosophiques)에서 2006년 11월 나폴리에서 저자가 수행한 수업의 골격 역할을 했다.

회 규칙이 우리 현대 사회의 구축에 주된 규칙은 아니라는 것이다. 그 규칙은 시장 혹은 계약의 교환 규칙이 아니라 기부의 규칙, 즉 주고, 받고, 되돌려 주는 삼중의 의무이다."(Ibid.)

알랭 까이에가 이러한 가설에서 끌어낸 결론들 중에, 특히 전쟁의 차원—선심의 전쟁(거기서 각자는 가능한 가장 후한 것처럼 보여야 한다), 경쟁, 적대감의 차원—에서 나는 기부의 분쟁적인 성격에 대해서 강조하고 싶다. 까이에에게 "그 성격은 엄청난 대립과 적대감과 관련한 사건에 도사리고 있지만, 부 때문에 일어난 전쟁—포틀래치(Potlatch)라는 단어의 전통인—의 차원이 있기는 하지만, 그 선심의 전쟁은 실제 전쟁을 대신하고, 그 전쟁은 거의 유사요법의 방식으로 적을 친구로 바꾸는 근본적인 작업을 수행한다. 바로 이 전쟁은 보다 일반적으로 말하자면, 고갈, 죽음, 아무 것도 없다는 사실을 무엇인가 있다는, 아무 것도 없는 것이 아니라, 사회적 관계가 있다는 사실로 바꾸어 줄 수 있다. 이것이 바로 근본적인 기부가 실현한 것이다."

그런데 렉스 메르카토리아가 승리한 사회, 즉 세계의 상황에서, 그 경계가 초국가적인 논리와 금융자본의 이동에 의해 없어진 나라들은 수감자의 딜레마 앞에 놓인 경제적 이론에 대해 합리적인 개인처럼 처신할 수 있을 것인가? 나는 이 단계에서, 기부의 패러다임에 의해서 지적된 '믿음의 도박'—까이에가 단언한 것처럼, 즉각적인 합리성에 도전하는, 그리고 "우리가 적이라기보다는 서로 연합할 수 있다"고 말하는 도박—의 방향으로 세계 정의의 이론에 대해서 다시 생각해보는 것이 좋다고 생각한다. 다른 말로

이 사실들을 설명하기 위해서는, 반대의 의미에서 기부의 패러다임을 세계 정의의 시험을 겪게 해야, 다시 말해서 세계 정의를 기부의 패러다임에 편입시키고, 기부의 패러다임을 세계 정의의 이론에 편입시켜야 한다.

세계 정의의 이론을 위해 '합리적'이지 않지만, '합리적일 수 있는' '믿음의 경쟁'이, 그렇지 않으면 내가 부국과 가장 가난한 정부들이 균등한 기준에 맞게 자원들을 재분배해야 하는 '자기-의무'라고 것은 불렀던 무엇을 야기할까? 사실, 국제 관계에서 관점의 변화와 관련된 문제들은 매우 복잡하다. 우선, 남북관계에서 유엔, 유럽연합, 세계은행과 같은 초국가적인 조직들과 카리타스 혹은 NGO들과 같은 사적 연합들에 의해 조직된 구호의 정책들을 어떻게 분류할 수 있을까? 그리고 마르셀 헤나프(Marcel Hénaff)가 구별했던 정치들 중에, 이 구호의 실행은 어떠한 기부의 범주에 해당할까? 우리가 전통적인 사회에서 발견할 수 있기 때문에 그리고 널리 알리는 그리고 항상성을 가진 차원에 의해서 두드러지기 때문에 낡은 것이라고 말하는 의례적인 기부에 해당하는 것인가? 대가 없는 기부에서, 무엇이 공적이고 혹은 사적이라는 말인가? 또한 그것은 항상 일방적인 것인가? 상부상조의 기부에서, 무엇이 '박애의' 행위에 혹은 사회적 연대성에 속하는가? 가난한 나라에서 세 가지 기부의 유형에서 가난한 나라에 대한 원조정책 전부를 분류하는 것은 쉽지 않은 일이다. 그래서 새로운 분석적 범주를 만들면서 세계 정의의 문제에까지 기부 패러다임의 활동 영역을 넓혀야 한다.

이에 대해서 헤나프는 기부의 패러다임, 악셀 호네트의 인정의 이론, 마이클 월저의 정의 영역의 이론들 사이의 연결을 시도한다. 그는 그래서 기부의 패러다임을 인정의 세 가지 영역에 따라 차별화하자고 제안한다.

1. 의례적 기부 파트너들의 상호성을 시민과 주권 사이의 관계, 즉 법과 권리의 우월함에 의해 지배되고, '서구의 정치적 관계를 계속해서 잡고 있는 관계 조약의 모델을 시작되는' 관계로 변형하는 인정.
2. 이웃과의 관계들, 노동의 관계들, 종교 관행들 등과 같은 집단과 공동의 삶의 연결에 관련된 인정.
3. 우정과 사랑의 모든 방식을 포함하는 인정.

헤나프는 정확히 "자아실현과 요구를 통해서가 아니라, 상호성을 통해서" 각 단계에서 이루어지는 인정을 생각하는 것이 중요하다고 지적한다. 다르게 말하면 인정을 제공으로부터 요구를 분리해서는 안 된다. 왜냐하면 인정은 상호적이거나 그렇지 않거나 하기 때문이다. 이를 위해서 인정은 "사람들이 요구하는 것을 제공하는 자체에서부터 시작되어야 한다."

그러나 여기서 기부 패러다임의 새로운 근본적인 딜레마가 나타난다. 만약 우리가 출발점으로서 '인정의 제공'(Hénaff) 혹은 '믿음의 경쟁'(Caillé)을 제시한다면, 사람들은 상호성의 논리 밖에 있어야 할 것이고, 상호성은 믿음의 내기 혹은 인정의 기부의 일방적인 행위에 비해서 부차적인 것이 된다. 만약 우리가 경제적 합리성의 관점에서 인정을 제공하는 활동과 제로섬의 활동을 비교할 수 있다면, 이 행동은 종족적이고 정치적인 가치를 가지고 있는 것이다. 왜냐하면, 그 행동이 부의 비대칭과 권력의 계층들에서 상호적인 관계들—그리고 결과적으로 그들이 가지고 있는 것들의 중요성과 상호행위에 참여하는 타인의 존엄성—에 대한 강조와 중시를 확실히 할 수 있기 때문이다. 하지만 국가가 전자를 제공할지라도, 부자국가들이 전자를 제공한다고 할지라도, 가난한 국가들에 대한 인정이, 그들에게 충분한 자원들을 기아와 질병을 근절하기 위해서 제공되는 것이 아니라, 그들의 '행동하는 능력'을 통한 실제 자유의 단계를 높이기 위한 것일 때, 그것은 자비를 베푸는 이타적 행위에 속하는 것이 아니라 완전히 '합리적인' 결정 혹은 '합리적일 수 있는' 결정에 속하는 것이다.

인정을 제공하는 일은 여기서 동시에 역사 속에서 서구 열강들의 식민주의와 제국주의에 의해서 억압받았던 민족들의 문화를 평등하게 존중할 만한 것으로서 인정하는 일이 된다. 다른 말로, 상호성의 규칙은 국제적 관계에서 확장된 롤스의 차이의 원리와 비교할 만한 '반희생적 조항'으로 이해할 수 있는 우선적 인정 다음에 적용된다. 아마도 기부의 패러다임이 가지는 규범적 차원은 알랭 까이에가 설명한 것과 같이, 문화들이 의무와 자유, '자기를 위한 이익'과 '타인을 위한 이익'을 연결할 필요에 근거하고 있다. 그것은 까이에가 "타인에 대한 개방성만큼이나 자기 자신에 대한 개방성, 즉 자신을 위한 이익이 우선한다는 사실"을 강조하기 위해서 '사랑해야 할 필요'(aimance)라고 명명하는 것이다(Caillé, 2006b,

p. 72). 그러나 적대감보다는 '연합'을, 전쟁보다는 'ad-sociation' 실현하기 위해서는 타인에 대한 개방이 자신을 위한 이익을 만드는 자유로운 결정으로부터 나와야 한다. 여기서 타인은 다른 곳에 있다는 레비나스의 말을 떠올릴 수 있다. 그것이 타인이라면 더 가치가 있는 것은, 바로 그 남반구의 가난한 국가들이 서양과 역사 속에서 보다 '강한 자의 정의', 다시 말해서 시몬 베일이 보여주었던 것과 같이, 아테네 사람들이 펠로폰네소스 전쟁[12) 때, 투키디데스에 의해서 복원된 유명한 대화에서 멜로스인들에 대해 반대하여 요구했던 이런 종류의 정의에 기반을 둔 관계를 설정하였기 때문이다. 권리는 국제적 권리를 포함하여 항상 '보다 강한 자들의 정의'를 위한 것이었다. 그래서 인정을 부여하는 일은 시몬 베일이 말했던 것과 같이 무료로 이루어지는, 힘이 '정지'되는 선험적인 행위를 가정한다. 그리고 그러한 행위는 주체의 유폐를 무력화한다. 이 경우 이탈리아 철학자 지암바티스타 비코(Giambattista Vico)가 말한 민족들의 거만함은 그 민족들이 가진 문화와 문명의 우월함을 상정하는 일이다. 즉, "그것은 기부와 증여의 목록에 들어갈 수 있다는 자신들의 능력에 의해서 인정받기를 원하는"(Caillé, 2006b, p. 76) 다른 민족들과 다른 문화를 인정하는 일을 의미한다.

---

12) 아테네 사람들은 다음과 같이 단언하고 있다. "우리의 제안은 그 둘 모두의 진정한 이해에 정확히 일치하는 일이 가능하다는 사실을 만드는 것이다. 이 둘 모두는, 권리에 대한 평가, 우리는 그것을 우리가 평등의 발걸음을 내디딜 때만 수행할 수 있는 일이라는 것, 그러나 만약 강제적으로 사라져 버린다면, 더 강력한 자들은 최대한을 요구하고, 약한 자들은 그것을 승인하게 되리라는 사실을 인식하고 있다."(Thucydide, La Guerre du Péloponnèse, livre V, p. 89)

반희생적 조항과 이웃사랑

만약 세계화가 우리를 빠지게 했던 전 지구의 문명과 세계 사회 속에서 심각하게 이론적으로 접근한다면, 기부의 패러다임은 기독교적 아가페와 이웃사랑의 유산과 다시 관계를 회복할 수 있고, 그것을 타인에 대한 책임, 자신의 삶이, 타인의 삶의 반대방향으로 진행하지 않도록 노력하는 배려라는 말로 번역될 수 있다.13) 이러한 관점은 그 법적·정치적 기준점이 민족 정부가 되지도 않고, 될 수도 없는 인간성에 일치시키는 방식으로 민족들과 문화들 간의 관계의 문제를 어쩔 수 없이 재형식화하게 만들 수 있다. 그러나 오늘날 공통적인 인간성의 위상은 어떤 것인가? 이러한 사실이 의미하는 공동으로 어떤 세계를 가진다는 것은 무엇인가? 이 질문들은 더 많아질 수도 있지만, 이 모든 질문들은 어떤 정치적 관계가 우리를 기부와 증여의 순환에 진입하게 만들 수 있는 아는 것에 대한 문제로 집중될 것이다.14)

세계 정의에 대한 이론은 내 생각에는 기부에 대한 모스의 이론과 최근에 이루어진 그 이론의 발전들에 근거하는 더욱 큰 문제점

---

13) 이 동기들에 대해서, 살바토레 나톨리(Salvatore Natoli, 2006)의 시론에 나와 있는 제안들을 참조하고 있다는 것을 밝혀두는 바이다.

14) 이번이 다음과 같은 사실을 주목할 기회이다. 이러한 입장은 칼 슈미트(Carl Schmitt)와 친구와 적의 대립에 대해 모델화된 존엄성과 관련한 이론, 또한 알렉상드르 코제브 (Alexandre Kojève)와 권력의 의지로 이해된 욕망에 집중된 주인과 노예의 변증법에 대한 그의 재해석을 극복하게 한다.

속에서 연구해야 할 것이다. 우리는 단지 기부의 패러다임과 인정의 이론을 연결하는 이 문제점 주변들을 어렴풋이 살펴보고, 필요한 이론적인 범주들을 지적하는 작업을 시작할 것이다. 예를 들어, 모스의 이론은 개인의 이익을 노골적으로 추구하는 것은 결국 전체의 목적과 평화뿐만 아니라 개인 자신에게도 해가 되는 일이라고 말하고 있다. 이러한 모스의 이론은 세계 정의의 이론이 가지는 근본적인 요소들을 포함하고 있는 만큼, 국제적 관계들에까지 확대될 수 있다. 그러나 이 이론은 동시에 새로운 방식으로 민족과 문화 간의 관계에서 성스러운 것이 존재한다는 것을—그리고 종교의 역할을—부각시킬 수 있다. 우리가 무시할 수 없는 문제는, 라이몽도 파니카르(Raimondo Panikkar)가 강조한 것과 같이 모든 문화들의 위상이 미토스, 즉 상징적인 사고에 의해 정의된다는 것이 사실이라는 점이다. 그래서 상호문화적 대화가 반드시 종교 간 대화여야 한다. 우리가 살고 있는 전 지구적 사회에 해당하는 공동의 세상 혹은 공동으로 만든 세상에 대한 사고는 역사의 흐름 속에서 근대성이 건설되었던 기반을 전복할 때만 의미가 있다. 홉스의 "homo homini lupus(인간은 인간에게 늑대이다)"라는 말은 그 존엄성이 점점 더 세계화의 과정에서 침식되어 가고 있는 근대 민족국가의 건설과 출현에 핵심이었다. 오늘날 평화와 안전을 정착하는 임무를 맡고 있는 중립 지역으로서 정치 개념의 범주에서, 차이를 제거하는 것이 아니라 높이 평가하는 데 알맞은 homo homini deus(인간은 인간에게 신이다)라는 스피노자의 기반을 두고 공동 세상의 개념에 접근하는 것은 가능하지 않은가? 물론,

악셀 호네트가 지적한 것처럼, 간단히 공동생활의 단순한 기법으로서의 국가와 거친 힘에 대한 홉스의 전통을 청년 헤겔이 가지고 있었던 도덕적 관계로서 확장된 사회관계들의 문법과 성공한 개인화의 과정의 원천으로서의 상호 인정의 중요성에 대한 직관으로 바꾸어 놓는 것은 중요한 일이다. 그리고 또한 살바토레 나톨리(Salvatore Natoli)가 제안한 것처럼, 민족들과 문화들 간의 관계를 포함한 인간관계들을 종교적으로 경험하는 것, 다시 말해서 서로에게서 배운 종교적 신념을 넘어서, 인간 사이의 관계에 신성한 균형을 부여하는 것도 중요하다(Natoli, 2006, p. 56). 이러한 연구 방향은 충분히 인정의 이론과 기부의 패러다임을 연결시킬 수 있다. 왜냐하면 그러한 방향은, 나톨리가 제기한 것과 같이 인간들을 서로 돕고, 필요와 가난 속에서 서로 돕고, 또한 상호간에 서로 해를 입히지 않도록 유도하는 복음과 금칙들의 긍정적인 형태를 구체화하기 때문이다. 반희생적인 조항은 무종교적 관점에서 해석된 이웃사랑과 같은 것이다. 그 조항은 우리가 자기 자신에게 강제하는 의무로서 타인의 배려를 받아들이기 때문에, 시민정신을 넘어서는 사회적인 그리고 인간 상호 간의 관계에 대한 종교적인 인상을 표현한다.

우선 마르셀 모스는 단지 『Homo oeconomicus(경제적 인간)』가 최근 만들어진 말이 이라는 것과 인간이 계산하는 기계가 된 것(Mauss, 1989, pp. 271~272)이 그리 오래되지 않았다는 것을 이해하지 못하는 것만은 아니었다. 그는 또한 부의 교환이 어떤 시대이든 간에 전적으로 경제적 행동이 결코 아니라고 이해하고 있었다.

그가 마오리족 사람들로부터 배운 것처럼 "주어진 사물이 무기력한 사물이 아니다."(Ibid., p. 161) 그 사물은 내부적인 가치를 부여받은 것이다. "기부자에 의해 버려졌다는 의미에서 그 사물은 그 기부자에 대한 어떤 것이다."(Ibid, p. 159) 비슷한 방식으로 자본주의 시장에서 생산자는 자신의 능력, 재능을, 그가 받는 월급과 맞바꾸어 제공하고 있다는 것을 알고 있다. 그리고 그것을 위해서, 그는 물질적이고 정신적인 인정을 요구하고 있다. 모스에 따르면, "교환하는 생산자는 재차 느끼고 있다—그는 항상 느끼고 있었다—. 그러나 이번에, 그는 날카롭게 그가 자신이 생산한 것 혹은 자신의 노동시간, 그 시간과 인생과 같은 자신의 어떤 것을 제공한 것보다 더 교환하고 있다는 것을 느끼고 있다. 그는 그래서 자신이 제공한 것에 대해 조금이라도 보상 받고 싶어 한다."(Ibid., p. 279)

동일하게 지배국가가 순수하게 실리적인 혹은 권력의 이득을 추구하는 것은 그 국가들 자신에 해가 될 정도로 세계화의 부정적 측면을 강화하게 된다. 아무런 규칙 없는 시장의 논리는 사실 그것이 빠르던 늦던 폭력, 전쟁, 야만으로 이어진다. 그 점에 관해, 모스가 주는 교훈은 일반적인 이익을 통해서 특수한 이익을 약화할 수 있다는 것에 있다. 즉, "공동의 부"(Ibid.)에 대한 사고, 특히 공동 세계에 대한 사고에 접근하면서 평화를 보장하는 것에 있다.15) 우리는 또한 각 민족, 각 문화, 각 국가가 자신이 가진 어떤

---

15) 이 두 가지 측면에 대해서는 Fistetti(2005)를 참조하고 있다.

것을 민족들·문화들·국가들로 이루어진 큰 가족에게 제공하는 사실에 대해서 이해하고 있고 자신이 기여한 것에 대해 인정받고, '보상받고'자 한다고 말할 수 있을 것이다. 다시 말해서 단순히 경제적인 것이 아니라, 상징적이고 문화적인 가장 거대한 수용 속에서 만들어진 주고-받고-되돌려 주는 순환 속에 들어가고자 하는 것이다. 자신의 노동시간으로 축소될 수 없는 것이 아니라, 자신의 존재와 자신의 기여와 관계있는 어떤 것을 제공하는 느낌을 가진 생산자와 같이, 가난한 혹은 가난에 빈곤에 신음하는 국가들과 민족들은 『경제적 인간(Homo oeconomicus)』의 모델에 따라 같은 수로 구성되었다고 가정된 교환의 수행자로 여겨질 수 있다. 그러나 그 교환은 주체들의 물질적인 불평등함 때문에 처음부터 불평등한 것이다.

우리는 그들을 그들이 남을 생각하는 마음에서 존중받을 만하다고 이해하고, 무관하지 않은, 즉 우리의 인간과 세계에 대한 비전을 고양할 수 있는 차이로 그들의 차이를 받아들이고, 그들을 우리가 가지고 있지 않은 어떤 것을 줄 수 있다고 인정해야 한다. 줄리앙 레미와 알랭 까이에(Julien Rémy & Alain Caillé, 2007)에 따르면, 기부하는 사람들은 기부자, 즉 전혀 받지 않고 항상 주는 자가 되면서 기부의 순간을 몰수했다. 그러나 이러한 방식으로, 그들은 "받은 사람들의 편에 대한 인정을 더 이상 기다리지 않는다." 여기서 지배 관계가 자기중심적인 서구의 합리성에 바탕을 둔 그리고 타자―동일자의 부대현상으로서 타자―에게서 자신의 모습을 투영해 보는 문화 개념의 근본주의 속에서 머물고 있다.

한 문화를 인정하는 것은 그 문화에게 문화와 문명의 분야에서 독특하고 대치할 수 없는 가치를 부여하는 것이다. 이러한 관점에서 우리는, 주체의 사회적 가치에 대해 까이에(2007)에 의해 형식화된 가설을 문화에까지 확장할 수 있고, 문화의 가치가 기부 능력에서 측정될 수 있다고 단정할 수 있을 것이다. 그리고 그 말을 통해서, 그 가치가 인간성에 행한 기부 전체와 기부의 잠재성들을 이해한다. 그러나 일단 (개인 혹은 집단) 주체들의 가치 평가 기준이 그들의 행한 기부 전체, 혹은 기부할 수 있는 능력, 기부의 잠재성에 의해서 구성된다는 것이 설정되었을 때, 까이에는 이 평가 기준이 기부의 능력 혹은 활동과 관계가 있는 것은 아닌지 생각한다. 문화들과 관계된 것에 있어서, 이 의문에 대한 대답이 우월한 문화와 열등한 문화, 의미 있는 것으로 여겨질 만한 문화와 가치 없는 문화 사이의 가치론적인 어떤 층위를 재도입할 수 없으리라는 것은 분명하다. 각 문화들은 각자가 기부의 현상학적인 차원 혹은 한나 아렌트가 말한 것처럼, 무상으로 그리고 인간의 자발성으로 제공되는 차원을 생각한다. 각 문화는 인간의 복수성을 포함하는 어떤 것에 대한 기부를 가지고 있다. 예를 들어 노동, 예술작품, 상징들, 행동의 코드들과 같은 것 말이다.

바로 구성적 복수성의 관점에서, 한나 아렌트는 놀람·존경·찬사의 태도를 단순히 선택하는 것이 아니라, 인정의 태도도 채택하도록 유도하고 있다. 왜냐하면, 우리가 같이 머물고 있는 지구상에서 아무도 즉각적으로 그것을 재생산하지 못하는 세계 속에 어떤 자리와 오직 그만이 표현할 수 있는 세계관을 가진 민족, 인간

집단, 국가가 있기 때문이다. 민족 혹은 문화를 규정하는 다양성이 커질수록 그 민족 혹은 문화에 부여하는 가치는 더욱 커진다.16) 그래서 아렌트는 얼마나 동맹의 기부가 민족 사이에 그리고 문화들 간에 맺고 있는 관계들의 공간으로 여겨지는 정치적 핵심을 구성하는지 강조하고 있다. 아렌트는—서구 사회에서 매우 발달한—평화조약과 동맹조약이 적대감을 우정과 "어제의 적이 내일의 동맹국이 되는"(Ibid., p. 114) 공동 세상의 창조로 변모하게 했던 "로마 역사의 기원 개념들"이라는 것을 우리에게 상기시키고 있다.

보다 강한 이유에서, 동맹의 기부는 재분배의 정의에 대한 전체적인 차원이 보장되지 않고서는 민족들 간의 관계 속에서 정치의 중심축이 될 수 없을 것이다. 한 문화, 한 민족, 한 인간집단의 가치를 인정한다는 것은, 특히 그들이 생존을 위한 생명의 최소한을 가지고 있지 않을 때, 지구가 가진 부의 공정한 재분배와 일방적인 의무를 의미한다. 일단 임시로 내릴 수 있는 결론은 다음과 같다. 인정이 없는 재분배는 없고, 재분배가 없는 인정은 없다.

---

16) "우리가 평등하게 살 수 있는 동일한 세상을 생각하는 것이 가능하다고 생각하는 관점이 어떤 민족 속에 더 많이 존재할수록, 민족은 보다 더 크고 개방적인 것이 될 것이다." (Arendt, *Ibid.*, p. 112)

프랑스어판 후기

: 다문화주의는 민주주의에 녹아들 수 있는가?

알랭 까이에(Alain Caillé), 필립 샤니알(Philippe Chanial)

우리는 『l'Ancien Régime et la Révolution』의 한 문단을 떠올린다. 여기서 토크빌은 샤틀레 후작 부인에 대해서 얘기하는데, "이 귀족 부인은 자신의 하인들 앞에서 옷을 벗는 데 어려움이 없었고, 하인 들이 남자들인 것도 아랑곳하지 않았다."(1985, p. 286) 우리가 여기 서 인간이 인간에게 타인인 다른 남을 생각하는 사회의 전복, '민주 적 대혁명'으로부터 인간이 유사한 것, 즉 분신(alter ego)으로 인지 되는 정체성의 사회에 이르는 그의 분석을 읽을 수 있다. 타인은 물론 또 다른 나 자신이다. 그러나 토크빌을 넘어서 인간과 시민의 권리들에 대한 선언과 모두가 모두와 함께하는 원칙의 정체성을 단정하는 것이 같은 뜻은 아니지 않은가? 인류의 단합은 차이를 줄이고, 더 이상 구분되고 계층화된 인간성들 속이 아니라 공동의 인간성에 전체와 개인을 등록시키는 일을 초래하지 않는가?

이 민주주의적 가상의 시각에서, 분신들 간의 평등이 너무 목말라서, 다문화주의는 민주주의 속에 녹아들 수 있을 것 같지 않다. 즉, 다문화주의는 민주주의와 양립한다. 다문화주의는 차이와 환원불가능성에 대한 인정을 목표로 하지 않는 것인가? 이러한 말들로 현대 사회의 다문화주의 현상에 의한 열린 토론이 매주 자주 발생한다. 특히 프랑스에서는 말이다. 공화주의적 통합 모델은 보편주의라는 정확한 이름으로, 우리들의 차이들이 가지는 비본질적 성격이 '분신의 평등함'을 더 잘 인정하기 위한 것이라고 단정하는 일을 가정하는 것이 아닌가?(Savidan, 2009, pp. 23~29) 이러한 관점에서 계급·인종·문화·종교·성 등의 차이에 대한 무관심은 평등화의 민주적 과정에서 반드시 필요할 뿐만 아니라 바람직한 연장일 수도 있을 것이다. 이 상황에서 차이에 대한 권리를 요구하는 것은 역사의 운동 자체에, '진보'에, 남을 배려하는 마음을 축소하는 근대의 행동들로 다시 회귀하는 것에 대립하는 것이다.

좁은 출구의 통로와 막다른 길

근대성과 민주주의 혁명의 위대한 서사는 다문화주의에 대한 현대 정치철학 논쟁의 중심에 있는 가장 큰 부분에 자리하고 있다. 한편으로 우리가 정체성 혹은 차이의 정치라고 구분하지 않고 명명한 것에 속하는 공동체주의와 다문화주의의 선구자들과, 다른 한편으로 평등한 존엄성의 정치의 수호자들인, 자유주의 추종자들[1]을 대립시키면서, 모든 것은 마치 우리가 평등하다고 공표했던 자에게 그 사람의 차이를 회복시켜 주는 것이 불가능한 것처

럼 진행된다. 찰스 테일러가 강조한 것과 같이, "평등한 존엄성의
정치로, 설정된 것은 보편적으로 동일한 것으로 여겨지는 것이고,
차이의 정치로 사람들이 우리에게 인정할 것을 요구하는 것은 개
인 혹은 집단의 정체성, 즉 모든 다른 사람들과 그 자신을 구분하
는 것이다."(1996, p. 57) 즉, 한편으로 우리에게는 평등의 원칙과
그것의 명확한 절대적 필요가 있을 것이다. 차이에 눈감고 있는
전체와 개인을 다루어보자. 다른 한편으로 우리에게는 정체성의
정치와 차이를 인정할 뿐만 아니라 특수성을 장려할 그것에 대한
설교가 있다. 그래서 이러한 두 진영은 서로에게 번갈아가며 비난
을 한다. 차이의 이름으로, 반차별의 원칙을 위반한다고 비난하거
나, 혹은 평등의 이름으로 획일화의 틀을 강요하면서 정체성 전체
를 거부하려고 한다고 비난하는 것이다. 그래서 다문화주의가 문
제 될 때 우리는 이러한 꽉 막힌 감정을 느끼게 된다. 여기서는
이러한 막다른 길에 있을 수 있는 가능한 어떤 출구의 통로를 탐
색해보자.

---

1) 미국에서 통용되는 자유주의, 혹은 개인의 권리와 밀접한 관련이 있는 자유주의는 이러
한 이유에서 '복수주의의 사실'에서 유래한 '좋은 삶'에 대한 다양한 개념들에 대해서
정부의 일정한 중립성을 옹호한다(Rawls). 그가 옹호하는 평등한 존엄성의 원칙은 또한
차별의 근절을 우선시하는 것을 정당화한다. 이러한 측면에서, 바로 그러한 자유주의는
프랑스의 공화주의가 옹호하는 모델과 가깝다. 하지만 복잡한 것은, 무종교주의 원칙이
정치적 공동체의 우월함, 즉 개인의 형상 위에 시민의 형상보다 우월하다는 것을 명백히
보여주는 실질적이고 집단적인 가치들을 강조하면서, 특히 마이클 샹델(1996)이 설명한
미국의 공동체주의에서 무시할 수 없는 한 부분에 프랑스의 공화주의를 접근시키고
있다는 것이다. 자세한 설명을 위해서는, Berten & Pourtois(1997)과 Chanial(2001, Chap.
10·11)을 볼 것.

특수성에 대한 권리, 보편성에 대한 권리

그러나 왜 시작하기 위해서 토론의 말들의 관점을 바꾸려고 노력하지 않는가? 차이와 정체성을 혼동하는 대신, 그것들을 뚜렷이 구분해보자. 거의 당연한 것처럼 그리고 거의 모두에 의해 승인받을 수 있을 것처럼 보이는 규범적 말(앵글로 색슨의 말로 자명한 self evident 말)로 시작하자. 모든 인간 주체는 평등한 권리를 가지고 있다. 혹은 우리가 원한다면, 이는 이중의 권리이다.

1) 특별한 시공간, 한편으로 한정된 전통 혹은 문화에서, 다른 한편으로 평등하게 정해진 장소에 영토에서 살아갈 권리. 요약하면, 특수성에 대한 권리.

2) 간격을 유지할 권리, 그 한계들이 너무 작고 답답한 것일 때, 특수주의자들의 작은 세상의 한계를 넘으려는 권리. 즉 보편성에 대한 권리. 너무나 생경한 두 단어로 그것을 말하기 위해서, 전 인간 주체는 각기 뿌리를 내리고, 뿌리를 제거할 권리를 가진다. 위에서 상기한 토론의 관점에서 토의할 수 있는 방식으로 번역해보자. 다시 말해서, 그 주체는 (다른 사람들과의) 동일성과 차이에 대한 권리를 가지고 있다.[2]

---

2) 이러한 형식화는 마이클 월저가 제기한 형식화와 그리 멀지 않다. 그는 자신의 저서 『Traité sur la tolérance』에서 다음과 같이 쓰고 있다. "자율적이고 존엄한 집단성에 개인들을 결합시키는 차이에 대한 낡은 개념은 양면성을 지니고, 이견을 가진 개인들의 저항에 맞닥뜨리게 될 것이다. 그러나 반대로 이러한 이견을 가진 사람들만을 고려하는 모든 차이에 대한 개념은 공통된 종교적 혹은 문화적 전통을 사유화하고, 실천하고, 만들어내고, 검토하고, 전달하려고 싸우고 있는 남성들과 여성들을 맞닥뜨리게 될 것이다."

이러한 형식화의 이점은 선험적으로 분명하고 대단한 것으로 보인다. 이 형식화는 전통주의자들과 극단적인 근대주의자들을 등지게 만들었다. 그들은 공동체를 통해서만 판단하고, 개인을 인정하기를 원할 뿐이다. 그리고 추상적인 원칙의 단계에서, 사람들은 우리가 그것에 대립하는 것을 잘 보지 않는다. 하지만 언급되자마자, 이러한 제안은 그것이 해결할 의문들을 만들어냈다. 특히 다음과 같은 문제들이다.

- 자연권에 대한 사고 자체는 그 스스로 충분히 이미 문제가 되는 것이다. 그 사고는 그것이 모든 사람들이, 문화가 단순히 자연에 반하는 것으로 정의(우리가 레비 스트로스 제시한 말들을 믿는다면) 되었기 때문에, 문화에 대한 자연권을 가지고 있을 것이라고 단정할 때, 문제가 되었다. 자연권은 자연권으로 벗어나야 하는 것인가?

- 분명한 사실은 뿌리를 내릴 권리와 뿌리를 제거할 권리가 어떤 지점을 벗어나면, 빠르게 대립적인 관계가 된다는 것이다. 어떻게 한 문

(1998, p. 133) 여기에 자유주의 딜레마가 있다. '후기 사회적' 개인이 전면에 등장하자마자, '위반하는 자아', '제한되거나 일시적인 연합이 아닌 모든 것으로부터 해방된' 그리고 '그들의 권리 중 제일의 권리가 단절하거나 혹은 스스로 물러나는 권리인' 그런 자아는 내적으로 '자기파괴적인 신조'를 구성한다. 그리고 그러한 이유에서 그는 일시적으로 '공동체적 성격의 집단적인 것'을 요청한다(1997b, p. 325 & 335). 제임스 튈리(James Tully)가 제안하는 것은, 민주주의가 소속과 비판의 자유라는 두 가지 공공의 자산을 결합한 가치 부여에 근거한다는 가설을 옹호하면서, 뿌리를 내릴 권리와 자신의 뿌리에서 멀어질 권리 사이의 이러한 극단성을 재해석하자는 것이다(여기서 소속과 자유란 다음과 같은 것을 말한다). 한편으로 "한 문화와 한 장소에 소속되고, 세상 속에서 자신의 집처럼 느낄 곳을 가지고자 하는 욕구", 다른 한편으로 "자신이 물려받은 문화적 관습을 의심하고, 생각하고, 그것에 도전하며, 그것을 수행할 자유"이다(1999, p. 197).

화(개별주의, 공동체)가, 그 문화를 따라야 하는 절대적 의무가 그 구성원들을 붙잡아 둘 수 없다면, 자신의 일관성을 유지할 수 있을 것인가? 보다 나쁜 것은, 만약 그들이 마음대로 그 문화를 배반할 수 있다면 어떠한가? 히어슈만이 말한 것처럼, 퇴장 혹은 충성은 반드시 선택해야 하는 것들이다(Hirschman, 1995; Weinstock, 2005). 한 마디로 권리에 대한 언어 자체는 뿌리내리기와 문화적 소속의 논리에 모순되는 것이 아닌가?

• 우리가 여기서 유감스러운 역설과 관계한다는 것을 느끼게 된다. 권리에 대한 사고, 그리고 특히 공동에 속하지 않을 권리에 대한 사고, 차이에 대한 권리와 관련된 사고는 루이 뒤몽(Louis Dumont) 이 묘사한 것과 같은 개인주의에 고유한 이데올로기적 형상과 분리할 수 없는, 매우 근대적인 사고처럼 보일 수 있다. 그런데 그는 만약 차이에 대한 권리의 효율성이 폭력적으로 통일된 모습을 강제하는 근대 국가들의 상황에서 보다, 어떤 전통적(특히 제국주의) 정치 형태에서 잘 보장되지 않았는지 생각하게 되었다.

• 결국, 만약 우리가 위대한 원칙들의 꼭대기를 그들의 실현 조건에 의문을 가지면서 포기한다면, 어떤 인간 활동의 조건에서, 우리가 동일성에 대한 권리와 차이에 대한 권리를 각기 우선적으로 행사하기를 바라는지 생각해야만 한다. 마찬가지로 경제적 질서에서, 정치적 질서에서, 사회적 질서에서, 혹은 문화적 질서에서는 어떠한가? 명백한 것은 구체적인 다문화주의가 그것이 그 모든 영역들에서 전

개되는 것에 따라 전체적으로 바뀌어야만 한다는 것이다. 베네통 (Benetton)에서의 상업 다문화주의, 혹은 F. 피스테티(F. Fistetti)가 시장 혹은 여행사의 다문화주의라고 명명한 것은 프랑스에서 벌어지는 무종교주의의 정치적 다문화주의 혹은 퀘벡의 다문화주의는 아니다. 그리고 각각의 다문화주의의 형태는 다른 것들과 갈등을 겪게 되고, 부분적으로 그 다른 것들을 거부한다.

이 각 고찰들은 오랫동안 발전할 만하다. 그러나 너무 지나치지 않아야 해서, 우리는 오늘날 너무나 잊히고 다른 말로 형식화되었지만 직접적으로 다툼의 대상이 된 루이 뒤몽의 단정을 통해 비판적 대화로 규범적인 제안들을 제시하고자 한다. "만약 차이에 대해 옹호하는 것들이 그 자체로 평등과 인정을 요구한다면, 그것들은 불가능한 것을 요구하는 것이다."(Dumont, 1982, p. 260) 이러한 가정의 필연적 귀결은 그에 다르면, 차이가 계층의 범주에서만 생각할 수 있는 것이고, 그 계층만이 차이를 정착할 수 있게 해준다는 것이다. 혹은 보다 정확히 말하면, 차별을 종결짓는 데만 유효한 미분화 규칙을 정착하는 형태하에서, 어떠한 차이에도 권리를 부여하지 않는 평등한 위상에 대한 인정 요구와는 반대로 '타인으로서 타인을 인정하는 일'은 어쩔 수 없이 계층화된 인정에 이르게 된다. 즉, 타자는 항상 주체에 상위 계층이거나 하위 계층으로 고려된다.[3] 만약 우리가 출발했던 말 속에서 이 형식을 다시 해석

---

[3] 뒤몽이 강조한 것처럼, "반전이 구성하는 유보된 중요성'과 함께, 만약 타자가 전체적으로 열등하다면, 반대를 포함하는 모델상에서 부차적인 단계에서 그 자신이 우월하다는

해 본다면, 그 형식은 논리적 난점을 확인하는 것으로 이어지게 될 것 같다. 알다시피, 우리는 거의 다음과 같은 사실을 말할 수 있을 것이기 때문이다. 뿌리를 내릴 권리와 뿌리에서 벗어날 권리를 동시에 요구하는 사람들은 불가능한 것을 요구하는 것이다. 정말 그러한가? 평등과 차이, 뿌리내리기와 뿌리에서 벗어나기는 정말 양립 불가능한 것인가?

문화들의 평등에 대한 역설들

뿌리를 내릴 권리 대 뿌리에서 벗어날 권리.

평등 대 문화들의 차이.

이 두 대립의 말들 사이에 진정한 긴장이 존재하기 위해서는, 그들 각각이 어떤 가치를 가지고 있어야 한다. 만약 근대 주체가 선택해야만 하는 그 각각의 문화가 어떤 가치, 다른 것들과 평등한 어떤 가치를 가지고 있지 않다면, 문제는 단순하게 해결될 것이다. 그래서 우리는 어떻게 다문화주의자들의 요구와 차이에 대한 권리에 대한 확인이 확인, 그렇지 않으면 평등, 적어도 모든 문화들의 평등한 존엄성 없이 존재할 수 있는지 잘 볼 수 없다. 데이빗 브롬비치(1995, p. 100)가 정확히 관찰한 것과 같이, 다문화

것을 드러내 보일 것이다. 그러나 그러한 사실은 복수문화적 민주주의 혹은 단순히 이중문화적 민주주의가 엄격한 의미에서 용어상의 모순이라는 결론을 막지는 못한다."(1991, p. 269). 프랑스공화국에서 뉴칼레도니아의 상황의 예를 들면서, 뒤몽이 생각하는 것은 뉴칼레도니아 토착민의 정체성은 이러한 상황에서, 프랑스 전체의 공통된 위상에서 한 계를 벗어나는 위상의 형태로, 즉 종속적으로 내포되는 방식으로, 열등한 계층적 단계에 서만 인정될 수 있다.

주의의 세련되게 만들어진 공동체주의 이론가들 사이에서는 제외하고, 우리는 다음과 같이 말하는 누군가를 생각하기는 어렵다. "나의 문화가 다른 문화들보다 하위문화라도, 나는 영원히 그 문화를 사랑한다." 더 낮든, 혹은 더 나쁘든, 가능한 것은 한 문화는 개별 주체들이 다른 주체들의 우월하다는 어떤 형태를 인정하는 한해서만 사회화의 추동자 역할을 수행하고, 개별 주체들에게 정체성과 의미의 보관소를 제공할 수 있다. 의문점은 다음과 같이 될 수 있다. 문화들은 그 문화들 모두가 다른 문화에 대해 우월하다는 것으로 소위 평등하다고 말할 수 있는가? 우리가 잘못된 걸음을 떼지 않도록 노력하기 위해서, 평등의 가설을 지지하는 것과 우리가 어떻게 화해할 수 없는 것들을 화해시킬 수 있는지 생각하기 위해서 그 가설을 문제시하는 것에 대해 동시에 자세히 설명하도록 노력해보자.

가설에 의해, 정의 자체에 의해, 문화들은 직접적으로 합리적으로 과학적으로 판단되고 평가되지 않을 수 있다. 그 문화들은 순수하게 말해, 그 문화들이 자연적이고 생리적인 보편성을 벗어나고, 그럴 수 있는 우리만의 특별한 힘을 확인하는 한에서만 상징적 전체인 문화가 된다. 그 문화들을 특징짓는 것은 사실, 모스가 지적한 것처럼 자유의지와 방식의 분야에 속한다. "모든 사회적 현상은 사실 근본적인 특성을 가지고 있다. 상징·단어·도구·직관이 어떤 것이든 간에, 그것이 언어, 잘 만들어진 과학이든 간에, 가장 훌륭하고, 수많은 목적에 가장 잘 채택된 도구일지라도, 그리고 그것이 합리적으로 가장 가능한 것일지라도, 그것은 아직 자의적이다."(1969, p. 470; M. Mauss가 강조한 내용) 이 모든 것은 모스에 따르면 방법과 관계한다. 즉, 이 방식은 "가능한 한 다양한 선택지들 사이에 선택이라고 불리는 인간의 의지를 말한다. 한정된 사물, 이야기, 일종의 당의 구획정리, 집의 내부와 외부 구조, 행위들 자체, 넥타이의 매듭, 깃과 목 부분의 형태와 같은 것들의 선택 말이다. 걸음걸이와 신체 일부분이 요구하는 것은 신발이며, 동시에 그것을 착용하는 것이다. 이 모든 것은 모든 수많은 인간들에게 공동적인 형태이며, 가능한 다른 형태들 사이에도 그 인간들에 의해 선택되는 형태이다."(Ibid.) 이 두 가지 개념은 항상 짝을 이룬다. 이런 방식으로 넥타이를 매든지 저런 방식으로 매든지 그것은 자유이다. 그 자유의지는 특별한 전체의 존재를 특정하기 위한 것이다. 이 상징들은 동맹을 맺고, 그것을 기념한 덕분에 얻은 것들이다. 그리고 이 동맹들은 아무런 이유가 없지는 않지만, 자율적인 방향으로 맺어진 것이다. 그것이 그이기 때문이고, 그것이 나이기 때문이다. 자율성이 없으면, 진정한 동맹도 진정한 우정도 존재하지 않는다. 정치도, 우정도 없다면, 공리주의와 기능성만 남을 뿐이다. 즉, 어떤 사고, 신념, 관행이 기능적·합리적·자연적·과학적인 질서 등에 들어갔을 때, 가설적으로 말하면, 그것은 특히 문화적(혹은 상징적)인 질서에서부터 나온 것이다. 상대적으로, 만약 엄격한 의미에서 문화를 특정하는 것이 그 자체로 자의적인 상징들을 사용해서 동맹을 설정하는 것이라면, 가설상 그 문화들은 똑같이 자율적이고, 그 문화들이 채우고 있는 세계에 있는 존재의 해석과 사회화의 기능들에 의해서만 가치가 있기 때문에 평등하다. 루이 뒤몽(1982)은 자신의 스승 모스를 따라, 다음과 같은 것 이외에는 다른 것은 이야기하지 않았다. 사회 전체는 "상대적으로 보편적인 것"이다. 그것은 선택의 결과이고, 가능한 모든 선택 사이에서 서로 다르며, 그래서 내부의 일관성과 의미에 따라서, 어떤 다른 사회와 마찬가지로 모든 사회가 정당하다.

하지만, 그들이 말 그대로 평등할 수 있는가? 그리고 그들은 합법적으로 그리고/혹은 사실상으로 평등한가? 우리는 지금 끔찍이 까다로운 의문 속으로 들어가고 있다는 것을 느낀다. 어디서 법 그리고/혹은 사실이 시작하는가? 세 가지 영역을 구분해보자. 사실의 영역, 사실과 법이 뒤섞인 영역, 법의 영역들이 그것들이다.

사실상 분명한 것은 문화들이 전혀 평등하지 않다는 것이다. 매해마다 매달마다 수많은 문화와 언어들이 사라지고 있다. 도처에 지배문화와 종속문화가 존재한다. 그리고 어떤 문화들은 이런 저런 분야에서 어느 정도는 성공하고 있다. 우리가 문화인 것을 정의하는 법을 모른다는 것을 차치하고라도 말이다. 우리가 그 가치를 확인하는 문화는 (100명에서 200명 정도의) 보로로스 인의 문화인가 혹은 아메리카 인디언들 전체의 문화인가? 어떤 의미에서 그들이 통합할 때 선택된 문화들을 비교하고, 그들이 묶였을 때, 어떤 문화가 우월하고 그렇지 못한지 확인해야 하니는 우리는 잘 알지 못한다는 것을 차치한다면, 이 문화들이 어떤 차원에서 유익하고, 다른 차원들에서는 불필요한 것들을 제시할 수 있다.

법적이면서도 사실적인 차원에서, 그 문화들이 양적인 것만 고려해도 예술과 사고의 작품들을 생산하는 데 있어서 평등하지 않다는 것은 분명하다. 어떤 문화들은 분명히 다른 문화들보다 더 매력적이다. 예를 들어, 우리는 아마도 ('진정한 야생'의 신비로운 땅, 타이티에서와 같은) 구조적인 영아살인 혹은 가족이나 종족에 속하지 않는 사람들에게 거짓말을 하거나 속이는 것을 체계적으로 장려하는 일에 열광하지 않는 것 같다. 집단의 이익 등의 의미에서 '도덕과 관계없는 가족주의'(R. Redfield)를 선호할 수도 있다는 것은 또한 의심스러운 일이다. 적어도 보편주의적인 문화와 개별주의적인 문화들 사이를 구분하는 것은 허락된다. 우리는 다음과 같은 것을 이해한다. 개별주의와 같이 보편주의의 병리학이 존재하지만, 선험적으로 수천수만 명에게 살아갈 이유를 제시하는 어떤 문화들은 오늘날 소수의 개인을 위해서만 가치 있는 문화들보다 더 나은 것처럼 보인다. 평등의 원칙을 다른 문화보다 자신의 문화가 절대적으로 우월하다는 것을 단정하는 문화들에 적용하기는 어렵다는 것은 차치하고라도 말이다. 가치론적인 합리성이 존재한다는 레이몽 부동의 생각은 고려해 볼 만하다. 우리는 여성들의 평등을 확인하는 길에서 뒤로 물러나는 일을 받아들여야 할 것인가?

그러나 이 역설을 조금 더 밀고 나가 보자. 만약 진전된 서구의 문화가 문화들의 평등을 단정하는 열정이 그 서구의 우월성을 확인하는 방법은 아닌지 생각해볼 수 있다. "우리의 문화는 다른 문화들 보다 우월하다. 왜냐하면, 오직 우리의 문화가 다른 문화들의 평등을 규정할 수 있기 때문이다."4)라고 말할 수도 있을 것이

---

4) C. 카스토리아디스(C. Castoriadis)는 서구의 유사 상대주의를 가장 대표하는 인물이다. 자크 드위트(Jacques Dewitte)의 최근 저작(2008)도 볼 것.

다. 즉, 여기에 식민주의와 제국주의의 깊은, 그리고 매우 역설적인 역사적 정당화가 있다.

법적인 차원으로 말해보자. 모든 문화들은 법적으로 평등한 상태에 놓여야 하지 않을까? 만약 우리가 문화의 자연권을 통해 추론한다면, 우리가 말한 것처럼, 우리는 아마도 극복할 수 없는 역설 속에 빠지게 된다. 법적으로 문화들의 평등을 지지하는 것은 우리가 무엇의 이름으로 우리가 다른 사람들이 가진 삶의 이유들을 거부하는지, 그리고 각 문화가 자율적인데, 그리고 삶의 이유를 주는 것은 바로 그 자율성인데, 왜 우리가 그들에게 우리의 문화를 강요하는지 알 수 없다. 보다 근본적으로, 프란체스코 피스테티가 보여준 것처럼, 그 문화들이 다양할 수 있고, 각 문화가 개별적인 세계 내 존재를 해석할 수 있는 그런 다양한 문화들의 법적 평등의 형태는 대치할 수 없는 상태로 존재한다.

피스테티가, 우리가 부록의 마지막에 쓴 것처럼, 한 문화를 인정한다는 것은 사실 문화와 문명의 영역에서 대치할 수 없는 유일한 가치를 그 문화에 부여하는 일이다. 그 문화들 각각은 '증여'의 현상학적 차원, 혹은 한나 아렌트가 말하는 것과 같이 인간의 자발성과 대가를 바라지 않는 차원을 고려한다. 각 문화는 노동, 예술작품, 행동 양식 등과 같은 인간의 복수성을 포함하는 어떤 것에 대한 기부를 내포하고 있다. 이러한 구성적인 복수성에 대해서 한나 아렌트는, 그의 친구인 시인 위스탄 H. 오덴(Wystan H. Auden)이 그에게 가르쳐주었던 것처럼, 단지 놀람·존경·찬사의 태도만을 택하지 말라고 조언한다. 그것들과 함께 인정의 태도도 선택지에 넣을 것을 조언한다. 왜냐하면, 우리가 함께 머물고 있는 지구 상에는 아무도 즉각적으로 그것을 재생산할 수 있는 세계 속에서의 어떤 위치와 그만이 나타낼 수 있는 어떤 세계관을 가지고 있는 어떤 민족, 어떤 인간 집단, 혹은 어떤 국가가 있다는 것이다. 민족 혹은 문화를 특징짓는 다양성이 커지면 커질수록, 그에게 부여되는 가치 역시 커진다.

그러나 원칙적으로 평등한, 법적으로 평등하면서 다양한 문화들을 인정하는 일과 법 앞에서 그 문화들을 인정하는 일이 같은 일은 아니다. 여기서 문제가 되는 사실 정치와 힘의 관계의 문제가 합리적으로 정리될 수 없다는 것이다. 오직 정치적 집단성은, 한나 아렌트가 그것을 계속해서 상기시켰던 것처럼, 권리들을 부여할 수 있다. 그런데 정치적인 집단성은 하나의 문화로 축소될 수 있는 그런 것이 아니다. 그러나 집단성은 반드시 문화 혹은 주어진 문화들의 전체를 의지한다. 어떤 정부는 정해진 영토 위에 자리 잡고, 그것으로 구성되며, 동일하게 정치공동체는 개별적인 상징적 시간성 속에서 자리 잡고, 그것에서 힘을 얻고, 그것을 다시 재생산한다.

정치적 공동체의 한가운데에서 지배문화의 위상을 제기하는 것이 바로 이런 것이다. 분명해 보이는 것은 별로 그렇게 복잡해 보이지 않는 정치공동체는 평등하게 모든 문화들과 모든 언어들을 다룰 수 없다는 것이다. 12개의 개별 언어들이 (Daghestan과 같이) 공존할 수도 있지만, 우리는 어떤 이에게 그 모든 언어를 다 말하라고 강요할 수는 없다. 반드시 그 자체로 공동체에 공통적인 언어와 문화인 한 언어(그리고 당연히 한 문화)가 지배적이기 마련이다.[5] 혹은 기껏해야 두 개에서 세 개가 지배적이기 마련이다. 즉, 오직 하나의 정치적 공동체가 다문화적 차이에 권리를 부여할 수 있지만, 어떠한 정치공동체도 구성적으로(혹은 헌법에 따라), 그 공동체가 기반을 두고, 그 공동체가 태어난 하나 혹은 적은 수의 원래 문화에 우선권을 주지 않고서는 존재할 수 없다.

원칙적 해법

이 단계에서 우리는 겉으로 보기에는 새로운 막다른 길에 놓여 있는 것 같다. 우리는 문화들의 불평등도, 평등도 주장할 수 없다. 그리고 오직 지배문화만이 문화가 가지는 평등의 원칙을 확인하고 활성화할 수 있는 것 같다. 하지만 그 지배문화는 그것을 자신의 말 속에서, 자신의 영토상에서, 자신이 다른 문화들이 그와 동등하다고 말한 문화들 위에서 자신의 우월함을 확인할 때만 그것을 할 수 있다. 실제로 그 문화들은 지배문화에 지배받고 있고, 혹은 적어도 뒤몽의 의미에서는 그 문화에 종속되어 있는 것이다. 그러면 상황은 아무런 희망도 없는 것인가? 그렇지는 않을 것이다. 그러나 두려워할 만한 암초들 사이에서 길은 좁다.

차이와 평등은 내부적으로 루이 뒤몽이 말한 것과 같이 우리가 서두에서 생각한 대로 양립 불가능한 것인가? 우리는 뒤몽의 확

---

5) 이 문제에 대해서는, 특히 퀘벡에 대해서는 테일러(1994)를 벨기에에 대해서는 Ph. 반 파리예스(Ph. Van Parijs, 2008)를 볼 것.

고한 생각에 Le Besoin religieux에서 레젝 콜라코브스키(Leszek Kolakowski)의 이미 오래된 분석을 대립시켜 보고자 한다. 그는 다음과 같이 쓰고 있다. "우리는 모든 형태들과 모든 물려받은 구분들이 (소위 평등이라고 하는) 전체적 통일성의 이상의 이름으로 공격들을 경험한 적이 있는 세상에 살고 있다. 그리고 모든 차이가 계층적이라는 모호한 평등화의 방식을 통해서, 모든 계층은 억압을 말하고자 한다. 정확히 반대의 상황, 즉 보수주의적인 낡은 평등화들의 대칭축은 그 억압을 계층과 차이에 대한 계층으로 축소해 버린다."(1974, p. 22) 콜라코브스키는 통합의 이상이 가져오는 결과들 중 어떤 것을 기술하면서 이를 계속 진행한다. "정치생활에서 전쟁과 평화, 존엄성과 구속, 침략과 해방, 평등과 횡포 사이의 구분이 명확해질수록 학대자와 희생자, 남자와 여자, 세대들, 범죄와 영웅주의, 법과 자의적인 폭력, 승리와 패배, 좌파와 우파, 이성과 광기, 의사와 환자, 스승과 제자, 예술과 우스꽝스러움, 과학과 무지 사이의 비판할 수 없는 구분은 더욱 심화된다. 이 가장 중요한 대립과 분류들은 더 이상 통용되지 않는다."(Ibid., p. 23) 콜라코프스키가 우리에게 생각하도록 조언한 것은, 대칭적인 두 막다른 길 사이에 있는 통로이다. 추상적인 진보주의의 통로는 차이들을 숭배하고 법의 차이들과 사실의 차이들 사이를 더 이상 구분하지 않으면서, (모든 것이 자신의 가치를 가지고 있는 무관한 어떤 차이에서 "아무것도 차이가 없다, 내 자신을 제외하고는. 다시 말해 모든 차이는 평등에 대한 권리를 인정하게 된다.") 자기 파괴적인 평등주의 속에서 차이에 대한 권리를 파기해 버린다. 반동적인 막다른 길의 통로는 차이에서 불평등을 분해해 버린다(모든 불평등은 사실 차이로 축소된다.[6] 거기에는 억압 혹은 착취가 없고, 평등도 없다. 오직 차이만이 있을 뿐이다).

그 하나뿐인 합리적인 중간의 길에서, 어떤 우회로들을 찾을 수 있을 것 같다. 우리가 (뿌리내릴 권리, 뿌리를 버릴 권리, 차이와 평등에 대한 권리를 동시에 규정하는) 출발하면서 했던 규범적인 제안은 논리적이고 개념적이면서도 경험적인 수많은 장애물들에 충돌하기는 하지만, 우리의 제안은, 그러나 이상적인 제어자의 역할을 할 수 있다. 우리의 제안은, 좋은 정치적 체제가 우리의 태도와 함께 양립할 수 있는 문화적 복수주의를 최대로 장려하려고 하는 체제라는 것을 제기할 수 있게 해준다. 혹은 이 체제를 통해서, 뿌리를 내릴 권리와 뿌리를 버릴 권리, 문화들 사이의 법적 평등과 사실적 불평등 사이의 가장 큰 양립성이 가능할 수 있다.

지속 가능한 다문화주의를 위한 기준은 어떤 것들인가?

이러한 이상적인 조절자는 근본적으로, 정치공동체의 전 단계에서 형식화된 뒤몽의 계층적인 모델에 모순되는 것은 아니다. 하지만, 특히 롤스의 의미에서, 항상 실현의 과정에 있고, 결코 완성될 수 없는, 반성적인 균형의 특징들 아래에서, 그 조절자는 역동

---

6) 뉴라이트(Nouvelle Droite)는 특히 이해할 수 없는 담론들을 내놓는다. 왜냐하면, 모든 문화의 평등을 강조하면서도, 뉴라이트는 극단적 진보주의 다문화주의자들의 논거를 사용해서 차이에 대응하는 테마에 자양분을 제공하고 있기 때문이다.

적인 방식으로만 고안될 수 있다. 정태적인 방식으로 고안되면, 그것은 불가능하고, 생각할 수 없는 것이고, 아마도 자기 파괴적인 것이 될 것이다.

사람들은 어떻게 무한히 영예로운 자신의 과거로부터 유일하게 물려받은 지배문화가 민족통일주의를 표방하는, 지배문화와 포괄적 문화보다 내부적으로 그 자신들을 상위문화라고 자평하는 하위문화들에게 개방적일 수 있는지 보지 못한다. 반대로, 반성적이고 역동적인 균형은 만약 지배문화가 미래로 눈을 돌리면서, 자신의 개방적·관용적 성격, 즉 구성적으로 남을 배려하는 성격을 장려한다면 생각해볼 만하다. 즉, 한 문화는 그 문화가 이미 자신 안에 있는 다른 문화—문화들—를 이미 인정했을 때만 다른 문화들을 인정할 수 있을 것이다. 피지배문화가 동일한 개방정신을 고양한다는 사실을 가정하는 것이 바로 그것이다. 다문화주의의 민주적 관건은 그래서 지배문화와 피지배문화가 자기 변형과 전체적 보편화의 과정, 동시에 지배문화가 다른 문화들 덕분에 존재하고, 서로 상대적으로 존재한다는 사실에 대한 경험을 받아들일 것을 요구하는 것이다.

이것은 원칙적 차원에서 생각하기에 그렇게 복잡한 것은 아니다. 그러나 실제로 사용하기에는 끝까지 어려운 일이다. 이 분야에서 사실들 속에 밀접하게 관련되어 있는 그러나 개념적으로 잘 구분된 일련의 두 가지 고찰들이 문제가 된다. 어떤 실천적 의미를 우리가 방금 설정한 이상적 조정자로부터 도래할 수 있는지 생각하기 전에 정면으로 접근해야 하는 것이 바로 이런 문제들이다.

사적인 것과 공적인 것의 유지할 수 없는 이분법

한편으로 주어진 정치적 공간 안에서 지배와 피지배문화들 사이의 관계는 그 문화들이 각기 자신의 색깔로 품고 있는 그들의 역사, 그들의 인구·언어·지역을 통해 선험적으로 규정되지 않은 (그리고 아마도 규정될 수도 없는) 비율로 다양하게 변화할 수 있다. 특히, 킴리카(1995)가 강조하듯이, 그 문화들이 지배자들(민족적 소수자들)에 의해 식민지화되었을 수도 있고, 혹은 그 문화들이 이민 과정에서 도래한 것(종족 집단들)일 수도 있기 때문에, 피지배문화들에게 같은 처우를 하는 것에 대해 생각하기는 어렵다. 여기서 조정자의 원칙이라는 관점을 놓치지 않는다면, 아마 분명히 이는 생각해보아야 할 경우이다. 다른 한편으로 이것은 이상적인 조정자를 사용하는 일반적인 방식에 대해서, 또한 그것이 활성화되는 때 있어야 되는 원칙에 대해서 의문을 갖는 것을 막지 않는다.

우리는 근대 서구의 민주주의에 의해서 지금까지 선택된 해법의 유형을 알고 있다. 민족적인, 때로 중요한 변수들이 무엇일지라도, 허용된 가장 일반적인 원칙은 차이, 공동체적인 논리, 그리고 문화적인 개별주의는 사적인 영역에서만 유지되어야 한다. 그리고 반대로 공적인 영역은 개인들이 가지는 원칙의 평등만을 포함하고 있어야 한다.[7]

---

7) 나라에 따라 이러한 차별은 어느 정도 엄격하다. 그리고 두 가지 축 중 하나는 다른 축보다 우월한 경향이 있다. 프랑스에서 쟈코뱅 주의는, 평등의 원칙을 중시하기 위하여, 사적인 영역에까지도 문화적 차이를 쫓아내는 경향이 있다. 독일에서는 반대로 자신의 보편주의를 특성화하면서도, 문화주의자들을 통해서 시민성을 규정하는 경향이 있다

차이의 문제가 불거지면 이러한 구분을 모든 부분들에서 다시 문제시하게 된다. 여성도, 피지배문화 혹은 종교들도 '빗나간' 성적인 관행들도 더 이상 사적이고, 개인적인 영역에 갇혀 있기를 원하지 않는다. 사적인 영역들과 공적인 영역들을 분리하는 목적은 공동의 법 앞에서 모두가 평등하다는 사실을 확실히 하는 데 있다. 그러나 차이를 추종하는 자들이 강조하는 것은, 법 앞에서의 평등을 확실히 한다는 명목하에 사실 성·종족·종교 혹은 문화들 사이의 불평등에 의해 지나치게 규정된 실제 불평등들의 생산과 증가하는 데 기여하는 사적 영역에서 차이들의 억압이다.

평등의 원리가 지배하는 중심의 공공영역과 공동체주의에 개방된 사적인 영역 사이에 반성적인 균형의 역동적 실현을 향해 실제로 지향하는 유일한 방식인, 중재를 설정하는 것은 반드시 필요하다. 킴리카는 그래서 문화 소수자들에게 특별한 권리를 부여하자고 제안한다. 마이클 월저(1998)는 종교적이고 문화적인 유형의 연합들에 부여된 인정과 원조의 증대에서 해법을 찾는다. 이 두 가지 길 중 어떤 것도 선험적으로 버릴 수는 없다. 그리고 두 번째 길은, 특히 우리에게 약속하기 힘든 것처럼 보인다. 그러나 그것이 그렇게 보일 수 있는 것을 실제 실천할 수 있는 것으로 만드는 일도 그렇게 쉬운 것은 아니다. 월저는 미국에서는 이 길에 복병이 숨겨져 있다고 생각한다. 오늘날 프랑스가 종교적인 모든 연합과 단체들에 대한 지속적인 투쟁을 통해 정치적 국가로 구성되었

(Brubaker). 앵글로 색슨 국가들, 특히 미국은 공적인 것과 사적인 것의 명확한 구분을 가장 중시한다.

다는 것은 무엇을 말하는가?

　그러나 이러한 유형의 중재는 아직 불충분하다. 공공의 중심 영역과 사적 영역 사이에 이 중재는 매개 영역, 즉 연합들에만 해당하는 영역인 공공의 사적 영역을 구성한다. 그러나 아마도 그 영역은 자유주의 사고에 고유한 정치로부터 중립성에 대한 원칙을 단절하지는 못할 것이다. 이러한 자유주의 사고는, 우리가 알다시피, 그 자유주의 사고가 자산에 대한 물질적이고 포괄적인 개념들을 사적인 개인의 선택들의 영역에서, 공동체의 질서와 종교, 문화로 그 개념들을 가두어두기 위하여 요청하는 것에 대한 토의를 정치적 토론으로부터 쫓아낼 수 있다. 킴리카와 월저의 개념 유형에 대한 해법은 좋은 삶에 대한 물질적 개념들을 공공화하는 일에 어떤 지역을 개방한다. 그러나 그 해법들은 피스테티가 강조한 것과 같이 그 문화들 사이의 대조와 토론의 가능성을 고려하지 않고 문화들이 공존하도록 내버려둔다. 이것은 과도한 신중함을 보이는 일일 것이다. 물론 수피교의 고위 성직자, 루바비치 유대인, 고산지대의 기독교인들 사이에 구조적이고 영속적인 공공의 토론이 설정될 수 있다는 것을 고려하는 것에 큰 의미는 없다. 더 의미가 없는 것은 앞서 말한 사람들과 페미니스트 혹은 게이들과의 토론이다. 각자가 자신의 구석 공간(자신의 연합, 자신의 구역, 자신의 종교집단)에 머물러 있는 것은 괜찮은 일일 것이다. 그러나 이러한 시선은 너무 편협하지 않은가? 이러한 시선은 오직 관련된 공동체들의 특별한 관점으로부터 갖추어진 것이고, 민주 사회 자체의 관점으로부터 온 것은 아니다. 민주 사회의 관점에서 다양한 공동체의 구성원들은 한정된 성적 차이 혹은 종교의 대표자들로서도 과학적으로 심판할 수 없는 다양한 최고의 가치들에 대한 해석자들로도 인지되지 않는다. 그 가치들의 대립과 갈등은 정확히 민주적 경험을 필수적인 것으로, 생생한 것으로, 의미를 내포하는 것으로 만드는 것이다.[8]

통속적인 자유주의가 우리에게 말하는 것과는 반대로, 공공의 중심에 있는 토론이 자신의 물질적이고 포괄적인 개념들의 다양성과 무관하다는 사실은 잘못된 것이다. 많은 시각에서 그 토론은 개념들에 근거할 수밖에 없다. 만약 그 토론이 우리 공화국들의 범주에서 다양한 공동체를 통합하고 충분히 공통된 세계를 그들에게 제공하는 데 이르지 못한다면, 그것은 아마도 대의민주주의의 구색을 맞추는 일이 차이들을 그 자체로서 설명하는 데 지나치게 폐쇄적이기 때문이며, 또한 그 구색 맞추기가 다수의 시민들에게 구체적으로 관계하고, 그들을 '민주적 대화'에 효율적으로 참

---

8) 이런 의미에서 흥미로운 것은, 위르겐 하버마스의 변화를 관찰하는 것이다. 이후 그는, 속박 없는 의사소통을 할 때, 그것은 가장 잘 합리적으로 구성된 입장이어야 한다는 것을 이해하도록 하면서, 다문화적 대화주의를 생각할 수 없게 만드는 지나치게 엄격한 합리주의를 뛰어넘는다. 그는 오늘날 다음과 같이 적고 있다. "자신의 도덕적 신념과 말들을 종교적 측면과 비종교적 측면으로 구분하고자 하지도 않고, 할 수도 없는 사람들은 그들의 종교적 언어를 포기하지 않고도 정치적 의견 형성 과정에 참여할 수 있어야 한다."(Habermas, 2008, p. 14) 그 이유는 다음과 같다. "종교적 전통은 특히 사회생활의 어떤 예민한 분야들에 대해 도덕적 직관들을 확신에 차서 구성하는 특성을 가지고 있다."(Ibid. p. 15) 그리고 하버마스는 다음과 같이 덧붙이고 있다. "그들(비신자들)은 의미론적 내용들, 즉 대중의 논의 속에 통합되고 해석될 수 있는 정형화되지 않는 그들 자신이 가진 직관들 중 어떤 것을 종교적 발언들 속에서 발견할 가능성을 배제할 수 없다. 모든 것이 다 잘 진행되려면, 각자 자신의 관점을 가지고 있는 양측은, 자기 자신에 대한 성찰을 통해 밝혀진 관계 속에서 그들이 서로 공생할 수 있는 방식으로 신념과 지식의 관계에 대한 해석을 받아들여야만 한다."(Ibid.)

여시키는데, 지나치게 폐쇄적인 것은 말할 것도 없고, 지나치게 특수화되고 전문적이 되고 자기 기준에 따르기 때문이다. 사적인 영역에 갇히기까지 한 차이들을 공공의 인정에 어떻게 도달할 수 있는가를 묻는 대신에, 차라리 어떻게 중심부의 정치 토론을 어떻게 중심으로부터 벗어나게 할 것인가를 생각하는 것이 차라리 필요할 것이다. 한 마디로 다문화주의의 혼돈이 발생하는 것에 대한 주된 대응이 민주주의 정신을 재충전하는 일을 거치지 않는가? 그리고 그러한 대응이 대의민주주의의 점점 더 숨을 헐떡이는 기제에 아직 만들어지지 않은 직접민주주의, 지역화된 민주주의, 근대의 민주주의가 합류한다는 것을 가정하지 않는가? 동네와 학교의 일상생활에서 규칙적으로, 원하든 원하지 않던 같이 살아야 하는 문화들과 공동체들 사이에서 투쟁적 공존과 평화로운 만남의 방식들을 그때그때 만들어 내야 하지 않을까? 또한 그러한 여러 정치적 장면들에서 우리는 우리에게 부과된 다양한 의무와 충성심들로 우리의 다양한 정체성과 소속에서 발생하는 긴장들과 함께 살아가는 방식을 배워야 하고, 즉 다양한 입장을 가진 자신들로서 행동해야 하는 것이 아닌가?

그래서 킴리카를 비판하는 리차드 울린(Richard Wolin, 1997)의 결론을 살펴보도록 하자. "반드시 공동체의 담화가 형식적이 되었을지도 모르는 법들과 물질적일 수도 있는 삶의 형태들 사이에 설정된 단호한 대립을 파괴해야 한다. 더 자세히 말하면, 세 번째 단어, 즉 민주적 시민성으로부터 그 대립을 변증법적으로 발전시키는 것이 좋다. 억압받은 소수자들과 집단들은 그들의 관심사를 공적으로 형식화할 수 있고, 그들의 문화정체성을 분명히 밝힐 수 있는, 원활히 기능하는 민주주의는 개인의 권리와 문화들의 통합 사이에서 그릇된 대립에 대한 논리적 해법을 보여준다."(p. 141)

관용 혹은 인정? 갈등의 정치를 향하여

그릇된 대립은 물론, 그것이 자유주의의 담론, 적어도 현대의 '최소 자유주의'의 담론을 해체하도록 작용해야 한다(Sandel, 1996). 프란체스코 피스테티가 강한 어조로 말한 것처럼, 최소 자유주의 의 담론은 사실 다문화주의의 문제들을 매우 빈번히 관용의 유일 한 절대적인 필요성으로 축소하고 있다. 또한 무엇보다도 부정적 이고 방어적인 관용의 이상으로 축소하고 있다. 그래서 롤스에게 있어서 복수주의의 사실에 대면하여, 오직 관용만이 '교차에 의한 동의'를 밝혀낼 수 있게 해주고, 그것을 통해서 '잘 정리된' 자유주 의 사회에서 필요한 안정성을 보장할 수 있게 해준다. 그것은 마 치 복수주의 회피의 민주주의뿐이 될 수 없다는 것과 같다.9) 그것 은 마치 관용이 그 자체로 가치가 없고, 기능적이고 도구적인 용 어들로 다르게 정당화될 수밖에 없는 것과 같다.

그런데 존 듀이가 강조했던 것처럼, 진정한 관용은 완전이 부정

---

9) 롤스는 관용이라고 확인되지 않은 절제의 미덕을 찬양하기 위하여 "합리적인 복수주의 의 사실을 대면한 자유주의의 견해는 사회적 협력의 기반들을 침식하는 가장 심각한 갈등과 가장 토론이 많은 문제들을 대화에서 제거해야 한다."(1995, p. 197)는 사실을 단정하지 않았다. 이 '공포의 자유주의'에 대한 비판에 대해서는 슈클라(Shklar, 1987)를 볼 것. 그리고 민주적 토론 자체에 대한 공포에 대한 비판에 대해서는 Ph. 샤니알(Ph. Chanial, 2001, pp. 97~104)를 볼 것.

적인 전략에 둘러싸일 수는 없을 것이다. 듀이에 따르면 관용은 믿음, 그러니까 민주주의에만 해당하는 인간의 본성에 대한 잠재성 속에서의 확신을 표현한다. 그 확신이라는 것은, 예를 들어 종교적 정신이라고 명명한 것을 극히 다양한 형태로 소유하고 있는 인간의 본성에 대한 능력에 대한 확신이다. 그래서 그가 결론짓기를, 만약 불관용과 싸워야 한다면, 모든 집단이 존중과 인정을 받을 내부적 권리를 가지고 있는 것은 우선 그 불관용이 롤스가 오늘날 '교차에 의한 동의'라고 부른 것을 위협할 수 있기 때문이 아니라, 그 "불관용이 신념까지 뒤흔들게 되는 인간 본성에 대한 근본적인 불신의 태도"를 명백히 드러내기 때문이다(2002, p. 124).[10]

듀이를 계속 따라가 보면, 잘 이해된 관용은[11] 인정의 다른 이름일 뿐이다. 그런데 관용은 차이와 분쟁의 경험을 가정한다. 그래서 민주주의, 이에 더해 다문화주의적 민주주의는 갈등에 대해서 적대적일 수 없다. 그것을 기부의 관건이라고 말하기 위해서는, 민주주의는 그 본성 자체에서 경쟁의 영역에 해당하는 투쟁적 기부를 버리고, 사랑의 영역 속에 조화로운 기부를 우선시 하지

---

10) 보다 나쁜 것은, 이러한 태도를 신성모독에 대한 증오로 표출한다. 그때 그 증오는 이러저러한 집단이 인간적인 모든 특성들을 거부하게 만들 수 있다.

11) 다시 말해, 듀이의 말 속에서, "예를 들어, 우리의 특별한 야심과 관심사들을 검토한 그들이 가진 유용성의 대해서 외부적이면서 비내부적인 이유들에 대해서 타인들을 받아들이는 것 혹은 우리가 좋아하지 않은 어떤 것에 대한 단순한 체념이 아닌, 긍정적인" 관용(2002, p. 124)을 말한다. 이러한 이차적 형태의 관용, 즉 완전히 부정적인 관용은 미국 철학자에게 있어서 1930년대의 서구 민주주의, 특히 미국 민주주의의 '숨겨진 약점'이다. 이러한 점에서, 듀이는 만약 흑인, 기독교인, 유태인들에 대한 인종적 선입견들이 새로운 사실이 아니라면, 우리 안에 그러한 선입견들이 존재한다는 것은 어쨌든 나치 독일과 같은 행동을 한다는 비판을 초래하고, 내부적 약점을 구성한다고 보았다(*Ibid.*).

않는다. 만약 민주주의가 불화의 표현들을 장려한다면, 그것은 단지 합법적으로 각 개인이 자유로운 표현에 대한 개인적 권리를 가지고 있기 때문일 뿐만 아니라, 차이와 갈등의 표현들이 각자에게 자신에게만 있는 삶의 경험을 확대하는 수단이기 때문이다. 이와 동일하게 사고와 가치들을 공유하는 데 대립하는 모든 장벽들이 민주주의 사고에 모순되는 것이라면, 그것은 계급·인종·성·종교 등의 불평등성을 표시하는 장벽들이 개인의 권리를 침해하고 있기 때문만은 아니다. 그것은 또한 그 장벽들이 상호교환을 소멸시키고, 개인의 경험들을 서로 풍부하게 만드는 것을 방해하고 있기 때문이기도 하다.

이러한 의미에서, 이 장벽들을 부수고 갈등의 방책을 택할 때, 민주주의는 그 교환을 피하는 대신에 그 교환을 일반화하게 만들 수 있고, 그래서 기부와 상호 협력의 공간들을 확장하고, 그와 함께 상호 인정과 연대의 공간도 확장하게 만들 수 있다. 민주적 대화의 일반적 경험은, 그 대화가 갈등을 동반하기 때문에, 박애와 우정, 기부와 인정의 정치에 개방되어 있다.

"민주주의는 그 필요·목적·결과가 사람에 따라 다르지만, (스포츠에서 우리가 흔히 볼 수 있는 경쟁과 라이벌 의식을 제외하지 않는) 우호적인 협력의 습관은 그 자체로 삶에 매우 값진 첨가물이다. 가능한 한 피할 수 없는 갈등들을 지적인 상징 아래서 대화의 환경에 위치시키기 위해, 피할 수 없는 그 갈등들에서 강제적이고 폭력적인 환경을 없애는 것은, 우리와 불협화음을 이루고 있는 사람들을 우리가 이해할 수 있는 사람들, 그를 통해서 심지어 그들을 친구로까지 생각할 수 있는 사람들로 대우하는 것이다."(2006, p. 254)

우정의 정치는 인정의 정치와 다른 것인가? 혹은 나아가 기부의 정치와 다른 것인가? 사실 우리 인간 공동체에 대한 개인·집단·문화가 기여하는 가치, 그렇지 않으면 각자가 받은 것의 가치를 인정하는 것은 중요하지 않은가?

몇몇 실천적인 결론들

이러한 관점에서 후기 식민주의적이고 글로벌한 성격을 분리할 수 없는 세계에서, 부정적인 자유에 대한 자유주의 모델상에서 집단적인 권리의 방역선(防疫線) 덕분에 집단·민족·문화들을 보호하는 것보다는 우리가 살고 있는 사회-세계에서의 권리에 대한 과거와 현재의 기여들을 공적으로 인정하는 형태들을 사용하는 것이 더 중요한 일이다. 즉, 이 사회-세계가 동시에 인정의 사회와 기여의 사회가 될 수 있을 거라는 조건들을 고려하는 것이 중요하다. 지금 남은 일은 사회-세계의 구성적인 정치공동체들이 사용해야 할 정치들에 대한 몇몇 실천적인 결론들을 위에서 설정된 원칙들로부터 나오도록 노력하는 일이다.

글로벌화된 세계에서 주고받기

1) 기억의 의무

미래를 향한 단호한 민주적 다문화주의가 취해야 할 첫 번째 정치적 조치는 분명히 과거를 반성하는 데 있다. 사실 인정과 기여의 열쇠로 읽히는 식민지 지배, 그렇지 않으면 종속된 민족들에 대한 인정의 거부는 무엇이란 말인가? 그것은 마치 서구 사회가 오직 기여자, 다른 사람들에 대해 영원한 순수한 기부자, 채무자로서 믿음직한 존재의 형상을 띠는 것과 같다. 그래서 '폭넓은 양'으로 기여하는 자가 지배하는 이 근본적으로 비대칭적인 관계는 문명의 이익을 제공하지만, 피지배자는 아무것도 제공할 것이 없는 자, '정확한 양'으로도 되돌려 줄 수 없는 자가 된다(Rémy, 2008). 이러한 의미에서 식민지 지배는, 줄리앙 레미(Julien Rémy)가 제기한 것과 같이, 피지배자가 면제 받을 수 없는 채무를 지배자들이 설정하는 것에 근거하고 있다. 기부의 순환이 작동하지 않을 때, 그 채무는 순환할 수 없고, 자크 고드부(Jacques Godbout, 2007)가 상호 긍정적인 채무라고 명명한 것의 의미 폭에서 강조될 수 없을 것이다. 만약 식민 지배가 채무, 즉 '과도한 채무'(Rémy) 상징적인 폭력과 영향에 근거하고 있다면, 그 상징적인 과도한 채무는 현대 후기 식민주의 세계, 특히 이전에 그들에게 모든 것을 제공했던 그들을 받아들인 사회에 대한 배은망덕을 비난받는 이민출신의 사람들을 무겁게 짓누르고 있다. 식민지화의 '긍정적인 소산'을 자랑하는 최근 프랑스 법은 매우 폭넓게 기부하고 기부 받는 자들의 입장들에 대한 책임을 전가하는 기제의 엄격함을 증언하고 있다.[12]

이 법에 대한 투표를 이미 예견하고 대비한 국회의원 미셸 디에팡바셰(Michel Diefenbacher)는 2003년 2월에 당시 수상 장-피에르 라파랭(Jean-Pierre Raffarin)에게 제출된 자신의 보고에서 다음과 같이 쓰고 있다. "프랑스는 자신의 가장 용감한 자손들에게 바다들을 넘어 자신의 빛나는 영향력을 떨칠 것을 요구하였다. 용기 있게 열정을 가지고 끈기 있게, 그들은 그것을 완수했다. 영토는 개발되었고 병은 퇴치되었으며, 진정한 발전의 정치는 증진되었다."[13] 물론 이러한 기여에 대한 식민주의적 상상은 그에게도 그 자체로 불법적인 인정의 요구를 표명하고 있다. 많은 재외 국민들은 사실 그들의 노동과, 그들의 에너지, 그들의 창의력, 그들의 사람을 알

---

12) 그래서 외국에 나가 있는 프랑스인들을 위하여 국가적 공헌과 국가에 대한 인정에 대한 내용을 담고 있는 2005년 2월 23일 제정된 법의 두 가지 서로 모순되는 조항들을 인용해 보자. "국가는 예전 알제리의 프랑스 지역들에서, 모로코에서, 튀니지에서, 그리고 인도차이나에서, 또한 프랑스의 존엄함 아래에서 예전에 설치된 영토들에서, 프랑스에 의해 수행된 일들에 참여했던 여성과 남성들에 대한 인정을 표하는 바이다."(Article 1), "학교 프로그램들은 특히 해외, 특히 북아프리카에 거주하는 프랑스인들의 존재가 하는 긍정적인 역할들을 인정하고, 그들이 권한을 가지고 있는 각별한 자리를 그 영토 출신의 프랑스 군 용사들의 희생과 역사에 제공하는 바이다."(Article 4)

13) 그의 유명한 '식민주의에 대한 담론'(1955)에서, 에메 세제르(Aimé Césaire)는 반세기 먼저, 반복되는 논거들의 형태로 다음과 같이 대답하고 있다. "우리는 발전, '실현', 치유된 질병, 그들 자신보다 더 높은 삶의 단계에 대해서 생각한다. 나, 나는 그 자체로부터 비어 있는 사회들, 제자리걸음하고 있는 문화들, 침식된 제도들, 빼앗긴 영토들, 사살된 종교들, 무력화된 예술적 웅장함들, 제거된 대단한 **가능성**들에 대해서 이야기한다."(2004, p. 23, 강조는 텍스트를 따름) 이미 자신의 위대한 시 저서 『Cahier d'un retour au pays natal』(1939)에서, 그는 식민지의 '오래된 격언'을 상기시키고 있다. "어떤 흑인을 매질하는 것, 그것은 그에게 밥을 먹이는 것이다."(1983, p. 35)

제리와 그 밖의 지역에 제공했다. 하지만 식민 지배의 배경에서 그것을 주고, 그것을 받는 것, 즉 기부와 포식 사이의 경계는 모호하다. 물론 법은 식민지 출신의 프랑스 군대 병사들의 희생, 즉 그들의 삶을 프랑스에 바친 사람들도 인정하고 있다. 그러나 기억들의 전쟁을 진정시키는 것으로 충분할 수는 없을 것이다. 보다 깊이 들어가면, 이런 저런 기부, 즉 모든 기부를 인정하는 것도 중요하지만, 범죄를 인정하는 것도 중요하다. 그것은 선험적으로 물질적인 분배—그 효과는 효율적인 차원에 대한 끊임없이 복잡한 현상들을 없애고, 그것들을 또한 변질시킬 뿐이다—를 얻기 위해서가 아니라, 상호성의 공간을 만들기 위한 것이다. 정말 필수적인 것은 사람들과 집단들을 인정하기 전에 그 사실을 인정해야 하는 것이다. 이러한 관점에서 우리는 프랑스가 다른 나라들 보다 먼저 자신이 오랜 식민지들과 특히 알제리에서 저지른 범죄들을 인정하지 않고, 접하는 후기 식민주의의 거대한 위기를 어떻게 극복하는 데 성공할 수 있을지 잘 알지 못한다. 여기서의 호의는 내딛어야 할 첫 번째 걸음이다. 그리고 그 호의가 상황을 확대하고 바꿀 수 있게 해준다.

2) 연대의 의무

만약 과거의 기여와 범죄에 대한 토론을 재정 분배의 관점에 연결하는 문제를 벗어난 것이라면, 반대로 문화들의 상호 인정 작업은 몇몇 유창한 말이나 아무 관계도 없는 사죄의 요구로 절대

축소되어서는 안 된다. 물질적인 것과 상징적인 것이 함께하는 모든 인정 정치의 기본적인 조치는 어떠한 인간도 처참한 상태, 부족한 상태에 놓이지 않아야 한다는 무조건적인 단정 속에서 존재한다. 그래서 모든 사람들에게 최소한의 수입을 보장해야만 한다. 원조를 제공받는 국가에서, 그러한 조치들을 활용하는 것은 지배 종족·문화, 혹은 종교가 피지배 종족·문화·종교들을 인정한다는 것을 증명한다. 그러나 상호문화적 인정에 공존하는 연대의 의무는 또한, 국가와 대륙 사이에서 역할을 한다. 피스테티는 아넥스의 결론에서 다음과 같이 쓰고 있다. "동맹의 기부는 재분배의 정의에 대한 전체적인 차원이 보장되지 않고서는 민족들 간의 관계 속에서 정치의 중심축이 될 수 없을 것이다. 한 문화, 한 민족, 한 인간 집단의 가치를 인정한다는 것은, 특히 그들이 생존을 위한 생명의 최소한을 가지고 있지 않을 때, 지구가 가진 부의 공정한 재분배와 일방적인 의무를 의미한다. 일단 임시로 내릴 수 있는 결론은 다음과 같다. 인정이 없는 재분배는 없고, 재분배가 없는 인정은 없다." 구체적으로 이러한 국제적인 연대의 의무는 피스테티가 암시적으로 제기하고 있는 것과 같이 북반구 국가들의 일방적인 조치, 즉 남반구 국가들이 지고 있는 부채에 대한 무효화에 호소한다.14)

---

14) 바로 이러한 배경에서, 협력과 발전의 정치를 다시 생각하는 것은 중요하다. 문학은 거대하고, 그와 관련된 문제도 엄청나다. 최근 반실용주의의 주도권에 대해서는 『Manifeste pour les ≪produits≫ de haute nécessité』를 볼 것. 이 책은 파들로프, 안틸러스 제도, 기안느, 레두니옹에서 있었던 사회 운동에 이어 파트릭 샤모와소, 에두아르 글리쌍이 주도하여 출간되었다.

종족의 통계, 베일, 긍정적 차별 등

우리는 아마도 지금까지 했던 대부분의 말들이 추상적 혹은/그리고 일반적이라고 판단할 것이다. 적어도 프랑스에서는 모든 정신들을 흔들고 있는 사건들의 가능한 영향을 검토하면서, 그들의 적절성을 판단하는 것이 좋겠다. 세 가지 토론은 절대적으로 대립되는 진영들을 나타나게 한다.

1) 종족에 대한 것이라고 불리는 통계들

Insee, Ined 등과 같은 통계 조직은 여론 조사 혹은 설문 조사를 받은 사람들의 지리·문화·종족의 기원을 반드시 언급해야 하는가? 이러한 가능성에 반대하는 조사자들은 공화국이 개인만을 포함하고 있고, 그 형태의 차이들에는 관심을 가질 필요가 없다는 점을 강조한다. 파트릭 베일이 제기한 것과 같이 "인종·종족·종교, 혹은 소수자를 계산하는 것은 우리의 전통과는 반대되는 일이다". 그리고 우리는 "우리 역사에서 가장 어두운 기간, 즉 노예, 식민지, 비쉬 체제의 기간들을 지나치게 떠올리고 있는 것 같다."(2005, pp. 88~89) 게다가 많은 사람들이 이러한 기록들이 인구의 하위 범주를 기재하는 데 도달하지 못하고, 그 범주들에 낙인을 찍지도 못한다. 만약 식민지 혹은 후기 식민지, 종족, 종교를 이유로 그 범주들을 인정하지 않고 낙인을 찍는 일이 있다면, 우리는 희생자들에 대한 부정적인 차별에 대한 객관화 없이 그것이 어떻게 가능한지 잘못 알고 있다는 사실에 대해 대답하는 편이 좋을 것이다. 최소한 우리는 이탈리아·폴란드·중국·아랍·세네갈· 콩고 등의 부모, 조부모, 그 이전의 선조들을 가지고 있다는 사실과 그것을 말할 수 있다는 사실로부터 발생하는 문제가 무엇인지 잘 이해하고 있지 못하다. 또한, 보다 발전된 시각에서 우리는 왜 자랑스럽게 자신의 지역적·문화적·종교적·종족적 출신을 외칠 가능성을 그것을 바라는 사람들에게 제공하지 못하는지 잘 이해하고 있지 못한다.15) 그렇지 않다면, 합법적인 유일한 피부 색깔은 흰색일 것이라는 느낌이 계속 남아 있는 것 같다.

2) 이슬람 베일의 문제

이 문제는 충분히 다양한 말들로 제기되고 있다.16) 여기서 사적인 것과 공적인 것의 축들을 변증법화해야 할 필요를 생각해보아야 한다. 변증법화하는 것은 대립되는 용어들을 거부하거나 폐지하는 일을 의미하는 것을 의미하지 않는다. 그래서 두 입장들은 계속 유지될 것 같지 않다. 사적 영역에서만 분명히 구분되고, 눈

---

15) 브라질에서 설문조사를 받은 사람들은 피부색에 관련한 300가지 이상의 변수들과 보편화된 혼용으로 분류되었다.

16) 이는 보다 보편적으로 종교적 소속에 대한 표식들인데, 그럼에도 불구하고, 최근 부르카의 착용과 관련된 제도적 금지에 대한 최근의 일화가 증언하는 것과 같이, 바로 '노골적으로' 무슬림과 관련된, 그 자체로 명백히 드러나는, 그렇게 받아들이는 표식이 이목을 집중시키고 있다. 이 완전히 선별적인 무종교 원칙은 때로 그 자체로 충분히 선택적인 페미니스트의 논거에 근거하고 있다. 수잔 오킨(Susan Okin)에서부터 가야트리 스피박(Gaytri Spivak)에 이르기까지, 피스테티는 다문화주의와 페미니즘 사이의 연결과 관련한 풍부하고 복잡한 이 문제를 상당히 발전시키고 있다. 독자들에게 이를 살펴볼 것을 권한다.

에 띠는 종교적 혹은 문화적 기호들의 착용을 척결하고자 하는 입장과 반대로 모든 문화적 표식들이 공적인 공간에서 평등하게 허용되는 것을 받아들이는 입장들이 그것들이다. 우리가 다음과 같이 쓴 바 있다. "우리 자신이 유지하고 있는 것과 양립할 수 있는 문화적 복수주의의 최대한을 장려"해야 한다. 그런데 이러한 사실은 스스로 상대화되는 일을 반성적으로 받아들이는 공유된 지배문화의 용어들 속에서만 행해질 수 있다. 정치적 공공영역, 열린 정치공동체의 재생산에 직접적으로 기여한 이 공간에서, 일반적인 공적이고 정치적인 규범들인 지배문화의 규범들이 강제되는 것은 당연한 일이다. 그것은 약하지만, 어쨌든 강제되었다. 이러한 고찰들로부터 우리는 특히 가능한 약하게 학교에서 베일의 착용, 그리고 '노골적인' 종교적 기호들 전체를 금지하는 것은 합법적이라고 추론할 수 있을 것이다. 학교는 정치공동체의 재생산에 중심이라서 베일을 착용하는 일은 그 공동체의 규범에 반항하는 것으로 여겨질 것이다. 하지만 그 착용은 별로 정치적이지 않는 장소들, 특히 길에서는 받아들여져야 한다. 동일한 사실은 식사의 관습이나 혹은 공공 식당의 메뉴에 대해서도 사실이었다.

긍정적 차별에 있어서, 그 차별은 우리가 부정적 차별이 있다는 것을 확인하게 되면 선험적으로 합법적인 것처럼 보인다(Castel, 2007). 만약 사람들이 자신의 출신이나 자신들의 신념, 혹은 자신의 피부색으로 인해 낙인찍히고 소외되고 있지만(만약 그것이 사실상 그런 것이든 법적으로 그런 것이든 간에), 우리는 그 사실을 잘 모르고 있다. 그래서 그러한 불공정을 교정하기 위해여 모든 것을

사용하는 것은 합법적이고 반드시 필요한 일이다. 어떻게? 질문
은 열려 있다. 그러나 만약 그것이 그렇게 낙인찍혀 있는 집단들
이라면, 그래서 구조적인 상황이 그 자체로 취급되어야 하고, 개
인적 조치들에서 그치지 않고, 그 조치들이 다른 사실 없이 희망
할 수 있는 것이기도 해야 한다.17)

　게다가 형태야 어떻든, 적극적 우대조치의 체계들은 단지 정의
혹은 불공정의 수정을 통해서만 생각될 수 있고 정당화될 수 있을
것이다. 사실 어떤 의미에서 '덜 가진 사람에게 더 주는 것'만큼
불공정한 것이 무엇인가? 긍정적 차별은 기계적으로 부정적인 차
별을 만들어낸다. 이러한 특혜를 주는 장치들은 개인의 특성과 관
련된 원칙에 대립하고, 적어도 그것을 부차적인 것으로 만들어 버
린다. 왜냐하면 단지 그 장치들은 그것들이 싸울 실재적이고 역사
적인 불평등에 대한 무지의 장막을 걷어내 버리기 때문이다. 다른
한편으로 이러한 정치들이 사회 한가운데에 가장 좋은 자리를 위

---

17) 이러한 의미에서 캘리포니아, 플로리다, 특히 텍사스에서 진행된 정책들에 영향을 받은,
파트릭 베일(Patrick Weil, 2005, Chap. III)의 제안은 프랑스 각 고등학교 상위 10%의
학생들을 제도적으로 그랑제꼴(grandes écoles) 준비반과 입학을 선택하는 기관의 1학년
에 통합시키자는 것이다. 프랑스의 상황에서 그의 관심사는 자신의 이론과 그 적용과
일치하는 내용으로 영토화와 관련된(직접적으로 종화된 것이 아닌) 정책에 의해서 문화
적 다양성을 증진하자는 데 있다. 그러한 제안은 다음과 같은 의미에서 기발한 것이다.
그 제도가 전도되고 자발적인 버싱(bussing: 다인종 통합을 위한 버스통학제)을 도입하게
할 수도 있고, 학교 게토를 침식시키는 데 기여할 수도 있다는 의미에서 말이다. 왜냐하
면, 구석에 처박히고 소외된 고등학교들은 선별된 학교에 입학하기를 희망하는 아이들
을 위해서 상당히 매력적일 수도 있기 때문이다. 그러나 그러한 제안이 완전히 그러한
문제에 알맞은 것은 아니다. 그 제안은 그것을 요구하고 있지도 않고, 매우 분명히는
아무것도 요구하고 있지 않다. 또한, 그러한 제도는 지나치게 대학교육을 하는 기관들
위에 IEP와 그랑제꼴 준비반들이 내부적으로 그리고 최종적으로 우위에 있다는 생각을
암시적으로 지지하는 경향이 있다.

해 경쟁에서 무사히 빠져나올 수 있기 위해서 평등을 위한 무기의 맹아를 부여하는 것 외에 다른 사명은 가지지 않고 있는가? 그 정치들은 유럽연합의 언어 속에서 경쟁을 잘 표현하기 위해서 정확하고 충성스러운 자유롭고 결점이 없는 경쟁의 조건들을 보장하는 것으로 축소되어야만 하는가? 그 부분에서 난점은 이중의 요구를 연결하고 계층화하는 것이다. 이 요구들은 바로 인정의 요구와 공정성 혹은 재분배, 혹은 정의에 대한 요구이다. 아마도 우선 임시로라도 그 장치들을 공적 시혜의, 신뢰의 내기, 정치적 공동체가 사회적 무시와 추방에 의해서 표시된 집단과 세대들에게 한 기여의 내기가 가진 원형 그대로 보호해야만 할까? 우선 그 장치들은 그 장치들이 발생했고 이미 멀어져 버린 상호성의 공간에, 특혜와 같은 자발적인 방식으로 그것들을 다시 기입하기 위하여 그들에게 부여하는 상황에 위치시키는 것이 중요하지 않을까? 이러한 관점에서 긍정적인 차별은 인정과 기여에 대한 정치적 호소로서 '동맹의 자손들'(Mauss)을 다시 연결시키고, 공화국을 만들며, 사회를 구성하는 상징적인 방식일 수 있다.

결론

우리는 이 텍스트를, 단지 구조적인 다문화주의성 속에서 세계의 변동이 여는 혼돈스러운 여러 축들을 따라가려고 하는 그런 텍스트라고 결론지을 수는 없을 것이다. 이러한 변동은 피스테티의 책이 주목하고 있는 것과 같이 영원하다. 그것은 어떤 극단적이고 결정적인 변동이다. 최선이든 혹은 최악이든, 아무 것도 더 이상 옛날 같을 수는 없다. 그리고 이제부터 완전히 다른 차원에서, 그리고 완전히 다른 시간성과 리듬감에 따라, 우리는 우리의 정치철학이 가지고 있는 가장 기본적인 모든 개념들을 다시 정의하고 다시 다듬어 내야 한다. 우리는 여기서 최선의 것에 대한 가능한 우회로를, 모든 것이 모든 순간에 최악의 것에, 그리고 두려운 것으로 흘러들어갈 수 있다는 사실을 무시하지 않고, 대략 묘사하는 데 그쳤다. 우리는 어제 '사회주의와 야만'을 말했다. 아마도 오늘날은 '극심한 전쟁 혹은 문화의(종교의 혹은 문명의) 동맹'에 대해서 이야기해야만 할 것이다. 오늘날 기부/반기부와 상호 인정은 동맹의 조건이다. 그리고 십중팔구 우리의 생존 자체의 조건들이다. 무엇이 그 조건들을 요청하고 발생시킬 것인가? 그것이 내포하는 갈등과 위험에 대한 단순한 두려움은 충분하지 않을 것이다. 그 한계를 뛰어넘기 위해서는 각 문화의 중심에 자신에 대한 보존을 걱정하는 일과는 다른 것이 존재해야 한다. 바로 남을 배려하는 일에 대한 근본적인 개방성이 바로 그것이다. 자신에 대한 관심으로 전혀 충분하지 않고, 타인에 대한 관심에 의해 원칙적이고 근본적인 이끌림과 사랑에 의해 지배받는 개인들에게 사실인 것은 집단적인 것들에 대해서도 사실이다. 개인 주체들처럼 문화들은 자기 자신의 가치에 대해서 환원할 수 없는 의구심에 의해서 방해받고 괴롭힘을 당할 수밖에 없다. 바로 이러한 남을 배려하는 생각과 불확실성이 문화들의 대화적 갈등을 가능하게 한다. 이러한 사실에는 어떠한 형이상학적 추상화도 없다. 그 의문은 구체적으로, 규칙적으로, 모든 차원에서 작동하고 있다.

우리는 이제부터 문화적 복수주의에 열려 있어야만 하는 정치적 공동체의 체계적인 일관성이 어떻게 존속되는지 의문을 가졌다. 우리에게 그러한 일관성은 지배문화, 수용문화, 매우 추상적일 수 있는 있는 어떤 문화가 존재한다는 단정을 암시하는 일처럼 보인다. 정치적 공동체의 배경에서 다른 문화는 지배받는 것처럼 보인다. 그러나 그들 중 많은 문화는 어떤 연장을 가지고, 심지어 주어진 영도에서 그 문화들을 지배하는 문화보다 더 거대한 이해를 가지기도 한다. 중국과 유태인의 문화들이 그러하다. 프랑스에서는 소수이지만 중국 공동체들은, 예를 들어 적어도 양적으로 프랑스 문화의 전체보다 큰 전체에 속한다. 일반 사회 세계는 인간의 탁월함에 대한 기준들이 불확실하기 때문에, 그리고 그것은 어떤 차원에서 탁월하다면, 다른 차원에서는 영원히 탁월하지 못하기 때문에 살아갈 만한 것이다. 개인들이 가진 가치가 무한하다는 원칙은 모든 정신들과 근대 세계에서 민주주의의 중심에 있다. 이와 같은 각 문화가 가지는 가치가 무한하다는 원칙은 오늘날 그들의 관계를 조절해야만 한다. 그 원칙만이 일반적인 국제적 분쟁을 막을 수 있다. 이는 우리가 앞서 하려고 했던 것과 같이, 지배문화와 피지배문화 사이의 관계를 표시하는 대화적이기도 하고 투쟁적이기도 한 논리를 강조하는 것을 가정하는 일이다. 아마도 우리는 근본주의화의 위험에도, 문화 사이의 차이에 대해서 너무 강조한 것 같다. 그런데 다문화주의 지평, 이미 현존하는 그의 미래는 피스테티가 상기시켰던 것처럼 혼융의 지평이다. 혹은 크레올화의 지평이다. 이 지평은 40년 전 에두아르 글리쌍(Edouard Glissant)[18)]에 의해 이론화되고 미화된 바 있다. 역사적인 관점에서 "나라는 사람은 타인이다"라는 랭보의 말은 마르티니크의 시인이 제기했던 것과 같이 문학적인 것이 되지 않았나? "나는 교환한다, 고로 나는 변한다." 나를 잃어버리지 않고, 나의 본성을 잃지도 않은 채 말이다. 그리고 이러한 일은 사람에게도 문화에게도 가치 있는 일이다(1990, p. 39·169). 하지만 이러한 크레올화는 만약 우리가 갈등과 투쟁의 가치, 의미심장함을, 완전한 상호이해주의에 대항하면서 인정할 때만 적절할 수 있을 것이다.

---

18) 그래서 에두아르 글리쌍(Edouard Glissant)과 파트릭 샤모와소(Patrick Chamoiseau)에게 있어서, "버락 오바마 대통령(M. Barak Obama)은 기적적이지만 매우 유쾌한 결과이다. 또한 다양한 여론들과 사람들의 의식들이 지금까지 고려하기 싫어하는 과정으로부터 도출된 결과이다. 즉 세계에서 지금 알려져 있는 공동체들의 종족적, 인종적, 종교적, 국가적인 거부로부터 강제된 전통적인 것들과 대립하고 있는 근대 사회의 크레올화의 결과이다."(2009) 이 저자들이 밝히고 있는 것과 같이 이는 좋은 예이며, 적어도 희망적인 예이다. "오바마는 모든 소수자들을 단합시킨다. **다르게 말해, 그로부터 하나도 요구할 것이 없는 그런 존재로서 백인들에게 더 이상 요구할 것이 없기 때문에**, 그는 반대로 특히 평등과 혼합의 거대한 국가 도약에 참여할 실재적 기회를 제공해야 한다. 그것이 바로 빛나는 승리이다."(p. 27, 강조는 텍스트를 따름)

참고문헌

AIME M., 2006, *Gli specchi di Gulliver. In di je sa del relativismo*, Bollati Boringhieri, Torino.

ALI T., 2006, *Lo scontro del fondamentalismi*, Fazi, Roma.

AMSELLE J. -L., 1990, *Logiques métisses*, Payot, Paris.

APPADURAI A., 2005, *Après le colonialisme: les conséquences culturelles de la modernité*, Payot, Paris.

APPIAH K. A., 2007, *Cosmopolitismo. L'etica in un mondo di estranei*, Laterza, Roma-Bari.

ANDERSON B., 2006, *L'imaginaire national: réflexions sur l'origine et l'essor du nationalisme*, La Découverte, Paris.

ARENDT H., 2001, *Qu'est-ce que la politique?*, Éditions du Seuil, Paris.

_____, 2002, *Les Origines du totalitarisme: L'Impérialisme*, Éditions du Seuil, Paris.

AUDINET J., 1999, *Le Temps du métissage*, Éditions de L'Atelier/Les Éditions Ouvrières, Paris.

AYMES M., 2006, "The Location of Postcolonial Studies", in *Labyrinthe*, n° 24.

BALES K., 2004, *I nuovi schiavi, La merce umana nell'economia globale*, Feltrinelli,

Milano.

BALIBAR E., WALLERSTEIN I., 2007, *Race, nation, classe. Les identités ambiguës*, *La Découverte*, Paris.

BALIBAR E., 1999, *Les Frontières de la démocratie*, La Découverte, Paris.

_____, 2006, *Europa, cilladinanza. confini. Dialogando con Etienne Balibar*, Pensa Multimedia, Lecce.

BARATTA G., 2000, *Le rose e i quaderni. Saggio sul pensiero di Antonio Gramsci*, Gamberetti, Roma.

BARTOLOVICH C., 2001, "Introduction: Marxism, modernity, and postcolonial studies", in BARTOLOVICH C., LAZARUS N. (sous la dir. de), *Marxism, Modernity, and Postcolonial Studies*, Cambridge University Press, Cambridge.

BARRY B., 2002, *Culture & Equality. An Egalitarian Critique of Multiculturalism*, Polity Press, Cambridge.

BAYARD J. -F., 1996, *L'Illusion identitaire*, Fayard, Paris.

BAYARD J. -F., et BERTRAND R., 2006, "De quel 'legs colonial' parle-t-on?", in *Esprit*, Éditions du Seuil, décembre.

BAUMANN G., 2003, *L'enigma multiculturale. Stati, etnie, religioni*, Il Mulino, Bologna.

BECK U., GRANDE E., 2006, *L'Europa cosmopolita. Società e politica nella seconda modernità*, Carocci, Roma.

BÉHAR D., 1998, "Entre intégration des populations d'origine étrangère et politique de la ville: existe-t-il une discrimination positive à la française?", in *Hommes et Migrations*, mai-juin.

BELL D., 2007, "From Marx to Confucius. Changing Discourses on China's Political Future", in *Dissent*, Spring.

BELLAH R. N., 1967, "Civil Religion in America", in *Daedalus*, n° 96.

_____, 1975, *Al di là delle fedi: le religioni in un mondo post-tradizionale*, Morcelliana, Brescia.

BENHABIB S., 2002, *The Claims of Culture: Equality and Diversity in the Global Era*, Princeton University Press, Princeton.

_____, 2004, *The Rights of Others. Aliens, Residents and Citizen*, Press Syndicate of the University of Cambridge, Cambridge.

_____, 2005, *La rivendicazione dell'identità culturale. Eguaglianza e diversità nell'era globale*, Il Mulino, Bologna.

_____, 2006a, *I diritti degli altri. Stranieri residenti, cittadini*, Raffaele Cortina Editore, Milano.

_____, 2006b, "Hospitality, Sovereignty, and Demo-cratic Iterations", in POST R. (sous la dir. de), *Another Cosmopolitanism*, Oxford University Press, Oxford.

_____, 2007, "Il diritto (di tutti altri compresi) di avere diritti", in *Reset*, n° 103.

BENJAMIN W., 2003, *Paris, capitale du XIX: siècle*, Allia, Paris.

BERLIN I., 1994a, in LUKES S, (sous la dir. de), *Tra filosofia e storia delle idee. La società pluralistica e i suoi nemici. Intervista autobiografica e filosofica*, Ponte alle Grazie, Firenze.

_____, 1994b, *La ricerca dell'ideale*, in, *Il legno storto dell'umanità*, Adelphi, Milano.

BERGER P., 1992, "Il disagio di essere moderni. Intervista de P. JEDLOWSKI", in *Rassegna italiana di Sociologia*, n° 1.

_____, 1999, *The Desecularization of the World. The Resurgence of Religion in World Politics*, Eerdmans W. B. Publishing Company, Washington.

BERTEN A., POURTOIS H. (sous la dir. de), 1997, *Libéraux et communautariens*, PUF, Paris.

BHABHA H. K., 1997, *Nazione e narrazione*, Meltemi, Roma.

_____, 2006, "Le tiers-espace. Entretien avec Jonathan Rutherford", in *Multitudes*, n° 26.

_____, 2007, *Les Lieux de la culture*, Payot, Paris.

BERTRAND R., 2006, Mémoires d'empire. La controverse autour du "fait colonial", Éditions du Croquant et Savoir/Agir, Paris.

BERVERLY J., 1996, "Sobre la situación actual de los estudios culturales", in MAZZOTTI J. A., CEVALLOS J. (sous la dir. de), *Asedios a la heterogeneidad cultural*, Asociación Internacional de Peruanistas, Pittsburg.

BOBBIO N., 1994, *Destra e sinistra. Ragioni e significati di una distinzione politica*, Donzelli, Roma (trad. française, 1998, *Droite et gauche*, Éditions du Seuil, Paris).

BODEI R., 1983, "Le malattie della tradizione. Dimensioni e paradossi del tempo in Walter Benjamin", in *Tempo, storia, linguaggio*, Editori Riuniti,

Roma.

_____, 2002, *Destini personali. L'età della colonizzazione delle coscienze,* Feltrinelli, Milano.

BOUVERESSE J., 1984, *Rationalité et cynisme,* Éditions de Minuit, Paris.

BRENNAN T., 2006, *Wars of Positions. The Cultural Politics of Left and Right,* Columbia University Press, New York.

BROMWICH D., 1995, "Culturalism. The Euthanasia of Liberalism", in *Dissent,* hiver.

BURUMA I., 2006, *Assassinio a Amsterdam. I limiti della tolleranza e il caso Theo Van Gogh,* Einaudi, Torino.

BURUMA I., et MARGALIT A., 2004, *Occidentalismo. L'Occidente agli occhi dei suoi nemici,* Einaudi, Torino.

BUTTIGIEG J. A., 1999, "Sulla categoria gramsciana di 'subalterno'", in BARATTA G., LIGUORI G. (sous la dir. de), *Gramsci da un secolo all'altro,* Editori Riuniti, Roma.

CACCIATORE G., 1994, *La lancia di Odino. Teorie e metodi della scienza storica tra Ottocento e Novecento,* Guerini, Milano.

_____, 2006, "Capire il racconto degli altri", in *Reset,* settembre–ottobre, n° 97.

_____, 2007, "L'interculturalità e le nuove dimensioni del sapere filosofico e delle sue pratiche", in GESSA KUROTSCHKA V., CACCIATORE G. (sous la dir. de), *Saperi umani e consulenza filosofica,* Meltemi, Roma.

CAILLÉ A., 2000, *Anthropologie du don. Le tiers paradigme*, Desclée de Brouwer, Paris (réédition La Découverte/Poche, 2007).

_____, 2005, *Dé-penser l'économique. Contre le fatalisme*, La Découverte, Paris.

_____, 2006a, "Société, économie et démocratie", in HUMBERT M., CAILLÉ A. (sous la dir. de), *La Démocratie au péril de l'économie*, Presses universitaires de Rennes, Rennes.

_____, 2006b, "Le don entre science sociale et psychanalyse. L'héritage de Mauss jusqu'à Lacan", in *La Revue du MAUSS semestrielle*, n° 27, 1er semestre, La Découverte, Paris.

_____, 2007, "Reconnaissance et sociologie", in CAILLÉ A. (sous la dir. de), *La Quête de reconnaissance*, La Découverte/MAUSS, coll. "Textes à l'appui", Paris.

CAILLÉ A., et SUE R. (sous la dir. de), 2009, *À gauche?*, Fayard, Paris.

CAILLÉ A., et LAZZERI C. (sous la dir. de), 2009, *La Reconnaissance aujourd'hui*, CNRS éditions, Paris.

CANCLINI N., 1992, *Culturas híbridas. Estrategias para entrar y salir de la modernidad*, Editororial Sudamericana, Buenos Aires.

_____, 1995, "El diàlogo norte-sur en los estudios culturales", in *Consumidores y ciudadanos: conflictos multiculturales de la globalización*, Grijalbo, Mexico.

_____, 1997, "El malestar en los estudios culturales", in *Fractal*, Julio-Septiembre, n° 6.

_____, 1999, *La globalización imaginada*, Paidós, Mexico.

_____, 2000, *La globalización: ¿productora de culturas híbridas?*, Actas del III Congresso latino americano de la Asociación Internacional para el Estudio de la Música Popular, Bogotà, 2000 〈http://www. hist.puc.cl/historia/iaspmla.html〉.

_____, 2006, *Diferentes, Desiguales y Desconectados. Mapas de la interculturalidad*, gedisa editorial, Barcelona.

CENTRE FOR CONTEMPORARY CULTURAL STUDIES, 1982, *The Empire Strikes Back. Race and Racism in 70s Britain*, Hutchinson, London.

CANFORA L., 1987, *L'Ellenismo*, Laterza, Roma-Bari.

CASTEL R., 2007, *La Discrimination négative. Citoyens ou indigènes ?*, Le Seuil, coll. "La République des idées", Paris.

CASTELLS M., 2001, *La Société en réseaux*, Fayard, Paris.

CÉLIMÈNE F., LEGRIS A., (sous la dir. de), 2002, *L'Économie de l'esclavage colonial. Enquête et bilan du XVIIᵉ au XIXᵉ siècle*, CNRS Éditions, Paris.

CERIĆ M., 2007, "Déclaration des musulmans européens", in *Cités*, n° 32.

CÉSAIRE A., 1983 (1939), *Cahier d'un retour au pays natal*, éditions Présence Africaine, Paris.

_____, 2004 (1955), *Discours sur le colonialisme*, éditions Présence Africaine, Paris.

CHAMBERS I., 2006, "Il sud, il subalterno e la sfida critica", in *Esercizi di potere. Gramsci, Said e il postcoloniale*, Meltemi, Roma.

CHAMBERS I., et CURTI L. (sous la dir. de), 2002, *La questione postcoloniale. Cieli comuni, orizzonti divisi*, Liguori, Napoli.

CHAKRABARTY D., 2004, *Provincializzare l'Europa*, Meltemi, Roma.

CHANIAL P., 2001, *Justice don et association. La délicate essence de la démocratie*, La Découverte/Mauss, Paris.

_____, 2008 (sous la dir. de), *La Société vue du don, Manuel de sociologie antiutilitariste appliquée*, La Découverte, Paris.

CHATIERJEE P., 2006, *Oltre la cittadinanza*, Meltemi, Roma.

CHAUVIER S., 2002, "Les principes de la justice distributive sont-ils applicables aux nations?", *Revue de métaphysique et de morale*, janvier.

CHEMILLIER-GENDREAU M., 2001, *Le Droit dans la mondialisation*, PUF, Paris.

CHIGNOLA S., 2007, "'The Book I Would Write Now'. C. L. R. James e i 'Giacobini neri': trent'anni dopo. Presentazione a C. L.R. James, 'I Giacobini neri e Black Reconstruction: un'analisi comparativa' (1971)", in *Studi culturali*, n° 2.

CHUN-YEN Jo Chen, 2003, "'Are We There Yet?': 'History' as a Postcolonial Dilemma", in *Jouvert: journal of postcolonial studies*, Inverno/Primavera, vol. 2.

CAVELL S., 2001 (1979), *La riscoperta dell'ordinario. La filosofia, lo scetticismo, il tragico*, Carocci, Roma.

CLAVERO B., 2003, *Multiculturalismo, Derechos Humanos y Constitución*, consultable sur ⟨www.uasb.edu.ec/padh-padh@uasb.edu.ec⟩.

CLIFFORD J., 1999, *Strade: Viaggio e traduzione alla fine del xx secolo*, Bollati Boringhieri, Torino.

COMETA M., 2004, *Dizionario degli studi culturali*, Meltemi, Roma.

COOK R., 2001, "Robin Cook's chicken tikka masala speech", in *Guardian Unlimited*, Thursday April 19.

D'HERBELOT, 1697, *Bibliorhèque orientale*, Compagnie des libraires, Paris.

DE MARTINO E., 1977, *La fine del mondo: contributo all'analisi delle apocalissi culturali*, Einaudi, Torino.

DE SIMONE A. (sous la dir. de), 2007, *Diritto. giustizia e logiche del dominio*, Franco Angeli, Milano.

DE VITA R., BERTI F, NASI L., (sous la dir. de), 2004, *Identità multiculturale e multireligiosa. La costruzione di una cittadinanza pluralistica*, Franco Angeli, Milano.

_____, 2005, *Democrazia, laicità e società multireligiosa*, Franco Angeli, Milano.

DELEUZE G., 1972, "Les intellecuels et le pouvoir", in FOUCAULT M., *Dits et écrirs 1954~1988*, édition établie sous la dir. de D. DEFERT et F. EWALD, vol. II., Gallimard, Paris

DERRIDA J., 1967, *De la grammatologie*, Les Éditions de Minuit, Paris.

_____, 1972, "La Mythologie blanche", in *Marges de la philosophie*, Les Éditions de Minuit, Paris.

_____, 1983, *D'un ton apocalyptique en philosophie*, Galilée, Paris.

_____, 2007, "Le souverain bien – ou l'Europe en mal de souveraineté", in *Cités*, n° 30.

DEWEY J., 2002 (1939), "Démocratie et nature humaine" in *La Revue du MAUSS*. n° 19, "Y a-t-il des valeurs naturelles?". La Découverte/MAUSS, Paris.

_____, 2006 (1939), "La démocratie créatrice" in *La Revue du MAUSS semestrielle*, n° 28, "Penser la crise de l'école", La Découverte/MAUSS, Paris.

DEWITTE J., 2007, *Le pouvoir de la langue et la liberté de l'esprit: essai sur la résistance au langage totalitaire*, Michalon, Paris.

_____, 2008, *L'exception européenne. Les mérites qui nous distinguent*, Michalon, Paris.

DOUGLAS M., 1989, "Il n'y a pas de don gratuit. Introduction à l'édition anglaise de l'Essai sur le don de Marcel Mauss", in *La Revue du MAUSS trimestrielle*, n° 4, 2ᵉ trimestre, La Découverte, Paris.

DOYTCHEVA M., *Le Multicuturalisme*, La Découverte, coll. Repères, Paris.

DROYSEN J. G., 1857, "Vorlesungen über Historik", in CANTILLO G., 1993, *L'eccedenza del passato. Per uno storicismo esistenziale*, Morano, Napoli.

Du BOIS W. E. B., 1997 (1903), "The Souls of Black Folk", in WEST C., *La filosofia americana. Una genealogia del pragmatismo*, Editori Riuniti, Roma (trad. française, 2007, *Les Âmes du peuple noir*, La Découverte, Paris).

_____, 1998 (1935), *Black Reconstruction in America 1860~1880*,

The Free Press, New York.

DUMONT L., 1982, *Essai sur l'individualisme*, Le Seuil, Paris.

_____, 1991, *L'Idéologie allemande (Homo Aequalis II)*, Gallimard, Paris.

DUPUY J. -P., 1986, "John Rawls et la question du sacrifice", in *Stanford French Review*.

_____, 1988, "L'individu libéral, cet inconnu: d'Adam Smith à Friedrich Hayek", in *Collectif, Individu et justice sociale. Autour de Rawls*, Le Seuil, Paris.

_____, 2002, *Avions-nous oublié le mal? Penser la politique après le 11-Septembre*, Bayard, Paris.

DZIMIRA S., 2007, *Mauss, savant et politique*, préface de Marcel Fournier, La Découverte, Paris.

ELLIOTT A., LEMERT C., 2007, *Il nuovo individualismo. I costi emozionali della globalizzazione*, Einaudi, Torino.

FANON F., 1971 (1952), *Peau noire, masques blancs*, Points Seuil, Paris.

_____, 2002 (1961), *Les Damnés de la terre*, La Découverte, Paris.

FERRARA A., 1996, "Multiculturalismo ben temperato e democrazia", in *Multiculturalismo e democrazia*, sous la dir. de F. CRESPI e R. SEGATORI, Donzelli, Roma.

FERRY J. -M., 2000, *La Question de l'État européen*, Gallimard, Paris.

FILALI-ANSARY A., 2007, "La democrazia, in mancanza di meglio?", in RIZZI F. (sous la dir. de), *Rive. Incontri tra le civiltà del Mediterraneo*, Argo, Lecce.

FINELLI R., FISTETTI F., RECCHIA LUCIANI F. R., DI VITTORIO P., (sous la dir. de), 2004, *Globalizzazione e diritti futuri*, manifestolibri, Roma.

FISTETTI F., 1992, *Democrazia e diritti degli altri. Oltre lo Stato-nazione*, Palomar, Bari.

_____, 1994, "Disincantamento e reincantamento del mondo. Per una nuova autocomprensione della modernità", in *Giovanilrealtà*, n° 49.

_____, 2003, *Comunità*, Il Mulino, Bologna.

_____, 2004, *I filosofi e la polis. La scoperta del principio di ragione insufficiente*, Pensa Multimedia, Lecce.

_____, 2005, "Le paradigme de la reconnaissance: une nouvelle théorie critique de la société?", in *Post-filosofie*, n° 1.

_____, 2006, "Un filosofo postmoderno", in *Istantanee. Filosofia e politica prima e dopo l'Ottantanove*, Morlacchi, Perugia.

_____, 2008, "Hannah Arendt à l'âge de la mondalisation", in *Tumultes*, n° 30, Kimé, Paris.

_____, 2009, "Reconnaissance", in CAILLÉ A., SUE R. (sous la dir. de), *À gauche?*, Fayard, Paris.

FISTETTI F., RECCHIA LUCIANI F. R. (sous la dir. de), 2007, *Hannah Arendt: filosofia e totalitarismo*, il melangolo, Genova.

FOUCAULT Michel, 1969, *L'archéologie du savoir*, NRF Gallimard, Paris.

_____, 1972, "Les intellectuels et le pouvoir", in *Dits et écrits 1954~1988*, édition établie sous la dir. de D. DEFERT et F. EWALD, vol. II., Gallimard, Paris.

FOUGEYROLLAS-SCHWEBEL D., LÉPINARD É., VARIKAS E., 2005, "Féminisme(s): penser la pluralité", in *Cahiers du Genre*, n° 39.

FRASER N., 1997, *Justice Interruptus. Critical Reflections on the "Postsocialist" Condition*, Routledge, New York & London.

_____, 2001, "Recognition without ethics?", in *Theory, Culture and Society*, vol. 18, n° 2~3, avril-juin (trad. italienne 2006, "Riconoscimento senza etica?", in *Post-filosofie*, n° 2).

_____, 2007, "Giustizia sociale nell'era della politica dell'identità: redistribuzione, riconoscimento e partecipazione", in FRASER N., HONNETH A., *Redistribuzione o riconoscimento? Una controversia politico-filosofica*, Meltemi, Roma (trad. française, FRASER N., 2005, *Qu'est-ce que la justice sociale? Reconnaissance et redistribution*, La Découverte, Paris).

GADAMER H. G., 1976, *Vérité et méthode*, Éditions du Seuil, Paris.

GALEOTTI A. E., 1999, *Multiculturalismo. Filosofia politica e conflitto identitario*, Liguori, Napoli.

GALISSOT R., RIVERA A. (sous la dir. de), 1995, *Pluralismo culturale in Europa*, Dedalo, Bari.

GALLI C. (sous la dir. de), 2006, *Multiculturalismo. Ideologie e sfide*, il Mulino, Bologna.

GARAVASO P., V ASSALLO N., 2007, *Filosofia delle donne*, Laterza, Roma-Bari.

GARRETA M. J., 2000, "Espacio Cultural Contemporáneo: Una reflexión sobre la diversidad multiétnica en la sociedad democrática", in *Boletín del programa Iberoamérica: Unidad cultural en la diversidad,* Maggio, consultable sur ⟨http://www.oei.es/cultura4.htm⟩.

GAUTHIER F., à paraître, "Recomposition religieuse et sous-cultures de la jeunesse: au-delà des éclats de religion, une cohérence?", in GAUTHIER F., PERRAULT J.-P. (sous la dir. de), *Regard sur ⋯ Jeunes et religion au Québec*, PUQ, Sainte-Foy, Québéc.

GEERTZ C., 1988, *Antropologia interpretativa*, il Mulino, Bologna.

_____, 1996, *Anti-anti-relativismo*, Il Mondo 3 Edizioni, Roma.

_____, 1999, *Mondo globale, mondi locali. Cultura e politica alla fine del xx secolo*, il Mulino, Bologna.

GESSA K. V., CACCIATORE G., (sous la dir. de), 2007, "I saperi umani e la consulenza filosofica", introduction à *Saperi umani e consulenza filosofica, Meltemi*, Roma.

GIDDENS A., 1999, *La terza via. Manifesto per la rifondazione della socialdemocrazia*, il Saggiatore, Milano (trad. française, 2002, *La troisième voie. Le renouveau de la social-démocratie*, Éditions du Seuil, Paris).

GILROY P., 1982, "Stepping out of Babylon: Race, Class and Autonomy", in *The Empire Strikes Back. Race and Racism in 70s Britain*, Centre for Contemporary Cultural Studies, Hutchinson, London.

_____, 1992, "Cultural Studies and Ethnic Absolutism", in GROSSBERG

L., NELSON C., TRICHLER P. (sous la dir. de), *Cultural Studies*, Routledge, London.

_____, 2003, *L'Atlantique noir. Modernité et double conscience*, Kargo, Paris.

_____, 2004a, *Dopo l'impero. Melanconia o cultura conviviale?*, Meltemi, Roma.

_____, 2004b, "Quale prospettiva per i 'Cultural Studies?' Conversazione con Paul Gilroy", in *Studi Culturali*, n° 1, sous la dir. de M. Mellino.

GIRAUD M., 1995, "Assimilazione, pluralismo, 'doppia cultura'", in *Pluralismo culturale in Europa*, in GALISSOT R. et RIVERA A. (sous la dir. de), Dedalo, Bari.

GLISSANT E., 1990, *Poétique de la relation*, NRF, Gallimard, Paris.

GLISSANT E., et CHAMOISEAU P., 2009, *L'intraitable beauté du monde. Adresse à Barak Obama*, Galaade Éditions, Paris.

GLISSANT E., et collectif, 2009, *Manifeste pour les «produits» de haute nécessité*, Galaade Éditions, Paris.

GODBOUT J. T., 2007, *Ce qui circule entre nous. Donner, recevoir, rendre*, Seuil, Paris.

GOPAL P., 2006, "Lire l'histoire subalterne", in LAZARUS N. (sous la dir. de), *Penser le postcolonial. Une introduction critique*, Éditions Amsterdam, Paris.

GOETHE J. W., 1984 (1819), *Le Divan occidental-oriental*, Gallimard, coll. "Poésie", Paris.

GRAMSCI A., 1929~1935, *Quaderni del carcere*, Einaudi, Torino 1975,4 vol. (trad. française, 1996, *Cahiers de prison*, Gallimard, Paris).

GROSSBER L., NELSON C., TREICHER P., (sous la dir. de), 1992, *Cultural Studies*, Routledge, New York/London.

GRUPO de Trabajo Flape Colombia, 2005, *Inclusión Social, Interculturalidad y Educación*, consutable sur 〈http://www.viva.org.co〉.

GRÜNER E., 1998, "Introducción", in JAMESON F., ŽIŽEK S., *Estudios culturales. Reflexiones sobre el multiculturalismo*, Paidós, Buenos Aires.

GUHA R., 1982~1997, *Subaltern Studies. Writings on South Asian History and Society*, Oxford UP India, New Delhi.

_____, 2002a, "A proposito di alcuni aspetti della storiografia dell'India coloniale", in GUHA R., SPIVAK G. C., *Subaltern Studies. Modernità e (post)colonialismo*, sous la dir. de S. MEZZADRA, Ombre Corte, Verona.

_____, 2002b, "La prosa della contro-insurrezione", in GUHA R., SPIVAK G. C., *Subaltern Studies. Modernità e (post)colonialismo*, sous la dir. de S. MEZZADRA, Ombre Corte, Verona.

GUHA R., SPIVAK G. C., 2002, *Subaltern Studies. Modernità e (post)colonialismo*, Ombre Corte, Verona.

HABERMAS J., 2008, *Entre naturalisme et religion: les défis de la démocratie*, Gallimard, Paris.

HALL C., 2002, "De-colonizzare il sapere. Il caso dell'impero britannico", in CHAMBERS I., CURTI L. (sous la dir. de), *La questione postcoloniale*.

Cieli comuni, orizzonti divisi, Liguori, Napoli.

HALL S., 1986, "Gramsci's Relevance for the Study of Race and Ethnicity", in *Journal of Communication Inquiry,* n° 2.

_____, 1996, "The formation of diasporic intellectual. An interview with Stuart Hall", in D. MARLEY and KUAN-HSING Chen (sous la dir. de), *Critical Dialogues in Cultural Studies,* Routledge, London/New York.

_____, 2006, "Il significato dei 'nuovi tempi'", in *Il soggetto e la differenza. Per un'archeologia degli studi culturali e postcoloniali,* Meltemi, Roma.

_____, 2008a, "Cultural Studies: deux paradigmes", in *Identités et cultures,* Éditions Amsterdam, Paris.

_____, 2008b, "Notes sur la déconstruction du 'populaire'", in *Identités et cultures,* Éditions Amsterdam, Paris.

_____, 2008c, "Identité culturelle et diaspora", in *Identités et cultures,* Éditions Amsterdam, Paris.

_____, 2008d, "Nouvelle ethnicités", in *Identités et cultures,* Éditions Amsterdam, Paris.

_____, 2008e, "Quand commence le 'postcolonial?' Penser la limite", in *Identités et cultures,* Éditions Amsterdam, Paris.

_____, 2008f, "Qui a besoin de l'identité?", in *Identités et cultures,* Éditions Amsterdam, Paris.

_____, 2008g, "La question multiculturelle", in *Identités et cultures,* Éditions Amsterdam, Paris.

HEGEL G. W. F., 1963, *Leçons sur la philosophie de l'histoire*, trad. fr. J. GOBELIN, Vrin, Paris.

HÉNAFF M., 2002, *Le Prix de la vérité. Le don, l'argent, la philosophie*, Le Seuil, Paris.

_____, 2009, "Anthropologie du don: genèse du politique et sphères de reconnaissance", in CAILLÉ A. et LAZZERI C. (sous la dir. de), *La Reconnaissance aujourd'hui*, CNRS éditions, Paris.

HENRY B., PIRNI A., 2006, *La via identitaria al multiculturalismo. Charles Taylor e oltre*, Soveria Mannelli, Rubbettino.

HENRY B., 2007, "Conflitti identitari e misconoscimento", in PIRNI A. (sous la dir. de), *Comunità, identità e sfide del riconoscimento*, Diabasis, Reggio Emilia.

HESSE B., 2000, *Un/Settled Multiculturalisms. Diasporas, Entanglements, Transruptions*, Zed Books, London-New York.

HIRSCHMAN A., 1995, *Défection et prise de parole*, Fayard, Paris.

HONNETH A., 2000, *La Lutte pour la reconnaissance*, éditions du Cerf, Paris.

HUNTINGTON S. P., 2000, *Le Choc des civilisations*, Odile Jacob, Paris.

JAMES C. L. R., 2008 (1938), *Les Jacobins noirs. Toussaint Louverture et la révolution de Saint-Domingue*, Éditions Amsterdam, Paris.

JAMESON F., 2007, *Le Postmodernisme ou la logique culturelle du capitalisme tardif*, ENSBA éditeur, Paris.

JEDLOWSKI P., 1992, "Intervista a Peter Berger. Il disagio di essere moderni", in *Rassegna italiana di Sociologia*, 1992, n° 1.

JIMÉNEZ R. V., 2005, "Hermenéutica y Transculturalidad. Propuesta conceptual para una deconstrucción del 'multiculturalismo' como ideología", in *Nomadas*, n° 12, julio–diciembre, consultable sur ⟨http://redalyc.uaemex.mx⟩.

JULLIEN F., 2008, *De l'universel, de l'uniforme, du commun et du dialogue entre les cultures*, Fayard, Paris.

KOLAKOWSKI L., 1974, *Le Besoin religieux*, La Baconnière, Neuchâtel.

KYMLICKA W., 1995, *Multicultural Citizenship. The Rights of Minority Cultures*, Oxford University Press, Oxford (trad. italienne, 1999, *La cittadinanza multiculturale*, il Mulino, Bologna; trad. française, 2001, *La Citoyenneté multiculturelle*, La Découverte, Paris).

_____, 2003, "Teoria politica occidentale e rapporti etnici nell'Europa dell'Est", in GOZZI G. (sous la dir. de), *Il pluralismo liberale può essere esportato? Teoria politica occidentale e relazioni etniche nell'Europa dell'Est*, il Mulino, Bologna.

_____, 2004, "Le mythe de la citoyenneté transnationale", in *Critique internationale*, n° 23.

_____, 2006, "Liberal Theories of Multiculturalism", in *Post-filosofie*, gennaiodicembre, n° 2.

KURTZ L. R., 2000, *Le religioni nell'era della globalizzazione*, il Mulino, Bologna.

LANZILLO M. L., 2005, *Il multiculturalismo, Laterza*, Roma–Bari.

LEGHISSA G., 2002, "Orientarsi nelle retoriche del muiticulturalismo", in *Aut aut*, novembre–dicembre, n° 312.

LEVINAS E., 1961, *Totalité et infini. Essai sur l'extériorité*, Martin Nijhoff, La Haye.

_____, 1997, *Quelques réflexions sur la philosophie de l'hitlérisme*, Rivages, Paris.

LOSURDO D., 2007, *Il linguaggio dell'Impero. Lessico dell'ideologia americana*, Laterza, Roma-Bari.

LUTTER C., REISENLEITNER M., 2002, *Cultural Studies. Un'introduzione*, Mondadori, Milano, 2004.

LYOTARD J.-F., 1979, *La Condition post-moderne*, Ed. de minuit, Paris.

MAFFEITONE S., 2006, *La pensabilità del mondo*, il Saggiatore, Milano.

M ALINOWSKI B., 1989 (1922), *Les Argonautes du Pacifique occidental*, Tel Gallimard, Paris,

MANFREDI M., 2004, *Teoria del riconoscimento. Antropologia, etica, filosofia sociale*, Le Lettere, Firenze.

MARGALIT A., 1999, *La Societé décente, Climats*, Castelnau-le-Lez.

MARGALIT A., et HALBERTAL M., 2004, "Liberalism and the Right to Culture", in *Social Research*, automne, vol. 71, n° 3.

MAUSS M., 1969a (1920), "La Nation", in *OEuvres*, t. III, Éditions de Minuit, Paris.

_____, 1969b (1927), "Théorie des civilisations", in *OEuvres*, II, Éditions de Minuit, Paris.

_____, 1989 (1924), "Essai sur le don", in *Sociologie et anthropologie*, PUF, Paris.

MBEMBE A., 2000, *De la Postcolonie. Essai sur l'imagination politique dans l'Afrique contemporaine*, Karthala, Paris.

_____, 2006, "Qu'est-ce que la pensée postcoloniale? (Entretien)", in *Esprit*, décembre.

MEINECKE F., 2007, *Aforismi e schizzi sulla storia*, Liguori, Napoli.

MELLINO M., 2004, "Quale prospettiva per i 'Cultural Studies?' Conversazione con Paul Gilroy", in *Studi culturali*, n° 1.

_____, 2005, *La critica postcoloniale. Decolonizzazione*, capitalismo e cosmopolitismo nei postcolonial studies, Meitemi, Roma.

MELLINO M. (sous la dir. de), 2006, "Presentazione" de HALL S., *Il soggetto e la differenza. Per un'archeologia degli studi culturali e postcoloniali*, Meltemi, Roma.

MEZZADRA S. (sous la dir. de), 2002, *Subaltern Studies. Modernità e (post)colonialismo*, ombre corte, Verona.

_____, 2006a, "Dialogo tra Etienne Balibar e Sandro Mezzadra", in *Europa, cittadinanza, confini. Dialogando con Etienne Balibar*, Pensa Multimedia, Lecce.

_____, 2006b, "Il New Deal sulla linea del colore. Il problema della riforma e lo spazio della democrazia in W. E. B. Du Bois", in RICCIARDI M. (sous la dir. de), *L'Occidente sull'Atlantico*, Rubbettino, Soveria Mannelli.

_____, 2006c, "Temps historique et sémantique politique dans la critique post-coloniale", in *Multitudes*, n° 26.

_____, 2007, "Presentazione: Omaggio a un 'Black Marxist'", in *Studi culturali*, n° 2.

MONGIN O., 2007, "Puissances de la foi, séduction du marché (introduction)", in *Esprit*, mars-avril.

MONTAG W., 2006, "'Les subalternes peuvent-ils parler?' et autres questions transcendantales", in *Multitudes*, n° 26.

DE MONTESQUIEU, 1979 (1748), *De l'esprit des lois*, ed. GF Flammarion, Paris.

MORLEY D., CHEN K. H., 1996, *Stuart Hall. Critical Dialogues in Cultural Studies*, Routledge, London and New York.

NAFISSI M., 2008, "Prima e dopo lo scontro di civiltà", in *Reset*, janvier-février n° 105.

NATOLI S., 2006, *Sul male assoluto. Nichilismo e idoli del Novecento*, Morcelliana, Brescia.

NGHI HA K., 2006, "Passer la frontière? De l'hybridité comme logique capitaliste tardive de la traduction culturelle et de la modernisation nationale", in *Transversal*, n° 12, consultable sur ⟨eipcp.net/transversal/1206/ha/fr⟩.

NGUGI WA THIONG'O, "Un continente mutilato", in *il Manifesto*, 28 luglio 2007.

NUSSBAUM M. C., 2007, *Le nuove frontiere della giustizia. Disabilità, nazionalità, appartenenza di specie*, Il Mulino, Bologna.

O'BRIAN M., 1981, *The Polities of Reproduction*, Routledge & Kegan Paul,

London.

OKIN S. M., 1999, *Le donne e la giustizia. La famiglia come problema politico*, Dedalo, Bari.

_____, 2006, "Multiculturalismo e feminismo. Il multiculturalismo danneggia le donne?", in *Post-filosofie*, gennaio–dicembre, n° 2.

_____, 2007, *Diritti delle donne e multiculturalismo*, Raffaello Cortina Editore, Milano.

OLIVÉ L., 2004, *Interculturalisimo y justicia social*, Universidad Nacional Autonóma de México, México.

OSTENDORF B., 1992, "Der Preis des Multikulturalismus. Entwicklungen in den USA", in *Merkur*, n° 9/10.

PAGDEN A., 2005, *Signori del mondo. Ideologie dell'impero in Spagna, Gran Bretagna e Francia 1500-1800*, Il Mulino, Bologna.

PAGETTI C., PALUSCI O. (sous la dir. de), 2004, *The Shape of a Culture. Il dibattito sulla cultura inglese dalla Rivoluzione industriale al mondo contemporaneo*, Carocci, Roma.

PANIKKAR R., 2002, *Pace e interculturalità. Una riflessione filosofica*, Jaka Book, Milan.

PAREKH B., 2006, *Rethinking Multiculturalism. Cultural Diversity and Political Theory*, Palgrave Macmillan, Basingstoke.

PARSONS T., 2007, "La religione nell'America postindustriale: il problema della secolarizzazione", in *Studi Culturali*, n° 1.

PASQUINELLI C, (sous la dir. de), 2005, *Occidentalismi*, Carocci, Roma.

PASQUINELLI C., 2007, *Infibulazione. Il corpo violato*, Meltemi, Roma.

PATRIZI G. (sous la dir. de), 1976, *G. Deleuze. Un nuovo archivista. Non uno scrittore: un nuovo cartografo*, Lerici, Cosenza.

PÉTRÉ-GRENOUILLAU O., 2004, *Les Traites négrières: essai d'histoire globale*, Gallimard, Paris.

PIEVATOLO M. Ch., 2006, "Nota della traduttrice del saggio di Susan Moller Okin", in *Post-filosofie*, gennaio-dicembre, n° 3.

POCHÉ F., 2007, *Penser avec Jacques Derrida. Comprendre la déconstruction*, Chronique Sociale, Lyon.

POST R. (sous la dir. de), 2006, *Another Cosmopolitanism*, University Press, Oxford.

POURTOIS H., 2002, "Luttes pour la reconnaissance et politique délibérative", in *Philosophiques*, automne, vol. 29, n° 2.

PROCTER J., 2007, *Stuart Hall e gli studi Culturali*, Raffaello Cortina Editore, Milano.

PUTNAM H., 2004, *Faits/valeur. La fin d'un dogme*, Éditions de l'éclat, Paris.

_____, 2005, Dubbi scettici sull'illuminismo. in *Etica senza ontologia*, Mondadori, Milano.

RAWLS J., 1987 (1971), *Théorie de la justice*, Le Seuil, Paris.

_____, 1995, *Libéralisme politique*, PUF, Paris.

_____, 1998, *Le Droit des gens*, Le Seuil-Esprit, Paris.

RAZ J., 2006, "Multiculturalism: A Liberal Perspective", in *Post-filosofie*, gennaio-dicembre, n° 2.

RÉMY J., 2008, "Jeunes issus de l'immigration et domination postcoloniale: la dette en trop", in CHANIAL Ph. (sous la dir. de), *La Société vue du don*, La Découverte/Mauss, Paris.

RÉMY J., CAILLÉ A., 2007, "Ne vous demandez pas ce que vous pouvez faire pour l'Afrique···", *La Revue du MAUSS permanente*, 18 août, ⟨http://www.journaldumauss.net⟩.

RENAULT E., 2004, *Mépris social. Éthique et politique de la reconnaissance*, Éditions du Passant, Paris.

_____, 2007, "Riconoscimento, lotta, dominazione: il modello hegeliano", in *Post-filosofie*, gennaio–dicembre, n° 4.

RENAUT A., MESURE S., 1999, *Alter ego: les paradoxes de l'identité démocratique*, Aubier, Paris.

REVELLI M., 2007, *Sinistra e destra. L'identità smarrita*, Laterza, Roma–Bari "REVUE du MAUSS", n° 22, 2003, "Qu'est-ce que le religieux?", La Découverte, Paris.

"REVUE du MAUSS", n° 23, 2004, "De la reconnaissance. Don, identité et estime de soi", La Découverte, Paris.

RICOEUR Paul, 2006, "La condition d'étranger", in *Esprit*, n° 323.

REGAZZONI S., 2006, *La decostruzione del politico. Undici tesi su Derrida*, Il melangolo, Genova.

ROMAN Joël, 1995, "Un multiculturalisme à la française?", in *Esprit*, Le Seuil, juin.

ROMERO C. G., 2003, "Pluralismo, Multiculturalismo E Interculturalidad", in *Educación y Futuro*, n° 8.

RORTY R., 1991, "On ethnocentrism: A reply to Clifford Geertz", in *Objectivity, Relativism, and Truth*, vol. I, Cambridge University Press, Cambridge.

_____, 1999, *Una sinistra per il prossimo secolo*, Garzanti, Milano.

_____, 2008, *Contra i boss. Contra le oligarchie. Una conversazione con Richard Rorty condotfa da D. Nystom e Kent Punkett*, Pensa Multimedia, Lecce.

SABBAGH D., 2004, "Nationalisme et multiculturalisme", in *Critique internationale*, n° 23.

SAÏD E. W., 1980, *L'Orientalisme. L'Orient créé par l'Occident*, Éditions du Seuil, Paris.

_____, 1983, *The World, the Text, the Critique*, Harvard University Press, Cambridge.

_____, 2000, *Culture et impérialisme*, Fayard/Le Monde Diplomatique, Paris.

_____, 2002, "Introduzione", in GUHA R., SPIVAK G. C., *Subaltern Studies. Modernità e (post)colonialismo*, sous la dir. de S. MEZZADRA, Ombre Corte, Verona.

SALA-MOLINS L., 2005, *Le Code Noir ou le calvaire de Canaan*, Quadrige, ⟨http://www.books-by-isbn.com/2-13/⟩ PUF, Paris.

SANDEL M., 1996, *Democracy's Discontent. America in Search of a Public Philosophy*, Harvard University Press, Cambridge.

SANDKÜHLER H. J., 2004, "Sapere, pluralismo e diritto", in FINELLI R.,

FISTEITI F., RECCHIA LUCIANI F. R., DI VITTORIO O. (sous la dir. de), *Globalizzazione e diritti futuri*, manifestolibri, Roma.

SARTORI G., 2000, *Pluralismo, multiculturalismo e estranei. Saggio sulla società multietnica*, Rizzoli, Milano.

SAVIDAN P., 2009, *Le Multiculturalisme*, PUF, coll. Que-sais-je?, Paris.

SCHLEGEL J.-L., 2007, "L'exception européenne face aux dynamiques des religions (introduction)", in *Esprit*, mars-avril.

SCHMIIT C., 1991, *Il nomos della terra*, *Adelphi*, Milano (trad. française, 2008, *Le nomos de la terre*, PUF, Paris).

SEDANO A. M., 2004, "Enfoques y modelos de educación multicultural e intercultural", in *Aulaintercultural*, consultable sur ⟨www.aulaintercultural.org/article.php3?id_article=106⟩.

SEN A. K., 1987, "The Standard of Living: Lecture I, Concepts and Critiques", in *The Standard of Living*, Cambridge University Press.

————, 1997, "Problèmes éthiques dans la distribution des revenus: aspects nationaux et internationaux", in *Resources*, Values and Development, Harvard University Press, Cambridge, Mass.

————, 1998, "Cooperazione e etica globale", in *Cooperazione e mercato globale*, Reset, Milan.

————, 2000a, *Repenser l'inégalité*, Le Seuil, Paris.

————, 2000b, *La ricchezza della ragione. Denaro, valori, identità*, il Mulino, Bologna.

————, 2004, "Libertà culturale e sviluppo umano", in *Lo Sviluppo Umano*,

Rapporto 2004. La libertà culturale in un mondo di diversità, Rosenberg & Sellier, Torino.

_____, 2006, "Identità, povertà e diritti umani", in *Giustizia globale*, Il Saggiatore, Milan.

_____, 2007, *Identité et violence*, Odile Jacob, Paris.

SHARMA A., 2006, "Multiculturalism and the 'war on terror'", in *Rising East*, mai, n° 4, in ⟨www.uel.ac.ukJrising/archive04/academic/sharma.htm⟩.

SHKLAR J. N., 1987, *Ordinary Vices*, Cambridge University Press, Cambridge.

SLOTERDIJK P., 2006, *Il mondo dentro il capitale*, Meltemi, Roma.

SPIVAK G. C., (traduit par), 1976, DERRIDA J., *Of Grammatology*, Johns Hopkins University Press, Baltimore.

_____, 1993a, "In a Word: Interview", in *Outside in the Teaching Machine*, Routledge, New York-London.

_____, 1993b, "More on Power/Knowledge", in *Outside in the Teaching Machine*, Routledge, New York-London.

_____, 2002, "Subaltern Studies: decostruire la storiografia", in *Subaltern Studies. Modernità e(post)colonialismo*, sous la dir. de S. MEZZADRA, Ombre Corte, Verona.

_____, 2004, *Critica della ragione postcoloniale. Verso una storia del presente in dissolvenza*, Meltemi, Roma.

_____, 2009, *Les Subalternes peuvent-elles parler?*, Ed. Amsterdam, Paris.

STIGLITZ J. E., 2002, *La Grande Désillusion*, Fayard, Paris.

TAGUIEFF P.A., 1990, *La Force du préjugé*, Tel Gallimard, Paris.

TAUBIRA C., 2007, "Introduction", in *Codes Noirs. De l'esclavage aux abolitions*, textes présentés par A. CASTALDO, Dalloz, Paris.

TAYLOR C., 1985a, "Human Agency and Language", in *Philosophical Papers I*, Cambridge University Press, Cambridge.

_____, 1985b, "What is Human Agency?", in *Philosophical Papers I*, Cambridge University Press, Cambridge.

_____, 1997, "Nationalism and Modernity", in MCMAHAN J., MCKIM R. (sous la dir. de), *The Ethics of Nationalism*, Oxford University Press, Oxford.

_____, 2007a, *Multiculturalisme. Différence et démocratie*, Flammarion, Paris.

_____, 2007b, *A Secular Age*, Harvard University Press, Cambridge/London.

TESSITORE F., 2002, *Nuovi contributi alla storia e alla teoria dello storicismo*, Edizioni di Storia e Letteratura, Roma.

TOCQUEVILLE A. de, 1985 (1856), *L'Ancien Régime et la Révolution*, Gallimard-Folio, Paris.

TODOROV T., 1982, *La conquête de l'Amérique. La question de l'autre*, Ed. du Seuil, Paris.

_____, 1997, *L'uomo spaesato. I percorsi dell'appartenenza*, Donzelli, Roma.

TRUONG T D., 2005, "Poverty, gender and human trafficking in Sub-Saharan

Africa: rethinking best practices in migration management", in TRUONG T. D., ANGELES M. B. (sous la dir. de), *Searching for Best Practices to Counter Human Trafficking in Africa: A Focus on Women and Children*, Unesco, in ⟨http://wresdoc.unescoorg/images/0014/001432/143227e.pdf⟩.

TURNER B. S., 2005, "Cittadinanza, multiculturalismo e pluralismo giuridico: diritti culturali e teoria del riconoscimento critico", in *Post-filosofie*, n° 1.

TULLY J., 1999, *Une étrange multiplicité. Le constitutionnalisme à une époque de diversité*, Presses de l'Université de Laval/Presses universitaires de Bordeaux, Laval & Bordeaux.

VAN PARIJS P., 2008, *Linguistics Justice in Europe. Belgium and the World*, Presses Universitaires de Louvain, Louvain.

VECCHI R., 2004, "Nazione/nazionalismi", in ALBERTAZZI S., VECCHI. R. (sous la dir. de), *Abbecedario postcoloniale*, 2 vol., Quodlibet, Macerata.

VERGÈS F., 2006, *La Mémoire enchaînée. Questions sur l'Esclavage*, Albin Michel, Paris.

VIGNA C., 2002, "Libertà, giustizia e bene in una società pluralistica", in VIGNA C., ZAMAGNI S. (sous la dir. de), *Multiculturalismo e identità*, Vita e Pensiero, Milano.

VIGNA C., ZAMAGNI S. (sous la dir. de), 2002, *Multiculturalismo e identità*, Vita e Pensiero, Milano.

WA Thiong'o N., "Un continente mutilato", in *il Manifesto*, 28 luglio 2007.

WALZER Michael, 1997a, *Sphères de justice*, Éditions du Seuil, Paris.

—————, 1997b, "La critique communautarienne du libéralisme", in BERTEN A. et POURTOIS H. (sous la dir. de), *Libéraux et communautariens*, PUF, Paris.

—————, 1998, *Traité sur la tolérance*, Gallimard, Paris.

—————, 2001, *Che cosa significa essere americani*, Marsilio Publishers, Venezia.

WEIL P., 2005, *La République et sa diversité. Immigrations, intégrations, discriminations*, Éditions du Seuil, coll. "La République des idées", Paris.

WEBER M., 1992, "L'objectivité de la connaissance", in *Essais sur la théorie de la science*, Presses Pocket, Paris.

WEIL S., 1987, *Venezia salva*, Adelphi, Milano.

WEINSTOCK D., 2005, "Beyond exit Rights: Reframing the debate", in EISENBERG A., SIONNER-HALEV J. (sous la dir. de), *Minorities within Minorities. Equality, Rights, Diversity*, Cambridge University Press, Cambridge.

WEST C., 1997, *La filosofia americana. Una genealogia del pragmatismo*, Editori Riuniti, Roma.

WIEVIORKA M. (sous la dir. de), 1997, *Une Société fragmentée? Le multiculturalisme en débat*, La Découverte, Paris.

WIEVIORKA Michel., 2000, *Il razzismo*, Laterza, Roma-Bari.

WOLIN Richard, 1997, "Democracy and distinctive status. A liberal theory of minority rights", in *Dissent*, hiver.

YOUNG R. J. C, 2007, *White Mythologies*, Routledge, London—New York.

YOUNG C (sous la dir. de), 1999, *The Accomodation of Cultural Diversity. Cases Studies*, Macmillan Press, London.

ZAMAGNI S., 2002. "Migrazioni, multiculturalità e politiche dell'identità", in VIGNA C, ZAMAGNI S. (sous la dir. de), Multiculturalismo e identità, Vita e Pensiero, Milano.

ZACCARIA P., 2004, "Studi sulla diaspora", in COMETA M. (sous la dir. de), *Dizionario degli studi culturali*, Meltremi, Roma.

ZARKA Yves, 2004, *Difficile Tolérance*, PUF, Paris.

ŽIŽEK S., 1997, "Multiculturalism or the Cultural Logic of Multinational Capitalism", in *New Left Review*, n° 225.

옮긴이 **이산호**

• 파리 8대학 문학박사
• 중앙대학교 불어불문학과 교수
• 중앙대학교 다문화콘텐츠연구사업단(한국연구재단 지정 중점연구소) 공동연구원
• 주요 저술: 『다문화의 이해』(공저, 도서출판 경진, 2009), 『다문화주의』(공역, 도서출판 경진, 2010) 외 다수 논문

옮긴이 **김휘택**

• 파리 10대학교 언어학박사
• 중앙대학교 LINC 사업단 산학협력중점 교수
• 주요 저술: 『다문화의 이해』(공저, 도서출판 경진, 2009), 『한국사회의 소수자들: 결혼이민자』(공저, 도서출판 경진, 2009) 외 다수 논문

Multiculturalismo: Una mappa tra filosofia e scienze sociali
다문화주의 이론
: 철학과 사회과학의 지도

ⓒ 도서출판 경진, 2015

1판 1쇄 인쇄 ‖ 2015년 01월 20일
1판 1쇄 발행 ‖ 2015년 01월 30일

지은이 ‖ Francesco Fistetti
옮긴이 ‖ 이산호·김휘택
펴낸이 ‖ 양정섭

펴낸곳 ‖ 도서출판 경진
　　　등　록 ‖ 제2010-000004호
　　　주　소 ‖ 경기도 광명시 소하동 1272번지 우림필유
　　　블로그 ‖ http://kyungjinmunhwa.tistory.com
　　　이메일 ‖ mykorea01@naver.com

공급처 ‖ (주)글로벌콘텐츠출판그룹
　　　대　표 ‖ 홍정표　편집 ‖ 노경민 김현열 송은주　디자인 ‖ 김미미 최서윤
　　　기획·마케팅 ‖ 이용기　경영지원 ‖ 안선영
　　　주　소 ‖ 서울특별시 강동구 길동 349-6 정일빌딩 401호
　　　전　화 ‖ 02-488-3280　팩　스 ‖ 02-488-3281
　　　홈페이지 ‖ http://www.gcbook.co.kr

값 13,000원
ISBN 978-89-5996-436-9 93300